# Die Akte: VW Käfer

Untersuchungen zur Konstruktion und zu den Fahrleistungen der zivilen und militärischen Volkswagen aus der Zeit von 1938 bis 1946

**Mit einer Einführung von Paul Simsa**

**IMPRESSUM**

HEEL Verlag GmbH
Gut Pottscheidt
53639 Königswinter
Telefon 0 22 23 / 92 30-0
Telefax 0 22 23 / 92 30 26

© 1999 für die deutsche Ausgabe:
HEEL Verlag GmbH, Königswinter

© 1947 für die englische Originalausgabe:
Her Majesty's Stationery Office
St Clements House
2-16 Colegate
Norwich NR3 1BQ

Alle Rechte der Vervielfältigung und Verbreitung einschließlich Film, Funk und Fernsehen sowie der Fotokopie und des auszugsweisen Nachdrucks bedürfen der ausdrücklichen Genehmigung des Verlages.

Vorwort: Dr. Paul Simsa

Übersetzung des Originaltextes ins Deutsche:
Pawellek + Partner, Trendelburg

Lektorat: Joachim Hack

Satz und Gestaltung: Olaf Schumacher ArtWork, Königswinter

Druck: MP - Media Print, Paderborn

Printed and bound in Germany

ISBN: 3-89365-761-4

VORWORT / EINFÜHRUNG

# Der eigenartige People's Car

Von Paul Simsa

Die britischen Besatzer in Wolfsburg sind als Väter des Käfer-Wunders in die Geschichte eingegangen. Der Major Ivan Hirst machte schon 1945 den Anfang möglich, 1946 wurden über 10.000 Wagen gebaut.

Mängel konnten nicht darüber hinwegtäuschen, daß dies ungewöhnliche Auto eine große Zukunft hatte, meint man heute, so daß die Briten dumm dastehen. Sie konnten die Konstruktion mit allen Patenten und Produktionsanlagen als Kriegsbeute zum eigenen Nutzen verwenden, doch das Gutachten des vom Transportministerium beauftragten British Intelligence Sub-Committee (B.I.O.S.) kam 1947 zu dem Schluß, daß mit dem German People's Car weder zivil noch militärisch etwas anzufangen war.

Der zunächst geheime Schlußbericht der Kommission ist 1996 in England veröffentlicht worden. Er bietet die seltene Gelegenheit, in ein „Nähkästchen" der Industrie zu blicken. Kenner und Liebhaber werden manches mit Interesse und vieles mit amüsiertem Kopfschütteln lesen. Fern lag den Prüfern der Gedanke, vom internationalen Stand der Technik auszugehen. Sie dachten auch bei ihren eigenen Konstruktionen in gestrigen Gleisen, und die Volkswagen-Konstruktion war gegenüber jedem Maßstab eigenartig, nur aus ihrer Entstehungsgeschichte zu verstehen.

## Wagen fürs Volk, sonst leere Autobahn

Bis heute vernebeln Legenden die Fakten. Der Begriff Volkswagen kam als „Volksautomobil" schon anno 1905 für wirtschaftliche kleine Wagen auf. Der Motorblattleser Hitler hat sich für Kleinwagendebatten in den zwanziger Jahren interessiert, aber noch 1933 keinen Plan erkennen lassen. In Deutschland liefen nur insgesamt 600.000 Autos, als er im März 1934 plötzlich verkündete, Millionen braver, fleißiger und tüchtiger Mitmenschen sollten vom Autofahren nicht ausgeschlossen bleiben. Es könne „gerade für diese in ihren sonstigen Lebensmöglichkeiten beschränkten Schichten nicht nur nützlich sein, sondern ihnen vor allem an Sonn- und Feiertagen zur Quelle eines unbekannten, freudigen Glücks werden".

Der Autobahnbau brachte ihn in Zugzwang. Dem linken Flügel der braunen Bewegung waren die „Straßen für den heiteren Lebensgenuß reicher Leute" zuwider. Hinter der Propagandakulisse als „Straßen des Führers" beschäftigte das Projekt nur zwei Prozent der Arbeitslosen, und die Zahl der Autos nahm zwar zu, aber die meisten wurden gewerblich im Nahverkehr betrieben, über die Hälfte in Städten mit mehr als 100.000 Einwohnern. Gespenstische Leere auf der Autobahn drohte, und Hitler mußte die Opposition in seiner Partei noch fürchten.

Die Urheber und ihr Problem: Die Konstruktion geriet zu teuer

1930 hatte ihn ein Aufstand in der SA gegen seine kapitalistischen Allüren schockiert. Der SA-Stabschef Ernst Röhm trat im Dritten Reich als zweiter Mann hinter dem Führer auf, die SA als Miliz. Hitler setzte seinen Schulterschluß mit der Reichswehr am „Tag von Potsdam" im März 1933 dagegen und liquidierte im Juni 1934 den Machtanspruch der proletarischen Truppe endgültig durch den Massenmord an ihrer Führung und anderen Opponenten mit Hilfe von Himmlers SS.

Der NS-Kurier reagierte prompt auf das Thema „Autobahn und Volkswagen - jeder Familie ihr eigenes Auto", erschwinglich für jeden zehnten Deutschen. Es dürfe wohl kein Zweifel darüber herrschen, daß die Autobahnen nicht gebaut würden, um dem Autobahn-Kurierwagen, den sich nur wenige reiche Leute leisten könnten, eine höhere Reisegeschwindigkeit zu ermöglichen; das galt etwa dem Mercedes Typ 500 K als „Sport-Limousine Autobahn-Kurier" mit Stromlinien-Styling.

„Jetzt ist die Zeit für die Stromlinie gekommen", mahnte Motor und Sport. Auch sei der Unterschied zwischen Höchst- und Dauergeschwindigkeit nicht mehr zumutbar - zirka 15 Prozent und mehr, sonst kochten Kühler und starben Lager. Für den beliebten kleinen DKW, der 85 km/h erreichte, wurde auf der Autobahn Tempo 60 empfohlen.

Erster Schritt hinter den Kulissen war im April 1934 eine Sitzung mit Vertretern der Reichskanzlei, der Reichsministerien für Wirtschaft, Verkehr und Propaganda und des Reichsverbandes der Automobilindustrie (RDA).

Die Diskussion ging davon aus, der Volkswagen dürfe 1000 Mark und der Kilometer 6 Pfennig kosten, die Konstruktion müsse „betriebstüchtig" sein, Raum für zwei Erwachsene und ein Kind bieten. Der Sachreferent des Verkehrsministeriums erörterte „die dreirädrige Bauart mit zwei Rädern vorn, einem Rad hinten und Heckmotor". Ihre Vorteile seien „symmetrischer Antrieb, gute Geländegängigkeit, geringerer Rollverlust gegenüber vierrädrigen Wagen, gute Stromlinienform". Die Geländegängigkeit bezog sich nicht aufs Militär, sondern auf miserable Landstraßen und Wege.

Der Beschluß der Konferenz ließ die Bauart frei, forderte Raum für fünf Personen und ein Kind, 80 km/h Höchstgeschwindigkeit und 4 bis 5 Liter Verbrauch. Geländegängigkeit und Bodenfreiheit sollten einem starken Kraftrad mit Beiwagen entsprechen.

## Hitlers persönlicher Auftrag

Mitte November 1934 zitierte die Zeitschrift Motor-Kritik (Nr. 22/34) „die erste authentische Mitteilung von einem im nächsten Jahr zu erwartenden deutschen Volkswagen" in einem Vortrag des Ministerialdirektors Dr.-Ing. e.h. Brandenburg auf der kraftfahrtechnischen Tagung: „Die Versicherung ist nach dem Fortfall der Automobilsteuer eines der wichtigsten Gebiete, auf welchem man zum Beispiel die Popularisierung des Volkswagens, der im nächsten Jahr ja nun auftauchen wird, wird begünstigen können." Das Rätselraten sei in vollem Gange: „Ein süddeutscher Konstrukteur soll beauftragt sein, eine Einheitskonstruktion für die gesamte Industrie zu entwickeln."

Die Meldung bezog sich auf Ferdinand Porsche. Den Auftrag hatte Jakob Werlin eingefädelt. Als Benz- und Mercedes-Vertreter in München war er seit 1923 Hitlers Autoberater, Duzfreund mit jederzeitigem Zugang. In der Wirtschaftskrise verlor er seinen Job, wurde 1933 prompt wieder eingestellt und stieg 1934 in den Daimler-Benz-Vorstand auf.

Im Januar 1934 besuchte er Porsche in Stuttgart, vermutlich um etwas über den Auto-Union-Rennwagen zu erfahren. Porsche lenkte ausweichend das Gespräch auf das Thema Volkswagen, das ihn seit 1931 beschäftigte; seine Konstruktionen für die Motorradfabriken Zündapp und NSU waren Prototypen geblieben. Werlin regte an, dem Reichsverkehrsminister einen schriftlichen Vorschlag zu schicken, aber nach einer Woche lud er Porsche telefonisch ein, sich am nächsten Tag zu einer wichtigen Konferenz in Berlin einzufinden.

Die Konferenz erwies sich als eine Audienz bei Hitler im Hotel Kaiserhof, das Gespräch dauerte nur eine Viertelstunde. Hitler redete mit einer festen Vorstellung auf Porsche und Werlin ein: 100 Stundenkilometer, 7 Liter Verbrauch gleich 3 Mark/100 km. 700 Kilogramm Gewicht im Hinblick auf die Erfahrungsregel 1000 kg = 10 Liter. Vier bis fünf Sitze, „denn wir können die Kinder nicht von den Eltern trennen", und Luftkühlung, „denn nicht jeder Landarzt hat eine Garage".

So stand es 1950 in der „Geschichte des Volkswagens, wie sie im Deutschen Nachrichtenmagazin 'Der Spiegel' erzählt wurde". Die Einzelheiten stammen von Werlin. „Ich bin ganz weg", habe Porsche nachher geäußert.

1983 stieß der BMW-Chronist Horst Mönnich auf den Ursprung von Hitlers Ideen. 1944 hatte der BMW-Generaldirektor Franz Josef Popp im Fachblatt Motor die Massenproduktion eines wirtschaftlichen deutschen Kleinwagens zur Diskussion gestellt. Hitler traf Popp 1933 am BMW-Stand der Internationalen Automobil- und Motorradausstellung (IAMA) in Berlin. Mönnich: „Zu dessen Verblüffung kam er sofort auf jenen Artikel im Motor zu sprechen - einer Zeitschrift, der er immer besonderes Interesse entgegengebracht habe - und auf einen weiteren Aufsatz Popps, den dieser über dasselbe Thema im Februar 1925 in der München-Augsburger Abendzeitung und im ADAC-Nachrichtenblatt publiziert hatte. Hitler habe, wie Popp später berichtete, dies alles genau im Kopf gehabt; so, wie er es vermutlich in Landsberg auf der Festung gelesen und überdacht haben mußte, wenn er sagte - und was er sagte, war bereits 1933 'unumstößlich' - : Nicht 1000 Dollar dürfe der Wagen kosten, sondern nur 1000 Mark."

An die Verwirklichung war 1933 nicht zu denken, 1000 Mark kostete ein 350-$cm^3$-Motorrad. Porsche hat das Preisziel nie erreicht, aber der Gedanke wartete auf Antwort, und Hitler wußte mit schnell aufgefaßtem Wissen zu imponieren. Werlin stärkte nach dem Krieg Legenden. „Er soll wie ein Käfer aussehen, Sie brauchen nur die Natur zu betrachten, um herauszufinden, was Stromlinienform ist", soll Hitler laut Ferry Porsche gesagt haben, aber Ferry war nicht dabei und die Form ein Trend, Porsche längst darauf festgelegt.

Hitler respektierte den 14 Jahre älteren Landsmann als Genie. Porsche gab sich professoral mit Hut und „Herr Hitler" statt „Mein Führer", und er sprach „unverkennbar diesen verbindlichen Honoratioren-Dialekt der k. u. k.-Monarchie, der Hitler so vertraut war", schrieb 1951 der Porsche-Biograph Herbert A. Quint (Richard von Frankenberg) aus direkter Kenntnis, und „schließlich war Porsche ein Autodidakt wie Hitler".

Am 17. Januar 1934 legte sich Porsche in einem Exposé fest: „Seit Jahren trägt sich das deutsche Volk mit der Hoffnung, daß ihm endlich ein ausgesprochener Volkswagen beschert werden möchte ..." - wie das Billigradio „Volksempfänger": „Er hat gezeigt, welche hohe Bedeutung einem Erzeugnis beizumessen ist, das hohe Qualität mit absoluter Preiswürdigkeit verbindet". Unbedingt müsse der Volkswagen ein vollwertiges Gebrauchsfahrzeug sein. Da war der Volksempfänger allerdings nicht das rechte Beispiel; seine begrenzte Leistungsfähigkeit sollte zugunsten der NS-Propaganda das Hören von ausländischen Sendern behindern.

„Für meine Arbeit begehre ich lediglich die Vergütung der Entwicklungskosten für einen Probewagen, also die für Konstruktion, Herstellung und Versuch erwachsenden Auslagen, die mir im Wege einer staatlichen Subvention fallweise

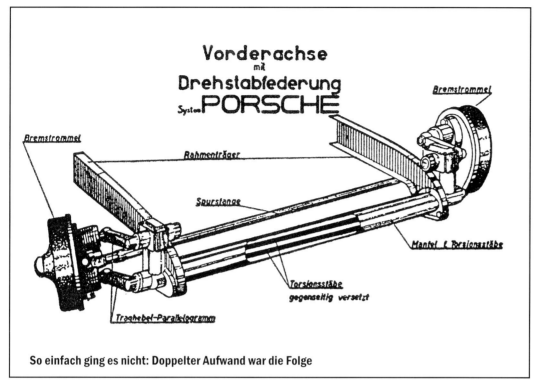

**So einfach ging es nicht: Doppelter Aufwand war die Folge**

nach dem nachgewiesenen Arbeitsfortschritt zuzubilligen wären. Sollte dieser Wagen in den Serienbau übernommen werden, so begehre ich ferner eine noch zu vereinbarende Stücklizenz für die Benutzung der zur Verwendung gelangenden Patente."

Das klang bescheiden, aber der letzte Satz erklärt im voraus, wieso Porsche die Konstruktion mit anspruchsvollen Eigenentwicklungen belastete, auch wo sich gängige Lösungen lizenzfrei anboten. Als Musterbeispiel erwies sich die Vorderradführung. Porsches Idee, einen Drehstab mit Kurbellenkern zu verwenden, hatte gegenüber Querblattfedern durchaus etwas für sich, aber im Versuch ergab sich die Notwendigkeit, wegen der nötigen Länge jedes Rad mit einer gekapselten Torsionsfeder zu versehen, so daß Kosten wie auch Raumanspruch die Lösung eigentlich verboten. Zur Vermeidung der Lockheed-Lizenz bekam der Volkswagen keine hydraulischen Bremsen.

Wie zielbewußt ein Bestseller entstehen kann, hatte 1931 DKW bewiesen. Die Entwicklung der erfolgreichen Kleinwagen-Baureihe mit Frontantrieb und Zweitaktmotor beanspruchte nur ein halbes Jahr von der ersten Skizze bis zur Präsentation auf der IAMA, DKW wurde zweitgrößter deutscher Autoproduzent. So etwa muß es sich Porsche vorgestellt haben, aber ihm fehlte der Rückhalt in einer Fabrik.

## Das Preisdiktat

Das Reichsverkehrsministerium war zuständig, obwohl der Führerbefehl keine legale Grundlage hatte, doch in Werlins Regie traf sich Porsche mit Hitler, der wie ein privater Bauherr agierte. 1550 Mark hatte Porsche als günstigsten Preis errechnet. Er lag damit um 330 Mark unter dem billigsten Opel (Typ 1,2 Liter) und um 315 Mark unter dem billigsten DKW („Reichsklasse"). Fragen zur Bauart des Motors und zur Gemeinschaftsproduktion blieben offen.

Hitler schob alles beiseite: 900 Mark sollte der Volkswagen kosten. Daß auch dies mitsamt den Betriebskosten für breite Kreise unerschwinglich war, ließ er nicht gelten. Die Massenmotorisierung sollte sich aus dem Sparen aufs Auto ergeben; wenn nicht in einem Jahr, könne sie vielleicht schon in zehn Jahren zur Selbstverständlichkeit werden.

Von Massenfabrikation war demnach keine Rede, erst einmal von einem Angebot mit Steigerung im Zug der Nachfrage. Am 5. Juni 1934 schrieb der BMW-Generaldirektor Franz Josef Popp an Wilhelm Kissel, der im Daimler-Vorstand maßgebend war: „Ich bin mir völlig klar darüber, daß nur Opel in der Lage ist, den billigsten Wagen herauszubringen." Nur Opel könne in zwei Schichten pro Tag 1000 Wagen produzieren. Die Gemeinschaftsproduktion eines Volkswagens erkannte Popp als praktisch unmöglich. Ein Werk müsse errichtet werden, wäre aber volkswirtschaftlich Unsinn, „da der Markt in Deutschland nicht so groß ist und werden wird, daß zwei Fabriken einer derartigen Kapazität nebeneinander existieren können bzw. den äußersten Preis erreichen können".

Popp hielt es für völlig falsch, wenn der Reichsverband der Automobilindustrie (RDA) „Herrn Porsche oder sonst irgend jemand mit der Konstruktion des Wagens belastet", als ob die deutsche Automobilindustrie geschlafen hätte, denn „es gibt genügend Kleinwagen-Konstruktionen und es wird immer genügend geben, auch zum entsprechenden Preis, wenn der nötige Absatz gegeben ist. Dieser Absatz kann aber nur entstehen, wenn die Betriebskosten gesenkt werden, und dies ist Aufgabe der Regierung."

## Kein reiner Wein für den Führer

„Wir müssen den Mut aufbringen, den Behörden und damit auch dem Führer reinen Wein einzuschenken; denn sonst ist die Automobilindustrie diejenige, auf welche das Odium der Unfähigkeit fällt", forderte Popp und fürchtete den „grotesken Zustand", daß ein Opel, weil am billigsten und schnellsten herzustellen, als „deutscher Volkswagen" auf den Markt käme. „Die Position von Opel würde damit unerhört verbessert werden und wir alle würden auf das schwerste geschädigt."

Opel war 1934 mit Abstand deutscher Marktführer, mit „wir alle" drückte Popp die hilflose Abneigung der Konkurrenten gegen die „deutschen Amerikaner" aus. 1938 fädelte er erfolglos die Intrige ein, Opel zu enteignen und auf Flugmotoren für die Aufrüstung umzustellen.

Hitler war nicht berechtigt, der Industrie den Volkswagen und den Konstrukteur vorzuschreiben. Der RDA appellierte an den Reichsverkehrsminister: „Die Propagierung eines Kleinstkraftwagens als sog. Volkswagen seitens der Regierungsstellen, die durch Erteilung des Auftrages an einen hervorragenden Konstrukteur ohne jeden Zweifel bereits praktische Formen annehmen würde, würde

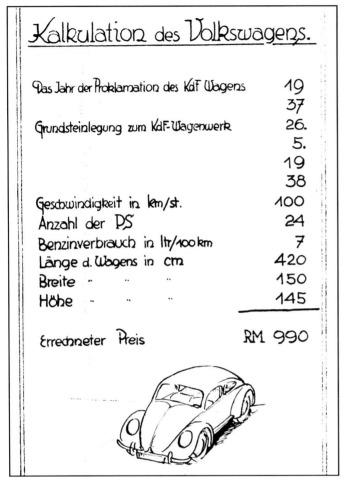

**Dokumentierter Flüsterwitz**

in die Entwicklungstendenzen unserer Werke tief eingreifen"; nicht nur durch die Einwirkung auf das Publikum, das Kaufentscheidungen aufschieben würde, sondern vor allem auch durch die „tief einschneidende Auswirkung auf die Dispositionen der Werke, die gerade bei einem komplizierten Mechanismus, wie es ein Automobil darstellt, auf sonst ungewöhnlich lange Sicht im voraus getroffen werden müssen". Auch passe der Einheitswagen nicht in den natürlichen Fluß der Entwicklung und der vielseitigen konstruktiven Möglichkeiten.

Vorsicht war ratsam. Der Nationalsozialismus tendierte anscheinend nicht zur Nationalisierung der Industrie, aber das konnte sich ändern. Der RDA mußte erkennen, daß Hitler persönlich engagiert war und die Bedenken hart beantworten konnte.

Am 22. Juni 1934 erhielt Porsche den Auftrag des RDA. Er verpflichtete sich, innerhalb von zehn Monaten einen Prototyp zur Erprobung zu übergeben. Der Verkaufspreis mußte 900 Mark bei einer Serie von 50.000 Wagen betragen. Die Zahl der Prototypen wurde später auf drei erhöht, der vorgesehene Preis mit Hitlers Zustimmung auf 990 Mark. Die Bezeichnung Volkswagen durfte künftig nur für dies Projekt gelten, obwohl kein Schutzrecht bestand. Eine Kommission des RDA war für Absprachen und Kontrolle zuständig.

Wie im Vorjahr bot die Eröffnung der jährlichen IAMA im Februar 1935 das Forum für Hitlers programmatische Verkündigung. Scheinbar war alles in Ordnung: „Ich freue mich, daß es der Fähigkeit des glänzenden Konstrukteurs Porsche und der Mitarbeit seines Stabes gelungen ist, die Vorentwürfe für den deutschen Volkswagen fertigzustellen, um die ersten Exemplare Mitte dieses Jahres endlich erproben zu können. Es muß möglich sein, dem deutschen Volke einen Kraftwagen zu schenken, der im Preise nicht mehr kostet als früher ein mittleres Motorrad, und dessen Brennstoffverbrauch mäßig ist."

Es war nicht möglich. Die 1930 gegründete Dr.-Ing. h.c. F. Porsche GmbH für Motoren-, Fahrzeug-, Luft- und Wasserfahrzeug-Bau mit einem guten Team unter Chefkonstrukteur Karl Rabe hatte die Kleinwagen-Prototypen für Zündapp und NSU in angemessener Zeit auf die Räder gebracht, konnte sich aber für das Volkswagen-Projekt nicht auf die Mitwirkung der Auftraggeber stützen. Die Privatgarage der Villa in Stuttgart als Werkstatt und die Entwicklung neuartiger Elemente boten Stoff für die Legende, aber die Schwierigkeiten machten alle Voranschläge zunichte.

## Kosten steigen, Zeit vergeht

Aus 20.000 Mark Unkosten im Monatsdurchschnitt laut Vertrag wurden bis zu 50.000 Mark. Mehrfach hielt der RDA die Zahlungen an Porsche zurück, um Druck auf die Einhaltung versprochener Fristen auszuüben. Hitler hat ungewöhnliche Geduld bewiesen und sie im Rückblick erklärt (Monolog 21.2.1942): „Das größte technische Genie, das Deutschland heute hat, ist bei seinem unscheinbaren Aussehen der Doktor Porsche. Er hat auch den Mut, eine Sache ausreifen zu lassen. Während das Kapital drängt: Die investierten Gelder sollen sich verzinsen! Die Erfahrungen, die wir während des Krieges gemacht haben, werden unserem Volkswagen wunderbar zustatten kommen."

Die Dolchstoßlegende, die Industrie habe das Genie sabotiert, ist gegenstandslos. Porsche sah nur auf die Konstruktion; die Volkswagen-Kommission des RDA nahm ihm das Weiterdenken ab, als sich für 1936 kein Silberstreifen am Horizont zeigte: „Die Firma Daimler-Benz übernimmt die Aufgabe, federführend durch seine Einkaufsabteilung mit den Materiallieferanten zu verhandeln, welche äußersten Mindestpreise für das Material des Wagens bei Zugrundelegung von 100.000 Einheiten für das Chassis in Betracht kommen. - Die Firma Ambi-Budd übernimmt federführend die Aufgabe, in Verbindung mit Sindelfingen die Karosseriefrage kalkulationsmäßig zu lösen, also auch mit den Materiallieferanten in gleicher Weise Verhandlungen zu führen wie die Firma Daimler für das Chassis." Ambi-Budd war das deutsch-amerikanische Preßwerk in Berlin, in der Ganzmetall-Karosserietechnik mit Patenten der Budd Manufacturing Company (Philadelphia und Detroit) führend, belieferte Adler, BMW, Hanomag u.a.

Der RDA mahnte den Vertragspartner rabiat: „Herr Dr. Porsche wird der Firma Ambi-Budd innerhalb vierzehn Tagen die für die Durchführung dieser Arbeiten notwendigen Stücklisten übermitteln. - Die Firma Adler übernimmt in Verbindung mit der Firma Hanomag die Aufgabe, festzustellen, auf welche Weise unter Berücksichtigung der neuesten und besten Werkzeugmaschinen das Fabrikationsproblem gelöst werden kann. - Herr Dr. Porsche erhält den Auftrag, bis zum 30. Juni 1936 das Chassis den Fabriken fahrfertig zur Ausprobierung zur Verfügung zu stellen. Falls Herr Dr. Porsche diesen Termin wiederum nicht einhält, wird die Industrie die Herstellung des Chassis in ihren eigenen Betrieben vornehmen." Die Mahnung bezog sich auf die zunächst abschließende Konstruktion VW Typ 30.

Porsche hatte 1934 die Wagen V 1 und V 2 mit Karosserien aus Holz und Leichtmetall gebaut, eine davon offen mit Klappverdeck. Im V 1 erprobte er einen Zweizylinder-Boxermotor, im V 2 einen Zweizylinder-Doppelkolben-Zweitaktmotor, beide luftgekühlt. Der Boxer erwies sich als geräuschvoll und unelastisch, mit dem Zweitakter wurde bis 1936 experimentiert. Der notgedrungen entwickelte Vierzylinder-Viertakt-Boxer befriedigte 1935 in drei Wagen des Versuchstyps V 3 mit Stahlblech-Karosserie aus dem Daimler-Werk Sindelfingen, doch der Opel-Experte in der RDA-Kommission nannte ihn einen „Flugmotor"; zu teuer für einen Wagen, der billig sein sollte. Der Experte hieß Heinrich Nordhoff.

## Noch Mängel, aber Konstruktion brauchbar

Das Preisproblem sollte ein verkleinerter Entwurf bewältigen. Die Kalkulation bei Ambi-Budd ergab keine Ersparnis, doch aus diesem unattraktiven Design mit kleinen hinteren Seitenfenstern und Heckschlitzen ging die Karosserie des Prototyps VW 30 hervor. Ein Langstreckentest des RDA wurde anberaumt, um unbedingt noch 1936 zu entscheiden, ob die weitere Investition vertretbar sei.

Von Oktober bis Weihnachten 1936 wurde die methodische Prüfung von Stuttgart mit drei Wagen ausgeführt. Laut Ferry Porsche (1980) handelte es sich um die V 3-Dreierserie, der Bildteil des Protokolls zeigt den VW 30 („Wagen mit Karosserie neuerer Ausführung"); Triebwerk und Fahrwerk waren gleich.

Die Ausdehnung des Tests von geplanten 30.000 km auf 50.000 km hat Ferry Porsche als Hoffnung der Industrie gedeutet, entscheidende Fehler nachzuweisen. Die Reparatur an einem Ventilsitz habe ohne großes Aufsehen geschehen müssen. „Sonst hätten unsere Neider einen Grund zum Jubilieren gehabt. Es gab außerdem noch ein paar Kleinigkeiten, die repariert werden mußten. Ich habe vergessen, um was es sich handelte; auf jeden Fall war es nicht von Wichtigkeit", erinnerte er sich 1980.

RDA-Testleiter Wilhelm Robert Vorwig erlebte es anders. „Es war das erste Mal, daß ich feststellte, was alles an einem Automobil verkehrt gehen kann. Es war unglaublich. Die ganze Zeit über mußte eine kleine Werkstatt in der Porsche-Garage in Betrieb gehalten werden. Einer von Porsches eigenen Wagen, ein Austro-Daimler, wurde als Service-Wagen benutzt, der hinausfuhr und die liegengebliebenen Wagen abschleppte."

Vorwigs akribisches Protokoll der Prüfungen und Messungen („Streng vertraulich") entkräftet Ferry Porsches Andeutung von Fälschungen. Das Gesamturteil formulierte Vorwig kurz und fair:

„Die Bauart hat sich bisher als zweckmäßig erwiesen. Die Versuchswagen haben sich auf der 50.000 km-Fahrt im allgemeinen bewährt. Es sind zwar eine Anzahl von Schäden vorgekommen und Mängel aufgetreten. Sie alle sind jedoch nicht grundsätzlicher Natur und voraussichtlich technisch ohne größere Schwierigkeiten beherrschbar. Verschiedene Baugruppen, wie zum Beispiel Vorderachse und Bremsen, erfordern zur Weiterentwicklung noch eingehende Versuche.

Der Betriebsmittelverbrauch hält sich in befriedigenden Grenzen. Die Fahrleistungen und Fahreigenschaften des Wagens sind gut. Das Fahrzeug hat demnach Eigenschaften gezeigt, die eine Weiterentwicklung empfehlenswert erscheinen lassen.

Es ist zu erwarten, daß die nächsten 30 Probewagen, deren Herstellung in einer mit allen modernen Einrichtungen versehenen bewährten Automobil-Fabrik unter Ausnutzung der Erfahrungen dieser Versuchsfahrt im Gange ist, bei einer neuen, ebenso systematisch durchgeführten Dauerprüfung wesentlich bessere Ergebnisse bringen werden."

## Unbedingt Zweitaktmotor?

Ferdinand Porsche hatte die Entwicklung mit seinem Selbstverständnis als Erfinder belastet; er trieb seine Leute unablässig zu Tüfteleien an. „Wie eine Frau, die ein Haus baut", urteilte Vorwig ohne persönliche Abneigung und würdigte Porsches Chefkonstrukteur: „Ohne Karl Rabe hätte es den Volkswagen nie gegeben." Daimler-Benz hatte 1928 Porsches Verabschiedung mit der Forderung nach „einem weniger genialen, aber sparsameren, zuverlässigeren und der Einwirkung seiner Kollegen zugänglicheren Konstrukteur" begründet.

Porsche bestand bis zum Geht-nicht-mehr auf der Weiterarbeit am Zweitaktmotor, nicht nur für den Volkswagen. 1933 hat er in einem Statement zum Rennsport geäußert, „daß wir - wie ich vermute - in den nächsten Jahren recht interessante Kämpfe zwischen dem Viertakt- und dem Zweitaktsystem zu sehen bekommen werden, über deren Ausgang zu prophezeien heute wohl verfrüht wäre. Es steht jedoch zweifelsfrei fest, daß der Viertaktmotor schon so hoch entwickelt ist, daß wesentliche Fortschritte auf diesem Gebiet kaum erwartet werden, während der Zweitaktmotor noch in einem Entwicklungsstadium steckt, daß sich für die Zukunft allerhand Neues von ihm erwarten läßt". Der V16-Motor des Auto Union P läßt eine ursprüngliche Zweitakt-Konzeption vermuten. Porsches Problem war von vornherein die Patentsituation neben dem völligen Mangel an Zweitakt-Erfahrung.

Der Schritt zu einer Vorserie, um den VW 30 serienreif zu machen, konnte der Industrie nicht passen, weil für die Gemeinschaftsproduktion in den verschieden strukturierten und inzwischen ausgelasteten Werken kein rentables System denkbar war. Das Preisdiktat blieb unerfüllbar. Noch immer hing Porsche bei 1400 bis 1500 Mark fest.

Der BMW-Generaldirektor Franz Josef Popp meinte zwar, das Volk solle besser Omnibus statt eigene Volkswagen fahren, entdeckte aber zusammen mit dem Mercedes-Generaldirektor Wilhelm Kissel ein „Ei des Columbus" (BMW und Mercedes waren seit Fusionsplänen durch Aufsichtsratssitze verbunden). 25 bis 30 Prozent der Listenpreise bestanden aus Steuern, weitere 20 Prozent aus Verkaufsspesen. „Damit ergab sich ein ganz neues Kalkulationsbild. Die reinen Herstellungskosten eines Automobils betrugen nur 50 Prozent des Listenpreises!", notierte Popp. Bei Entlastung auf dieser Seite würde sich aus Porsches 1400 bis 1500 Mark der gewünschte Endpreis von 1000 Mark ergeben.

## Volkswagenwerk statt Gemeinschaftsproduktion

Eine selbständige Volkswagenproduktion konnte den gehobenen Modellprogrammen von BMW und Mercedes nicht in die Quere kommen. So heckten Popp und Kissel ihren Entwurf aus: Die Deutsche Arbeitsfront (DAF), Einheitsorganisation der Arbeitnehmer und Arbeitgeber, solle Träger eines Volkswagenwerks werden, denn in ihr seien „alle jene Menschen vereinigt, für die Hitler den Volkswagen schaffen will".

Die DAF besitze genügend Kapital, um das Werk zu errichten, so daß weder die Automobilindustrie noch die Banken finanziell in Anspruch genommen würden. Patente und Schutzrechte sollten kostenlos zur Verfügung stehen. Das Volkswagenwerk müsse als gemeinnützige Gesellschaft aufgezogen werden, ohne Gewinn arbeitend und von Steuern befreit. Den Verkauf solle die weit verzweigte Organisation der DAF übernehmen. So würde der größte Teil der Verkaufsspesen und die Gewinnquote in den Verkaufsspesen entfallen.

Die regionalen „Treuhänder der Arbeit" der DAF waren seit 1934 staatliche Behörden. Popp brachte den Vorschlag über den bayerischen Treuhänder Kurt Frey in zwei Schreiben vom 24. und 25. Juni 1936 an den Reichsorganisationsleiter Robert Ley. Der Vorschlag landete zwecks Gutachten im Arbeitswissenschaftlichen Institut der DAF.

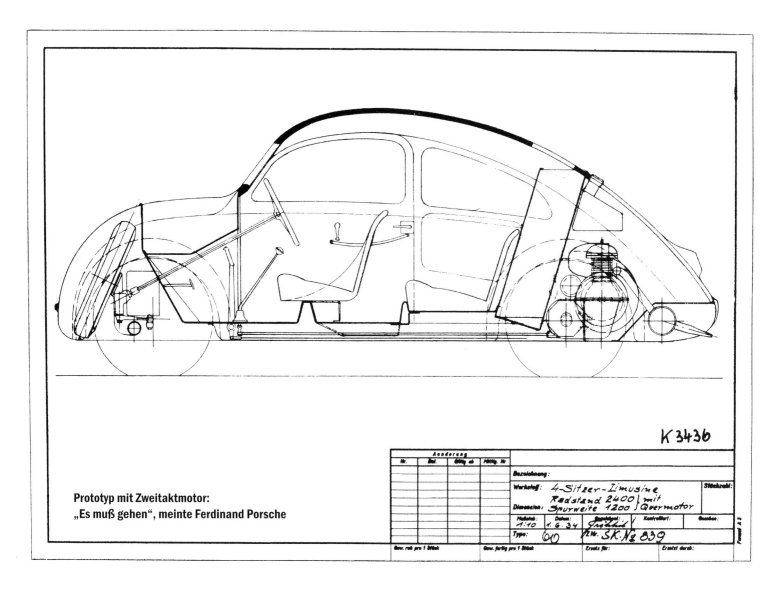

**Prototyp mit Zweitaktmotor:**
„Es muß gehen", meinte Ferdinand Porsche

Egal wie: Der Volkswagen mußte erscheinen. Am 11. Juni 1936 hatte Porsche seinem Führer in Berlin zwei Exemplare des Prototyps vorgestellt und Zustimmung gefunden. Bei der Präsentation wurde Hitler die Höhe der bisher aufgelaufenen, vom RDA getragenen Kosten vorgetragen. Dazu erklärte Porsche die Notwendigkeit der „Anfertigung von 30 Versuchswagen, um die Erprobung auf breiterer Basis durchführen zu können".

Der RDA betrachtete die Kostenrechnung als Beweis für Porsches Scheitern, konnte aber die Ablehnung des Projekts nicht wagen und schlug vor, vier geeignete Unternehmen sollten ein Konsortium für den gemeinsamen Bau einer überarbeiteten oder neu zu entwickelnden Konstruktion bilden: Daimler-Benz, Opel, Auto Union und Adler. Bei 1200 Mark Selbstkosten und 200 Mark Zuschuß der Regierung würde ein Endpreis von 1000 Mark möglich, wobei offen blieb, wie Händler oder eine Lieferorganisation zu bezahlen wären.

Hitler lehnte ab: „Wenn wir davon ausgehen, daß eine Million Volkswagen hergestellt werden, dann können Sie leicht ausrechnen, daß diese Zuschüsse die Regierung 200 Millionen Reichsmark kosten würden." Eine Million Volkswagen im Jahr? 1936 produzierte die deutsche Automobilindustrie eine Viertelmillion Personenwagen aller Klassen, der Gesamtbestand lag bei knapp einer Million.

## Volk ohne Geld

Von 32,1 Millionen deutschen Einkommensbeziehern verdienten 22,7 Millionen weniger als 125 Mark im Monat. Sie konnten sich den Volkswagen keinesfalls leisten, auch für die 6,5 Millionen Volksgenossen mit Einkommen von 125 bis 250 Mark war es kaum denkbar. 1,93 Millionen verdienten 250 bis 415 Mark, wobei in der Regel keine Reserve für ein Auto blieb. „Glauben Sie an den Volkswagen? Den kann sich ja ein Oberregierungsrat nicht leisten", äußerte ein Oberregierungsrat im Gespräch mit dem Erbauer der Volkswagenstadt, Peter Koller, während Hitler naiv davon ausging, die kleinen Leute würden das Benzingeld für Freizeit-Ausfahrten jeweils zusammensparen, der Volkswagen galt ihm als Anschaffung fürs Leben.

710.000 Einkommensbezieher, das heißt 2 Prozent, konnten mit 415 bis 666 Mark den Volkswagen nebst Betriebskosten zweifellos erschwingen, bei weniger als 500 Mark mit Einschränkung der sonstigen Lebensführung.

Nur 247.000 Deutsche konnten das private Autofahren ohne Opfer genießen, während Hitler dem freudigen Glück ausdrücklich den „nun einmal angehängten klassenbetonten Charakter und damit leider auch klassenspaltenden Charakter" nehmen wollte.

Ferry Porsche zitiert, wie sich Hitler im Gespräch mit Porsche zu der vom RDA vorgeschlagenen Subvention äußerte: „200 Mark für jeden Wagen sind verlorenes Geld. Falls wir für die Gesamtsumme der Zuschüsse eine Fabrik errichten: Sind Sie, Herr Professor, dann in der Lage, den Wagen zu dem Preis, den ich mit 990 Mark ab Werk veranschlage, zu bauen? Das wäre der Preis, der keine Finanzierung des Verkaufs bedeutet und eine Kapitalabschreibung überflüssig macht."

Der Professor muß genickt haben; Ferry berichtet nur ungenau, Hitler habe Robert Ley beauftragt, „in der Deutschen Arbeitsfront dafür zu sorgen, daß in ihrem Rahmen die Zukunft des Volkswagens verantwortlich vorangetrieben würde".

## Hitler will Versuchsserie selbst bezahlen

Der RDA verstand zunächst, er müsse „das gesamte Volkswagen-Projekt als Zeichen des guten Willens ohne Bezahlung" an die Deutsche Arbeitsfront übergeben. Kaum erfreulicher war Werlins Bericht an den Daimler-Vorstand, wobei er in devoten Großbuchstaben FÜHRER schrieb:

„Der FÜHRER hat sich in Gegenwart des Herrn Dr. Porsche dafür ausgesprochen, daß er die Absicht habe, dem RDA die bisher aufgelaufenen Kosten zurückzuerstatten" - das heißt aus eigenen Mitteln. „Meine Antwort darauf war die, daß der RDA aus Dankbarkeit dem FÜHRER gegenüber für die bisherige Förderung der Motorisierung dies wahrscheinlich nicht annehmen würde."

Mehr noch: „Die 30 Versuchswagen hat der FÜHRER persönlich in Auftrag gegeben, und zwar hat Dr. Porsche selbst vorgeschlagen, daß die Fahrzeuge bei uns angefertigt werden. Dr. Porsche berief sich darauf, daß die Firma Daimler-Benz die meisten Vorarbeiten geleistet habe, und da sich die Versuchsabteilung am gleichen Platze befindet, versprach sich Dr. Porsche auch eine reibungslosere und raschere Abwicklung. Der FÜHRER hat sich damit einverstanden erklärt und noch hinzugefügt, daß er diese 30 Wagen selbst bezahlen werde. Somit handelt es sich eindeutig um einen vom FÜHRER selbst an uns erteilten Auftrag."

Am 27. Juni 1936 fand in Koblenz eine Krisensitzung des RDA statt; den Ort erklärt die Nähe zur Burg Thurant an der Mosel, Privatbesitz des RDA-Präsidenten Robert Allmers.

Popp und Kissel behielten ihren früheren Plan der Übergabe an die DAF für sich, denn sie fürchteten Prügel ob des Verrats an den Interessen der Kleinwagenproduzenten. Popp fuhr mit Hitlers Intimus Werlin im Auto nach München, redete auf ihn ein und schickte ihm am 29. Juni 1936 die schriftliche Unterlage.

„Und nun geschahen merkwürdige Dinge", hat sich Popp erinnert. „Zunächst hörten Kissel und ich nichts Weiteres. Am 30. Oktober 1936 sandte mir Kurt Frey die längst erwartete Stellungnahme des Arbeitswissenschaftlichen Instituts der Deutschen Arbeitsfront, das ein vernichtendes Urteil über unsere Vorschläge fällte und es ablehnte, die Arbeitsfront mit einer Aufgabe zu belasten, die Hitler der Automobilindustrie gestellt hatte."

Daimler-Benz war schon seit Ende 1935 der knapp bezahlten Mitwirkung überdrüssig, blieb aber bei der Stange, da es „bei der bisherigen Bearbeitung durch uns und unsere Verbundenheit mit dem Führer auf diesem Gebiet als eine öffentliche Ohrfeige angesehen werden müsse, wenn wir uns zurückzögen oder aus irgendwelchen Gründen hinausgedrängt würden."

Mit der Porsche-Konstruktion mochte sich Mercedes nicht identifizieren. Anfang 1937 erklärte sogar Werlin, daß die Verantwortung der Daimler-Benz AG für den Volkswagen „nur eine beschränkte sei. Man kann uns nicht verantwortlich machen für die Güte und Zweckmäßigkeit der Konstruktion, sondern nur für die Qualität der von uns ausgeführten Arbeiten".

Die Eröffnungsrede zur IAMA am 20. Februar 1937 benutzte Hitler für die Ankündigung der baldigen Serienreife des Volkswagens: „Es gibt jetzt zwölf Versuchswagen, die auf den Straßen Süddeutschlands unter Leitung des berühmten Rennwagenkonstrukteurs Dr. Ferdinand Porsche ihre Probefahrten absolvieren". Er bekräftigte seinen „unabänderlichen Entschluß" zur Autarkie der Kraftverkehrswirtschaft, sprach von Bequemlichkeit und Beschränktheit, sogar bösem Willen: „Entweder, die sogenannte freie Wirtschaft ist fähig, diese Probleme zu lösen, oder sie ist nicht fähig, als freie Wirtschaft zu existieren."

Die 30 Wagen wurden bei Daimler-Benz gebaut und vom RDA bezahlt, sie legten 1937 insgesamt 2,4 Millionen Test-Kilometer zurück. Die SS stellte 54 Fahrer; aus dieser Mannschaft ging auf Porsches Initiative der im Krieg berüchtigte Werkschutz hervor.

## Know-how aus den USA

Die Deutsche Arbeitsfront (DAF) mit eigener „Bank der deutschen Arbeit" war ein gewaltiges Konglomerat mit undurchsichtigen Machenschaften, aber auch beachtlichen Experten. Hitler soll den Reichsorganisationsleiter Robert Ley auf den Volkswagenbau angesprochen und die erwartete Antwort erhalten haben: „Jawoll, mein Führer!"

Die DAF behauptete natürlicherweise, sich angeboten zu haben, jedenfalls gründeten am 28. Mai 1937 zwei DAF-Tochtergesellschaften die Gesellschaft zur Vorbereitung des Volkswagens (Gezuvor). Die Bank der Deutschen Arbeit gewährte 50 Millionen Mark Kredit mit der DAF als Bürge.

Geschäftsführer wurden Ferdinand Porsche, Jakob Werlin und Bodo Lafferentz, dessen Berufung den Charakter des Volkswagens als Freizeit-Auto bekräftigte: Er leitete das Amt „Reisen - Wandern - Urlaub" der NS-Gemeinschaft „Kraft durch Freude" (KdF). Zum Plan eines riesigen Volkswagenwerks kam die Idee einer vorbildlichen Arbeiterstadt außerhalb bisheriger Industrieregionen. Das Triumvirat, ergänzt durch einen Propagandafunktionär, beriet sich im angenehmen Ambiente einer KdF-Schiffskreuzfahrt.

Die Automobilindustrie sah sich einem Gigantismus gegenüber, der nicht nur Kleinwagenproduzenten schädigen mußte. Hitler meinte dagegen, „daß es ein kapitaler Irrtum ist, zu glauben, daß die Produktion des billigsten Volkswagens den Abnehmerkreis teurerer Wagen beschränken könnte. Die Menschen verzichten nicht auf den Kauf teurer Wagen, weil sie aus Grundsatz billige Wagen haben wollen, sondern weil sie nicht in der Lage sind, sich die teuren Wagen zu kaufen." Er warnte vor einem Gegenangriff: „Es kann in Deutschland nur einen Volkswagen geben und nicht zehn".

Verborgenes Problem war die Tatsache, daß Ferdinand Porsche und seine Mannen noch niemals mit einer Großserienproduktion zu tun hatten. Nicht einmal Opel entsprach voll dem amerikanischen Standard, unterbot allerdings die Konkurrenz drastisch, und Porsche war in seinem bisherigen Leben geradezu ein Spezialist für individuelle Konstruktionen ohne Rücksicht auf die Kosten. Als junger Elektrobastler hatte er sich der Lehre in Vaters Klempnerei entzogen, fand als eine Art Praktikant den Weg zur Karriere in einem Elektrounternehmen. Er erregte Aufsehen mit elektrischen Nabenmotoren ohne Zukunft, profilierte sich in einer Wagenbaufirma für die Berufung zum Cheftechniker bei Austro-Daimler und erlebte seine glücklichsten Jahre als Schöpfer und Fahrer exzellenter Tourensportwagen. Im Krieg wurde er vor allem für seine Flugmotoren hoch ausgezeichnet. Dort wie später bei Daimler-Benz und Steyr interessierte er sich zu wenig für preiswerte Serienmodelle; nach drei Verabschiedungen war die eigene Firma sein Rettungsanker. Der Grand-Prix-Rennwagen für die Auto Union beschäftigte ihn besonders, und er hoffte auf eine eigene Sportwagenproduktion.

Die amerikanischen Produktionsmethoden waren unerreicht und fürs Volkswagenwerk unabdingbar. 1936 und 1937 reiste Porsche in die USA; zu seinen Begleitern bei der zweiten, vierwöchigen Reise gehörte sein bei Opel abgeworbener Fertigungschef Otto Dyckhoff. Deutsche Konsulate hatten Hinweise auf Amerikaner deutscher Herkunft in der Automobilindustrie gesammelt. Der Planungsingenieur Josef Werner aus dem Ford-Werk am River Rouge war von großer Bedeutung. Insgesamt 20 Experten brachte die vierwöchige Rundreise 1937 ein, Werkzeugmaschinen wurden eingekauft oder vorgemerkt, der Devisenmangel war das Problem.

## Das Tjaarda-Design

Nicht zuletzt besuchte Porsche die Briggs Manufacturing Company in Detroit, deren „Briggs Dream Car" 1933 auf dem Ford-Stand der Ausstellung „Century of Progress" für Aufsehen gesorgt hatte. Es war ein Heckmotorwagen (Triebwerk über der Hinterradführung), entwickelt von dem Designer John Tjaarda. Ford übernahm das Styling 1936 auf konventionellem Fahrwerk für den Lincoln Zephyr, wegen des Frontmotors mit markanter Nase.

1938 erschien die Versuchs- und Vorführserie VW 38 mit dem endgültigen Design des Volkswagens nach Tjaarda-Vorbild, daher die Ähnlichkeit mit dem Ford Taunus; auch die Stromlinie des Hanomag 1,3 Liter (Karosserie Ambi-Budd) entsprach diesem Schema. Das Brezelfenster geht auf die Mittelrippe des Vorbilds zurück.

Der Motorblattleser Hitler hat gelegentlich Wagen skizziert, wenn er in der Osteria Bavaria in München mit Werlin zusammensaß. Eine Skizze mit dem Vermerk 1933 zeigt unverkennbar Tjaardas früheren „Sterkenburg-Wagen", dessen Bild durch die Motorpresse ging.

## Am Rand des Staatsbankrotts

Die Versuchsfahrten mit dem VW 30 waren nicht getarnt, aber Berichte in Wort und Bild untersagt. Aus der Wartezeit machte Hitler 1938 einen Triumph: „Es wurden jetzt vier Jahre verwandt, um in fortgesetzter Verbesserung allmählich einen Volkswagentyp zu entwickeln, der unserer Überzeugung nach nicht nur in der Preislage den gewünschten Bedingungen entspricht, sondern der vor allem auch in der Leichtigkeit seiner Produktion die Möglichkeit bietet, mit einem Minimum an Arbeitskräften ein Maximum an Wirkung zu erzielen."

Am 26. Mai 1938, dem Himmelfahrtstag, versammelten sich bei Fallersleben 70.000 Gäste zur Grundsteinlegung des Volkswagenwerks. Der VW 38 wurde präsentiert, für Hitler ein offenes Einzelstück für eine umjubelte Runde mit Ferry Porsche am Lenkrad. Überraschend taufte Hitler den Volkswagen um: „KdF-Wagen", gebaut in der „Stadt des KdF-Wagens". Das Werk solle entstehen „aus der Kraft des ganzen deutschen Volkes und es soll dienen der Freude des deutschen Volkes".

Hitler sprach unkonzentriert, langweilig und zu lange, fand nicht die rechten Worte. Im März war ihm der Anschluß Österreichs ans Reich gelungen, jetzt hatte er den nächsten Gewaltakt im Kopf: „Es ist mein unerschütterlicher Entschluß, daß die Tschechoslowakei verschwindet", verkündete er der Generalität vier Tage nach der Grundsteinlegung.

Am 16. September 1938 wurde die Volkswagenwerk GmbH in Berlin gegründet. Neben DAF-Funktionären saßen Porsche, Werlin und Lafferentz im Auf-sichtsrat, der Produktionsleiter Dyckhoff war Porsche-Angestellter. In der „Porsche-Hütte" auf der Anhöhe gegenüber dem Werk leitete Ferdinand Porsche den Aufbau.

Hitler sagte Millionen neuer Käufer mit geringen Einkommensverhältnissen voraus. Robert Ley kündigte an, im September oder Oktober 1939 werde die erste Serie von 20.000 KdF-Wagen geliefert, die volle Kapazität mit 1,5 Millionen Wagen im Jahr werde ab 1946 erreicht. Alle Facharbeiter, die in der Wirtschaftskrise das Land verlassen hätten, würden zurückgeholt, 50.000 Spezialarbeiter benötigt.

1938 wurden in Deutschland 276.804 Personenwagen gebaut. Hitler meinte, im deutschen Volk sei der Bedarf für 6 bis 7 Millionen vorhanden. Die Zahl der Autos in Deutschland verdreifachte sich im Dritten Reich nahezu, aber der jährliche Zuwachs des Bestands nahm nach dem ersten Aufschwung ab. Das Volkseinkommen erreichte 1936-37 den Stand von 1928, die Kaufkraft breiter Kreise blieb beschränkt. Nach dem Krieg übertrafen Volkseinkommen und Automobilbestand schon 1954-55 den besten Stand im Dritten Reich.

Porsche ging in der Korrespondenz mit Zulieferern von Steigerungsstufen auf 500.000, 750.000 und eine Million KdF-Wagen pro Jahr aus, aus Schichtarbeit sollte sich die Siebentagewoche ergeben. Hauptamtliche DAF-Kräfte sollten den Vertrieb übernehmen, um Händlerprovisionen einzusparen. Ersatzteile sollte der Fachhandel verkaufen.

Von eventueller Überkapazität und Devisenbeschaffung durch Export war nicht die Rede. Das erklärt sich aus Deutschlands geringem Motorisierungsgrad (Kraftfahrzeuge je 1000 Einwohner), der Hitler verführte, den Nachholbedarf als Faktor zu betrachten. Ein deutscher Rückstand ging schon auf soziale Gegebenheiten in der Kaiserzeit zurück, er wurde in den zwanziger Jahren trotz der Krisen prozentual mehr aufgeholt als im Dritten Reich. 1937 entfielen auf 1000 Einwohner in den USA 323,4 Wagen, in Frankreich 64,4, in Großbritannien 59,3 und in Deutschland 38,1.

In der Lage, die Hitler 1933 antraf, besaßen von 1000 Einwohnern in Paris 37 ein Auto, in Berlin nur 9. Ein Reporter berichtete, viele Berliner der ehedem besitzenden Klassen hätten nichts mehr übrig, allenfalls ihr über Geschäftsunkosten fahrendes Auto. Im ohnedies autofeindlichen Winterhalbjahr wurde über die Hälfte der deutschen Autos stillgelegt, um Steuer zu sparen. Hitler strich die Besteuerung für Neuwagen und leitete damit den Aufschwung ein, allerdings mehr durch die Stimmung als durch reales Nachrechnen, denn die Ablösungszahlungen für ältere Wagen brachten dem Fiskus zunächst nicht weniger ein als zuvor die Steuer; der nie nachrechnende Hitler wurde von seinen Beamten regelrecht geleimt und Goebbels lähmte die anfangs noch aufmerksame Presse, die sich mit dem Problem der steuerpflichtigen Gebrauchtwagen befaßte. Gelegentlich durfte sie Aufmüpfigkeiten behandeln, 1937 den Unmut über den Aufschlag auf den Benzinpreis zugunsten der Autobahn, die nur ein Bruchteil der Autofahrer jemals vor Augen hatte.

Dem Projekt Volkswagen fehlte in jeder Hinsicht die seriöse Vorbereitung. Die nackte Wahrheit formulierte im September 1938 ein ungenanntes Vorstandsmitglied der Volkswagenwerk GmbH:

Die Gesamtbewegung der nationalen Arbeits- und Wirtschaftskraft durch die Sicherung stärkster nationaler Wehrfähigkeit habe einen Grad erreicht, an dem trotz erheblichen Mehreinsatzes zusätzlicher Arbeitskraft die Kostenbelastung schneller gestiegen sei als der Ertrag der nationalen Arbeitsleistung: es habe sich ein Mißverhältnis von Aufwand und Ertrag der Volkswirtschaft herausgebildet, in dessen Folge sich das Zuwachstempo der nationalen Produktivkraft deutlich verlangsame.

Man befinde sich schon nicht mehr in einer rein friedensmäßigen Finanzierung. Da die Dringlichkeit der nationalen Sicherheit nicht zur Debatte stehe, müßten die gegenwärtigen Spannungen vollständig beseitigt werden, bis die Volkswirtschaft die Verwirklichung großer Pläne erlaube. Auf den Volkswagen bezogen: Die allgemeine Einkommensentwicklung müsse erst wieder entlastet werden.

Die „nationale Sicherung", Rüstung und festungsmäßige Autarkie, beanspruchte ruinöse Anteile des Volkseinkommens, allein die Rüstung 1938 gegenüber 1933 den vierzehnfachen Prozentsatz. Das Reichsbankpräsidium warnte am 7. Januar 1939 vor der Katastrophe: Das Dritte Reich stand vor dem Staatsbankrott, wenn die hemmungslosen Ausgaben nicht sofort drastisch gekürzt und kontrolliert würden.

Hitler feuerte die Herren und schob alle Kostenfragen beiseite. Den Devisenmangel begriff er nicht als Krise, denn er stellte sich eine „Währung der Arbeit" vor, Autarkie als Wertschöpfung, den Rohstoffmangel als Ansporn für Erfinder und Organisatoren. Die Plünderung der Juden und der Zugriff auf Nachbarländer waren Bausteine für sein großdeutsches Utopia.

## Werk und Stadt am falschen Platz

Die Standortsuche war laienhaft, Vorschläge von Raumordnungs-Experten traten hinter dem malerischen Aspekt des Ensembles Werk und Stadt zurück. Bodo Lafferentz fahndete per Flugzeug und verkannte schwierige Gegebenheiten am Boden, wo Milliarden von Mücken warteten, enormer Aufwand für die Trockenlegung, und der Baugrund war für das Fundament des Werks ungeeignet. Ein Gitterrost aus Beton löste das technische Problem, kostete aber geschätzte 50 Millionen Mark, was allein schon dem Startkapital der 1938 gegründeten Volkswagenwerk GmbH entsprach. Auch mußten unerwartet viele Landbesitzer entrechtet und entschädigt werden, und die Autobahnplanung sah keinen Anschluß vor.

Die Arbeitskräfte sollten eine Auslese sein, die attraktive Stadt schien dies zu sichern, aber im Einzugsbereich waren 1937 die Reichswerke Hermann Göring in Salzgitter gegründet worden. Arbeitskräfte für die Stahlerzeugung hatten Vorrang, und im ganzen Reich waren die vorgesehenen Arbeiterfamilien nicht zusammenzubringen, zumal seit 1934 die Freizügigkeit immer mehr eingeschränkt wurde; irgendwo entbehrliche Leute waren selten die besten. Für die Bauarbeit wurden zunächst freiwillige italienische Arbeiter rekrutiert.

Der Westwall zog Material und Arbeitskräfte ab, 1936 stockten erstmals Automobillieferungen wegen Reifenmangel, 1937 vermehrten sich kriegswirtschaftliche Kontingentierungen; die erste Kontrollstelle für Eisen und Stahl war schon 1934 gegründet worden. Zulieferer waren nicht auf die Dimension der Volkswagenplanung eingestellt und wurden nicht zu Investitionen ermuntert, denn Porsche plante weitgehende Selbstversorgung aus einem zweiten Werk in gleicher Größe hinter der Automobilfabrik. Restliche Zulieferer sollten nur Selbstkosten berechnen und dafür ihre anderen Kunden schröpfen.

Rüstungsprogramme waren auf Termine bis 1946 angelegt, als Hitler 1939 den Krieg auslöste. Fritz Todt hatte als Erbauer der Autobahn die Ost-West-Verbindung für Truppentransporte angepriesen, doch die Heeresleitung sah diesen Nutzen nur für Angreifer und die Eisenbahn als viel schneller und rationeller. Das helle Band der Autobahn bot Orientierung für feindliche Flieger, und die Heeresleitung tendierte nach mißlichen Erfahrungen sogar ausdrücklich zur „Entmotorisierung". Hitler wünschte beim Autobahnbau ausdrücklich Vorrang für touristische Aspekte mit Landschaftsgenuß, und auch der Volkswagen war ein rein ziviles Objekt. Porsche plante schon Sportversionen; die erste wurde sogar fertig, den Start im geplanten Wettbewerb Berlin-Rom 1940 verhinderte der Krieg.

Eine Kalkulation für den echten Preis war bis auf weiteres nicht möglich. Für die Versuchswagen VW 38 sollen 8000 Mark angesetzt worden sein, später ist von 3000 Mark die Rede. Für den Preis eines Kradschützen-Gespanns Zündapp KS 750 oder BMW R 75 konnten zwei Kübelwagen VW 82 gebaut werden, die demnach mit 4500 Mark pro Stück berechnet wurden. Der Käfer Typ 82 E auf dem gleichen Chassis soll mit 3000 Mark beziffert worden sein. Mitarbeiter schätzten, der Serien-Volkswagen hätte bis auf weiteres 2000 Mark beansprucht, so daß Hitlers Spekulation, die Einsparung eines Zuschusses von 200 Mark würde den Bau des Werks ermöglichen, sich in ein Minus von 800 Mark pro Wagen verwandelte.

## Sparaktion nichts für Kleinverdiener

1938 lief die Werbung an: „Jedem deutschen Volksgenossen steht die Möglichkeit zum Erwerb des KdF-Wagens offen". Die Kaufkraft mußte geschaffen werden. Ein Ingenieur der Organisation Todt (Autobahn, Westwall etc.) entwickelte das Sparsystem, das bis 1942 etwa ein Dreißigstel des geschätzten Käuferpotentials erfaßte. Die Volkswagenwerk GmbH ließ bald erkennen, daß jeder Kunde recht und nötig war, Schnellzahler bevorzugt. Im April 1939 bot sie Behörden aller Art den KdF-Wagen als Dienstfahrzeug an. Firmen sollten verdiente Betriebsangehörige mit Sparkarten ehren. Nur fünf Prozent der Sparer waren Arbeiter, die eigentlich als Mehrheit das freudige Glück des Autofahrens genießen sollten.

Motorblätter rechneten ratlos an den Betriebskosten herum. Fragen um Service, Reparaturen und Gebrauchtwagenmarkt blieben offen. Das Organ des Einheitsclubs DDAC (Der Deutsche Automobil-Club) stellte einen Vorschlag zur Diskussion: „Der Selbstversorger". In den Hütten des Deutschen Alpenvereins sei es eine segensreiche Einrichtung, daß der Bergsteiger mitgebrachten Proviant selbst zubereiten dürfe; das mache den Bergsport für viele erst erschwinglich. Es müsse untersucht werden, ob sich Mittel und Wege finden ließen, den Gedanken des bergsteigerischen Selbstversorgers auf die Selbstversorgung in der Kraftfahrzeughaltung zu übertragen.

## Der Kübelwagen dem Heereswaffenamt zuwider

Daimer-Benz baute mindestens 50 Wagen der Vorserie VW 38 für Versuche, Vorführungen und einige Bonzen; Kostenträger mußten zahlen. Hitlers SS-Leibstandarte erhielt ein Chassis für martialische Karossierung, Porsche entwickelte 1939 den Prototyp 62 für einen Kübelwagen („Kübel" = Schalensitze für sicheren Halt im Gelände). Aus der Versuchsserie ergab sich 1940 der Typ 82 mit erhöhter Bodenfreiheit, hinten machte ein Vorgelege zugleich die Geländeübersetzung möglich. Der Hubraum des Einliter-Motors wurde 1943 auf 1,2 Liter vergrößert und für die Nachkriegsproduktion übernommen.

Die Fertigung mit Karosserien von Ambi-Budd schien zu spät zu kommen, als die große Euphorie nach den Blitzsiegen herrschte und zahlreiche wehrtechnische Entwicklungen abgebrochen wurden. Die Offiziere hatten sich gefreut, als das Musterstück bei der Vorführung umkippte, denn das Heereswaffenamt hatte üppige Wehrmachtsmodelle in drei Größen entwickelt. Der umfunktionierte Volkswagen galt demgegenüber als Provisorium, obwohl er dank geringem Gewicht und Heckbelastung fast so gut im Gelände war wie ein Allradler. Die Italiener waren interessiert, aber Gastarbeiter durfte der Deutsche Volkswagen nicht werden. Rommel konnte ihn in Afrika brauchen, weil Luft nicht kocht. Eine Ausführung für Tropeneinsatz auf dicken Reifen 200-12 wurde entwickelt, kam aber nicht mehr hinüber.

Peter Koller war Planer der Musterstadt und sollte sie bauen, kam aber im Krieg nicht weit und meldete sich als Soldat an die Front. Nach dem Krieg hat er als Stadtbaumeister den Aufbau von Wolfsburg geprägt.

Die Typenpolitik für die Wehrmacht war ein wirres Trauerspiel, während der Kübel-VW sich beliebt machte; 50.435 Stück wurden gebaut. Ein Schwimmwagen Typ 128 für Pioniere kam 1942 über 30 Stück nicht hinaus, aber ein anderer entstand unvorhergesehen. Heinrich Himmler wünschte für die motorfreudige Waffen-SS eine Verbesserung der Kradschützen-Gespanne; die Konzeption mit Seitenwagen und MG war von gestern wie ihr taktischer Einsatz in Dragoner-Tradition. Porsche machte aus den Forderungen den Schwimmwagen Typ 166. Der Allradantrieb war willkommen, das Schwimmen für die Entenjagd nützlich. Von 1942 bis 1944 brachte es der Typ 166 auf 14.283 Stück.

Das Fahrwerk des Kübelwagens mit der erhöhten Bodenfreiheit diente nebenbei für die Limousine Typ 82 E (667 Stück) und mit Allradantrieb für den Typ 87 (564 Stück). Die Karosseriewerkzeuge machten den Beginn nach dem Krieg möglich.

## Heinrich Nordhoffs Meisterleistung

Das Volkswagenwerk, das Heinrich Nordhoff 1948 vorfand, kennzeichnete er als „durchaus unvollständig, uneinheitlich, ohne Rücksicht auf Fabrikationsnotwendigkeit aufgestellt, durch Verlagerungen auseinandergepflückt, schwerstens angeschlagen. Keine andere deutsche Automobilfabrik dürfte in einem so desolaten Zustand aus dem Krieg gekommen sein wie das Volkswagenwerk", und der produktionstechnisch schwierige Wagen hatte 1948 „so viele Fehler wie ein Hund Flöhe".

Nordhoff leitete im Krieg das Opel-Lastwagenwerk Brandenburg, die fortschrittlichste deutsche Produktionsanlage. General Motors wollte zunächst in Deutschland keine Autos mehr bauen. Beim Wiederbeginn waren die Manager der Kriegswirtschaft unerwünscht. Sie hatten sich als Bewahrer für die Nachkriegszeit empfunden; die Kränkung spornte Nordhoff an, sein Format zu beweisen.

Die Volkswagenwerk GmbH war Treuhänder ohne Anspruch auf Rendite, nachdem die Briten zu dem Schluß kamen, mit der Kriegsbeute sei für sie nichts zu erben. Nordhoff stellte die Bedingung, daß niemand ihm hineinreden dürfte.

Der Werksdirektor Rudolf Brörmann hatte mit hungernden Arbeitern ein Stück Geschichte geschaffen, aber Nordhoff erkannte die Gefahr, daß der Volkswagen eine Episode bleiben würde.

„Wir brauchen noch 400 Arbeitsstunden für den Bau eines Wagens. Wenn wir so weitermachen, können wir nicht mehr lange weitermachen", erklärte er der versammelten Belegschaft. „Wir müssen auf 100 Arbeitsstunden pro Wagen kommen!" Unruhe und Gelächter fand er ganz natürlich: „Alle hielten mich für verrückt."

Er rief die zusammengewürfelten Arbeiter auf, sich als Gemeinschaft zu erkennen. Sie seien das Werk, hätten es gerettet und aufgerichtet, er selbst sei wie sie alle „auf Gedeih und Verderb vom Erfolg des Werks abhängig", allein von der gemeinsamen Leistung hinge der Erfolg ab.

Demonstrativ trat er nicht dem Arbeitgeberverband bei und rief alle drei Monate die Belegschaft wie einen Aufsichtsrat zusammen, erstattete einen Geschäftsbericht, wies auf Erfolge hin und stellte Forderungen mit schnörkelloser Begründung. Niemand sollte sich überrumpelt fühlen, jeder bekam schwarz auf weiß Angaben und Erklärungen.

Modellpflege war bisher kaum möglich. Jetzt tat sich etwas von Jahr zu Jahr. Schon 1949 erschien das besser ausgestattete Export-Modell. 1951 warb Nordhoff einen erstklassigen Modellpfleger von Opel ab und schickte ihn zunächst vier Wochen mit dem Käfer auf Reisen. Resultat war der Innovationsschub von 1952.

Aus jedem Problem machte Nordhoff einen Ansporn, holte Arbeiter mit guten Löhnen in das entlegene Nest Wolfsburg und frustrierte die IG Metall: Vier Jahre Werkszugehörigkeit brachten einen Rentenzuschuß mit Prämie für jedes VW-Dienstjahr ein, auf Antrag winkten zinslose Baudarlehen.

Beste Verarbeitung wurde zum A und O, Kostenprobleme der Konstruktion fing die geschickte Ersatzteilpreispolitik auf. Die wachsende Nachfrage erzeugte glückliche Händler, die bei Ärger nicht gleich auf das Werk schimpften, und die Eigenschaften des Volkswagens paßten in die Zeit. Der Drosselmotor wirkte nicht angestrengt, der Boxer-Lauf turbinenartig, der lange vierte Gang ließ keine Drehzahlgrenze spüren, die Hecklast sorgte für Traktion auf Glätte in den Zeiten ohne Winterdienst und Winterreifen. Auf die zähe Spindellenkung bis 1965 und das Übersteuern fuhren sich Generationen von Neu- und Gebrauchtwagenfahrern ein.

Der Mythos Porsche wog Fortschritte von Konkurrenten auf, Speerspitzen für den Erfolg in den USA waren die Sportwagen aus Zuffenhausen. Das alles wäre bei der Verpflanzung der Konstruktion in ein Werk der Sieger niemals gelungen. Dem Image hätte der ideologische Kern gefehlt, den Managern die Überzeugungskraft. Heinrich Nordhoff machte die niedersächsische Autoburg zur ideologischen Festung.

## Das Urteil der Briten

Es wäre ungerecht, den Bericht des British Intelligence Objectives Sub-Committee (B.I.O.S.) von 1947 als Fehleinschätzung zu kommentieren.

Die Einführung der britischen Veröffentlichung von 1996 zeichnet ein sagenhaftes Bild. Der Volkswagen habe in der Weltwirtschaftskrise die Überkapazität der deutschen Industrie aufnehmen sollen. Er sei als Staatsprojekt inmitten der deutschen Aufrüstung energisch mit Vorrang bei Material und Personal vorangetrieben worden, die Bedrohung durch devisenbringenden Export habe die ausländischen Rivalen um den Schlaf gebracht. Als einzigen Trost hätten sie einander versichert, daß der Wagen „nicht nur unkonventionell, sondern auch extrem häßlich" sei.

Angesichts der Wirklichkeit kann man die britischen Prüfer von 1947 nicht so einfach als Tölpel darstellen, wenngleich sie keine meisterliche Analyse lieferten.

Die Firma Humber, im damals bedeutenden Rootes-Konzern für Konstruktionen und Produktion federführend, prüfte eine VW-Limousine von 1946 und einen in Rommels Afrika-Feldzug strapazierten VW-Kübelwagen mit Einliter-Motor (gebaut 1940-43). Einen Fahrtest mit einem 1,2-Liter-Kübelwagen übernahm die Rootes-Firma Singer, eine allgemeine Beurteilung des gleichen Wagens oder Typs die Firma A.C. Cars, deren Vergangenheit ein Interesse an Fortschritten vermuten ließ. Ford-Dagenham äußerte sich zur Gesamtkonzeption und zur 1,2-Liter-Maschine, Solex zum Vergaser.

Humber hat äußerst fleißig eine Wagenbeschreibung verfaßt und illustriert, auch sonst kann der Leser und Betrachter seine Kenntnisse mit damaligen Aspekten vergleichen. Er muß sich aber auch über die Geisteshaltung wundern, mit der zum Beispiel beim Vergleich des Volkswagens und des Hillman Minx die unzureichende Kompression in den beiden rechten Zylindern (25 und 8 Prozent unter Soll) nicht untersucht und dem fortschrittlicherweise leichten Rivalen ein Handikap-Gewicht aufgeladen wurde.

Grundsätzliche Überlegungen zum internationalen Stand der Technik fehlen völlig. Der für die Humber- und Hillman-Typen zuständige Cheftechniker Bernard Winter war ein renommierter Pfleger konventioneller Konstruktionen und Ford in diesem Punkt das Schlußlicht amerikanischer Unternehmen, das seit 1945 Henry Ford II leitete. Der große Henry starb am 17. April 1947 mit 84 Jahren, seine reaktionäre Diktatur wirkte lange nach. Beim Kübelwagen gefielen den Briten die Vorteile im Gelände gegenüber dem Jeep, aber schon die Deutschen hatten nicht wie die Amerikaner begriffen, daß Straßenbau mit fortschrittlichem Gerät die Geländegängigkeit weniger wichtig macht.

Epochale Fortschritte brauchen Zeit, bis sie für Serienwagen vertretbar sind. Die Briten hatten im Wettbewerb der Fabrikate das geringste Verständnis für grundsätzliche Überlegungen, bis Alec Issigonis sie zum Ende der selbstzufriedenen 50er Jahre mit seinem Mini auf den Wandel der Welt aufmerksam machte...

Zum Vergleich des Volkswagens mit dem Hillman Minx hätte der Opel Olympia gehört, der 1935 mit selbsttragender Karosserie erschien. Auch war der Minx nicht serienmäßig, seine Einzelradführung vorn statt der Starrachse ging erst im nächsten Herbst in Serie, September 1948.

Den britischen Prüfern lag der Katalog „Dein KdF-Wagen" vor, aus dem sie das Sparsystem referierten, nicht aber Porsches Ausführungen zur Bauart des Wagens, die im Zusammenhang von hohem Interesse sind, wenn auch mit gewisser Vorsicht zu genießen. Seine Darlegungen gingen von seinem Mittelmotor-Rennwagen Auto Union P aus:

„Wie es beim Rennwagen von größter Wichtigkeit schien, eine Verschiebung der Gewichtsverteilung zwischen Vorder- und Hinterrädern durch die allmähliche Entleerung des gewaltigen Benzintanks und dessen rasche Wiederauffüllung zu vermeiden, so war beim KdF-Wagen ein ganz ähnliches Problem durch die wechselnde Belastung mit einer Person oder mit fünf Insassen zu bewältigen.

Dieses Problem wurde dadurch gelöst, daß beim KdF-Wagen im Gegensatz zu den Ausführungen der meisten Wagentypen so weit nach vorn verlegt wurden, daß die Gewichtsverteilung nahezu unverändert bleibt, gleichgültig ob der Wagen mit einer oder fünf Personen besetzt ist!

Vorn blieb dann noch genügend Platz für die Unterbringung des Tanks und Reserverads, während der Motor mit Kupplung, Getriebe und Differential, zu einem Block zusammengefaßt, im Heck des Wagens untergebracht wird.

Eine Anordnung der vorgesehenen vier Zylinder in einer Reihe hätte nun aber einen zu langen rückwärtigen Ausbau ergeben und außerdem die Schwerpunktlage ungünstig beeinflußt. Man griff daher zu der weit kürzeren und leichteren Boxer-Anordnung, die eine geradezu als ideal zu bezeichnende Gewichtsverteilung von etwa 44 Prozent vorn und 56 Prozent hinten ergibt, die auch der idealen Gewichtsverteilung eines Rennwagens entspricht.

Als selbstverständlich erschien außerdem die Konstruktion des KdF-Wagens als Vollschwingachser, die sich nicht nur im Rennwagenbau, sondern auch bei Zehntausenden von deutschen Gebrauchswagen bestens bewährt hatte. Während bei den Vorderrädern hierfür ein parallel in Fahrtrichtung schwingendes System gewählt wurde, ist hinten eine elastisch verstrebte Pendelachse vorgesehen - ein Schwingachssystem, das sich in nahezu gleicher Ausführung beim Auto Union-Rennwagen vorfindet. Der Erfolg ist eine ganz ausgezeichnete Straßenlage. Sie gibt dem Fahrer auch beim Nehmen scharfer Kurven ein außerordentliches Gefühl der Sicherheit.

Besonders angenehm ist es für die Insassen, daß sich als Folge des angewendeten Hinterachssystems der Wagenkasten in Kurven fast überhaupt nicht nach der Außenseite neigt. Die Lage der Sitze zwischen den Achsen, also im besten Federungsbereich, läßt auch schwere Straßenunebenheiten den Insassen kaum bemerkbar werden."

Beim Hillman Minx saßen sie im Fond über der Starrachse, doch auch die Heckmotor-Ära endete in einer Sackgasse, und Rennfahrer träumten vom Porsche-Motor im Mercedes-Fahrwerk. Solche Diskussionen enden nie, denn kein Auto ist pure Technik, manche Wahrheit stirbt mit den Zeitgenossen und bei mancher weiß man nicht, wie wahr sie ist.

Warum hatten sieben der 18 Versionen des aufwendigen Wehrmachts-Einheits-Pkw, den der VW-Kübel zur Minna machte, sogar Allrad-Lenkung? Der alte Konstrukteur Schindler hat von damals erzählt: „Die Herren waren Kavalleristen, die Wagen sollten so beweglich sein wie die Gäule."

BIOS-ABSCHLUSSBERICHT NR. 998
AUSGABE NR. 19

# UNTERSUCHUNGEN ZU KONSTRUKTION UND LEISTUNGEN DES DEUTSCHEN VOLKSWAGENS

Die Veröffentlichung des vorliegenden Berichts erfolgt in Verbindung mit der Warnung, daß dieses Dokument für den Fall, daß die darin beschriebenen technischen Einzelheiten durch britische Patente geschützt oder zum Patent angemeldet sein sollten, nicht zur Anwendung von juristischen Schritten wegen einer Verletzung von Patentrechten herangezogen werden kann.

**BRITISH INTELLIGENCE OBJECTIVES SUB-COMMITTEE**

LONDON, HER MAJESTY'S STATIONERY OFFICE

Preis: 12 Schilling 0 Pence netto

Der Leser wird auf die BIOS-Informationsabteilung (37 Bryanston Square, London, W1) hingewiesen. An diese Stelle können Anfragen im Zusammenhang mit deutschen technischen Prozessen usw., die in BIOS-Berichten behandelt werden, sowie Anforderungen an deutschen technischen Informationen, die anderweitig in Großbritannien erhältlich sind, gerichtet werden.

THE SOCIETY OF MOTOR MANUFACTURERS AND TRADERS
LIMITED

UNTERSUCHUNGEN ZU KONSTRUKTION UND LEISTUNGEN
DES DEUTSCHEN VOLKSWAGENS

Angefertigt von:

A. C. CARS LTD.
FORD MOTOR CO. LTD.
HUMBER LTD.
SINGER MOTORS LTD.
SOLEX LTD.

BIOS-Zielnummer: 19/9

BRITISH INTELLIGENCE OBJECTIVES SUB-COMMITTEE

32 Bryanston Square, W1

Der Innenlenker, Preis RM 990.- ab Werk Fallersleben

## VORWORT

Der vorliegende Bericht besteht aus den Ergebnissen von Tests und Inspektionen, die von mehreren Fahrzeug- und Komponentenherstellern durchgeführt wurden, und soll einen möglichst genauen und vollständigen Eindruck von den Leistungen und Konstruktionsmerkmalen des deutschen Volkswagens vermitteln.

Das unter Federführung von Dr. Porsche konstruierte Fahrzeug sollte ab 1939 als ziviler Personenwagen in Serie produziert werden. Kriegsbedingt wurde jedoch ein modifiziertes Fahrzeug (Typ 82) für die deutschen Streitkräfte gefertigt. Ein ähnliches Fahrzeug (Typ 21), das von einem größeren Motor (Hubraum: 1131 $cm^3$) angetrieben wurde und mit Reifen der Größe 5.25-16 bestückt war, befand sich 1945 in Produktion. Vorübergehend wurden auch einige Limousinen („Typ 51") hergestellt, bei denen eine geschlossene Karosserie auf einem militärischen Fahrgestell aufgesetzt war. Ab 1946 wurde die Zivilversion der Limousine (Typ 11) mit dem 1131-$cm^3$-Motor produziert, nun jedoch mit Reifen der Größe 5.00-16. Die wichtigsten Unterschiede zwischen den militärischen und den zivilen Fahrzeugen bestanden darin, daß die militärischen ein Fahrgestell mit größerer Bodenfreiheit sowie ein ZF-Sperrdifferential besaßen, während die zivilen mit einem normalen Differential und einem tieferliegenden Fahrgestell ausgestattet waren. Die Erhöhung des Fahrgestells wurde durch eine Modifikation an den vorderen Achsschenkeln sowie Hinzufügen eines Geradstirnradgetriebes (von 15 Zähnen auf 21 Zähne) jeweils am Ende der beiden Hinterachsen bewerkstelligt.

Obwohl sich dieser Bericht im wesentlichen mit den technischen Aspekten der Konstruktion befaßt, muß man sich auch den Grund für die Produktion dieses Fahrzeugs sowie die Bedingungen vor Augen führen, die diese Produktion ermöglichten. Die beiden Abbildungen auf der zweiten Vorderseite sind dem offiziellen deutschen Katalog entnommen, in dem das Fahrzeug präsentiert und das Verfahren zu seinem Erwerb durch ein spezielles Wertmarken-Sparsystem erläutert wurden. Im Anhang ist außerdem eine Übersetzung der für den Kauf eines Volkswagens gültigen Bedingungen wiedergegeben. Der in diesem Katalog genannte Preis beträgt 990 Reichsmark, wobei der Wechselkurs bei Jahresschluß 1938 11,65 Reichsmark für ein britisches Pfund betrug. Besucher in Deutschland konnten allerdings einen wesentlich günstigeren Wechselkurs erzielen und dürften die Möglichkeit gehabt haben, Fahrzeuge zu erwerben, die in den Export gingen, waren die Behörden doch bestrebt, mit dem VW den Außenhandel anzukurbeln.

---ooOoo---

# INHALT

| | | |
|---|---|---|
| Teil I | Konstruktionsanalyse der Firma Humber Ltd., durchgeführt am Militärfahrzeug Typ 82 | 4 |
| Teil II | Vergleichstest der Fahrleistungen im Straßenverkehr, durchgeführt von der Firma Humber Ltd. am Zivilfahrzeug Typ 11 | 65 |
| Teil III | Bericht über die Karosseriekonstruktion, durchgeführt von der Firma Humber Ltd. am Zivilfahrzeug Typ 11 | 77 |
| Teil IV | Test der Fahrleistungen im Straßenverkehr, durchgeführt von Singer Motors Ltd. am Militärfahrzeug Typ 21 | 114 |
| Teil V | Bericht über den Gesamteindruck, angefertigt von A.C. Cars Ltd. am Militärfahrzeug Typ 21 | 117 |
| Teil VI | Motorprüfstand-Testbericht, durchgeführt von der Ford Motor Company Ltd. am 1132-cm$^3$-Motor | 119 |
| Teil VII | Bericht der Solex Ltd. über den im Typ 82 verwendeten Vergaser | 134 |
| Anhang | | 136 |

# TEIL I

BERICHT ÜBER DIE UNTERSUCHUNGEN

AM

# DEUTSCHEN LEICHTFAHRZEUG
## TYP VW 82

„VOLKSWAGEN"

---

Angefertigt von:

**THE ROOTES GROUP**

Konstruktionsabteilung, Humber Ltd.

# INHALT

| | SEITE |
|---|---|
| EINFÜHRUNG | 8 |
| ALLGEMEINE TECHNISCHE DATEN DES GESAMTFAHRZEUGS | 12 |
| MOTOR UND MOTORAUFHÄNGUNG | 14 |
| KONSTRUKTIVE EINZELHEITEN ZUM MOTOR | 18 |
| TECHNISCHE DATEN ZUM MOTOR | 22 |
| KUPPLUNG | 24 |
| GETRIEBE | 24 |
| TECHNISCHE DATEN ZUM GETRIEBE | 26 |
| HINTERACHSANTRIEB | 27 |
| TECHNISCHE DATEN ZUM HINTERACHSANTRIEB | 30 |
| HINTERRADAUFHÄNGUNG | 32 |
| TECHNISCHE DATEN ZUR HINTERRADAUFHÄNGUNG | 34 |
| VORDERRADAUFHÄNGUNG | 35 |
| TECHNISCHE DATEN ZUR VORDERRADAUFHÄNGUNG | 38 |
| STOSSDÄMPFER | 39 |
| LENKUNG | 42 |
| TECHNISCHE DATEN ZUR LENKUNG | 43 |
| BREMSSYSTEM | 45 |
| BETÄTIGUNG DER BREMSEN | 46 |
| TECHNISCHE DATEN ZU DEN BREMSEN | 47 |
| RÄDER UND REIFEN | 48 |
| DETAILS ZUR KAROSSERIEKONSTRUKTION | 49 |
| ALLGEMEINE DATEN | 52 |
| ELEKTRISCHE ANLAGE | 53 |

# LISTE DER FOTOS

| Foto Nr. | Beschreibung | Seite |
|---|---|---|
| 1 | Gesamtes Fahrzeug, Halbbildansicht von vorn | 7 |
| 2 | Gesamtes Fahrzeug, Seitenansicht | 7 |
| 3 | Gesamtes Fahrzeug, Halbbildansicht von hinten | 7 |
| 4 | Fahrgestell | 13 |
| 5 | Motor, Halbbildansicht von hinten | 14 |
| 6 | Motor, Halbbildansicht von vorn | 17 |
| 7 | Motorraum | 17 |
| 8 | Kurbelgehäuse, linke Hälfte, Ansicht von aussen | 18 |
| 9 | Kurbelgehäuse, linke Hälfte, Ansicht von innen | 18 |
| 10 | Kurbelgehäuse, rechte Hälfte, Ansicht von innen | 18 |
| 11 | Kurbelwelle und Getriebe mit montierten Pleuelstangen | 19 |
| 12 | Kolben und Kolbenbolzen | 19 |
| 13 | Baugruppe aus Nockenwelle und Antriebszahnrad; rechts das Antriebszahnrad | 19 |
| 14 | Zylinderkopf mit Brennkammer | 20 |
| 15 | Zylinderkopf mit Kipphebelmechanismus | 20 |
| 16 | Ventilstösselstange und Rohr | 20 |
| 17 | Ölpumpe | 21 |
| 18 | Aufbau der Lichtmaschinen-Riemenscheibe | 21 |
| 19 | Explosionsansicht des Luftfilters | 22 |
| 20 | Kupplungseinheit | 24 |
| 21 | Getriebe und Zahnräder (dargestellt in ihrer Einbauposition im Innengehäuse hinten links) | 25 |
| 22 | Getriebe mit Gangwahlmechanismus und Rückwärtsgang-Antriebsrad (im Innengehäuse hinten links) | 25 |
| 23 | Getriebegehäuse, Innenansicht hinten rechts | 25 |
| 24 | Hinterachsen-Wellenende und Kreuzgelenk-Zylindersegment | 27 |
| 25 | Hinterachsen-Untersetzungsgetriebegehäuse und Bremsträger | 27 |
| 26 | Komplette Baugruppe aus Hinterachsrohr und Welle | 27 |
| 27 | Baugruppe aus Differential und Achswelle | 28 |
| 28 | Explosionsdarstellung des Differentials | 28 |
| 29 | Radaufhängung, rechtes Hinterrad | 32 |
| 30 | Vorderradeinheit | 35 |
| 31 | Lenkkopf, rechte Seite, Explosionsdarstellung | 35 |
| 32 | Stossdämpfer vorn, Aussenansicht | 39 |
| 33 | Stossdämpfer hinten, Explosionsdarstellung | 40 |
| 34 | Lenkungsbaugruppe, Explosionsdarstellung | 42 |
| 35 | Linke Bremsbackenbaugruppe | 45 |
| 36 | Handbremse, Explosionsdarstellung | 46 |
| 37 | Pedalbaugruppe | 46 |
| 38 | Verteiler, automatische Zündzeitpunktverstellung | 53 |
| 39 | Verteiler mit Unterbrecherkontakt | 53 |
| 40 | Verteiler Antriebswelle | 53 |
| 41 | Verteiler mit Hochspannungskabeln | 54 |
| 42 | Lichtmaschinengehäuse mit Feldwicklung, Bürstenhalter und Spannungsregler | 55 |
| 43 | Lichtmaschine, Rotor- und Kollektorbaugruppe | 55 |
| 44 | Anlassergehäuse mit Feldwicklungen und Bürstenhalter | 56 |
| 45 | Anlasserrotor und -kollektor | 56 |
| 46 | Aussenansicht der Magnetspule, Deckel abgenommen | 57 |
| 47 | Batterie, eine Zelle entnommen | 57 |
| 48 | Innenraum mit Blick auf das Armaturenbrett | 59 |
| 49 | Armaturenbrett, Ansicht von vorn, mit Sicherungskasten (Abdeckung abgenommen) | 59 |
| 50 | Armaturenbrett mit Verkabelung, Ansicht von hinten | 59 |
| 51 | Scheinwerfer | 61 |
| 52 | Notek-Scheinwerfer | 61 |
| 53 | Hella-Scheinwerfer | 62 |
| 54 | Notek-Abstandsanzeiger, Rückleuchte und Bremsleuchte | 62 |
| 55 | Elektrische Hupe, Aussenansicht | 63 |
| 56 | Elektrische Hupe, Innenansicht | 63 |
| 57 | Scheibenwischer, Explosionsdarstellung | 63 |
| 58 | Scheibenwischer, hintere Abdeckung abgenommen | 64 |

---

# LISTE DER ABBILDUNGEN

| Abbildung Nr. | Beschreibung | Seite |
|---|---|---|
| 1 | Karosserie, Seitenansicht | 9 |
| 2 | Karosserie, Draufsicht | 9 |
| 3 | Karosserie, Voransicht | 9 |
| 4 | Karosserie, Hinteransicht | 9 |
| 5 | Fahrgestell, Seitenansicht | 11 |
| 6 | Fahrgestell, Draufsicht | 11 |
| 7 | Fahrgestell, Voransicht | 11 |
| 8 | Motorquerschnitt am Motorende | 15 |
| 9 | Motorquerschnitt, Draufsicht | 15 |
| 10 | Motor, Längsschnitt | 16 |
| 11 | Motor, Schmiersystem | 16 |
| 12 | Hubverlauf des Einlassventils | 20 |
| 13 | Hubverlauf des Auslassventils | 20 |
| 14 | Konstruktionsdurchsicht des Motor-Luftkühlsystems | 21 |
| 15 | Getriebe und Kupplung (Längsschnitt) | 24 |
| 16 | Differential, Konstruktionsdurchsicht | 28 |
| 17 | Differential, Abwicklung | 29 |
| 18 | Hinterachse und Getriebe (Querschnitt) | 31 |
| 19 | Hinterradaufhängung bei minimaler Bodenfreiheit | 33 |
| 20 | Hinterradaufhängung bei maximalem Rollwinkel | 33 |
| 21 | Hinterradaufhängung: Radbewegung | 33 |
| 22 | Hinterradaufhängung, rechte Seite, Draufsicht | 34 |
| 23 | Hinterradaufhängung, Längslenker, Wirkungsweise | 34 |
| 24 | Vorderradaufhängung, maximaler Rollwinkel | 36 |
| 25 | Vorderradaufhängung, Radbewegung | 36 |
| 26 | Vorderradaufhängung, linke Seite, Ansicht von vorn | 37 |
| 27 | Vorderradaufhängung, linke Seite, Draufsicht | 37 |
| 28 | Explosionszeichnung der Vorderradaufhängung | 37 |
| 29 | Stossdämpfer vorn, Längsschnitt | 39 |
| 30 | Stossdämpfer vorn, Arbeitsdiagramm | 39 |
| 31 | Stossdämpfer hinten, Ventil (Längsschnitt) | 40 |
| 32 | Stossdämpferventil hinten, Betriebsverhalten über der Temperatur | 41 |
| 33 | Stossdämpfer hinten, Arbeitsdiagramm | 41 |
| 34 | Lenkgetriebe und Lenksäule, Schnittdarstellung | 43 |
| 35 | Funktionsweise der Bremsbacke | 45 |
| 36 | Betätigung von Fuss- und Handbremse | 47 |
| 37 | Bremskraftverteiler | 47 |
| 38 | Radquerschnitt | 48 |
| 39 | Karosseriekomponenten | 50 |
| 40 | Karosseriekomponenten, Schnittdarstellung | 51 |
| 41 | Chassisbaugruppe, Blick von oben | 52 |
| 42 | Chassisbaugruppe, Blick von unten | 52 |
| 43 | Verteiler, Betriebskennlinie | 54 |
| 44 | Verteiler, Temperaturanstieg | 55 |
| 45 | Verteiler-Ausgangsstrom | 55 |
| 46 | Verteiler, Stromlaufplan | 56 |
| 47 | Magnetspule, Querschnitt | 57 |
| 48 | Magnetspule, Anschlüsse | 57 |
| 49 | Magnetspule, Betriebsverhalten der Tauchkern-Rückholfeder | 57 |
| 50 | Magnetspule, Betriebsverhalten der Kontaktfeder | 57 |
| 51 | Bordnetz-Stromlaufplan | 60 |
| 52 | Notek-Scheinwerfer, horizontale Lichtverteilung | 61 |
| 53 | Notek-Scheinwerfer, vertikale Lichtverteilung | 62 |
| 54 | Baugruppe aus Scheibenwischerarm und Spindel | 63 |

Foto 1: Gesamtes Fahrzeug, Halbbildansicht von vorn

Foto 2: Gesamtes Fahrzeug, Seitenansicht

Foto 3: Gesamtes Fahrzeug, Halbbildansicht von hinten

# EINFÜHRUNG

Im Januar 1943 traf ein leichter deutscher Personenwagen („Volkswagen") bei der Firma ein, die damit beauftragt wurde, ihn vollständig zu untersuchen und darüber einen vollständigen technischen Bericht anzufertigen. Das Fahrzeug war im Nahen Osten beschlagnahmt worden, und es wurde festgestellt, daß es ursprünglich mit einer Gasschweißanlage zur Reparatur von Militärfahrzeugen ausgestattet war.

**Militärversion des Volkswagens im Vergleich zur ursprünglichen Porsche-Version**

Das untersuchte Fahrzeug basiert auf dem Volkswagen und unterscheidet sich gemäß den verfügbaren Beschreibungen von der Zivilversion in folgender Hinsicht:

Die geschlossene Karosserie der Zivilversion wurde durch eine völlig offene Konstruktion ersetzt, die augenscheinlich für den vorgesehenen militärischen Einsatz ausgelegt war.

Die Militärversion besitzt zusätzliche Untersetzungsgetriebe in den Radnaben.

Bei der Militärversion werden außerdem spezielle Reifen und Räder verwendet.

**Erwähnenswerte technische Merkmale**

Das Fahrzeug wird von einem Heckmotor angetrieben, der hinter der Achse angeordnet ist.

Als Antrieb dient ein luftgekühlter Motor, dessen vier Zylinder paarweise gegenüberliegend angeordnet sind („Boxermotor").

Das Motorkühlsystem beinhaltet ein Lüfterrad und einen Gebläsekasten, die nicht nur den Zylindern, sondern auch einem Ölkühler Kühlluft zuführen.

Bei allen vier Rädern wurde das Prinzip der Einzelradaufhängung angewandt; die Federung erfolgt über Drehstäbe. Die Drehstäbe vorn sind ebenso ungewöhnlich wie genial konstruiert und ergeben trotz ihrer kompakten Bauweise eine weiche Federung. Die Vorderradaufhängung bildet zusammen mit der Lenkeinheit, den Stoßdämpfern und einem Spurstangensystem eine sehr kompakte Baugruppe.

Die Tachowelle ist elegant in einem der Achsschenkel untergebracht.

Als Werkstoffe kommen häufig Aluminium- und Magnesiumlegierungen zur Anwendung, wobei die einzelnen Gußteile eine sehr hohe Oberflächengüte aufweisen.

Anstelle von Legierungsstählen wurden im allgemeinen normale Kohlenstoffstahlsorten verwendet, außer in Spezialfällen wie z.B. bei Ventilen. Nickel wurde bei der Herstellung der Teile überhaupt nicht verwendet; statt dessen wurde das für Eisengußteile verwendete Metall mit einem Kupferzusatz versehen, um Materialeigenschaften zu erzielen, die denen von Nickel ähnlich sind. Zum Härten des Stahls wurden die Elemente Mangan, Chrom und Molybdän verwendet.

Das Getriebe ist mit einer speziellen Klauenmechanik ausgestattet, bei der Stahlstäbe in Führungsnuten verlaufen (diese Mechanik wird im Text ausführlich beschrieben). Die Konstruktion des Differentials ist geradezu genial und besitzt lediglich eine Teilsperrfunktion, die einem Durchdrehen der Räder entgegenwirkt und sich daher sehr gut für Fahrten im Gelände oder auf schlammigen Pisten eignet. Dieses Differential ist patentiert (deutsche Patentnummer: 639876, britische Patentnummer: 431020); Inhaber beider Patente ist Gottfried Weidmann.

In den Radnaben befinden sich Untersetzungsgetriebe, mit denen ohne großen Aufwand zur Umrüstung der ursprünglichen Volkswagen-Zivilversion ein insgesamt niedrigeres Gesamtuntersetzungsverhältnis erzielt wurde. Diese Lösung bietet überdies den Vorteil einer größeren Bodenfreiheit, wie sie für Geländefahrten erforderlich ist.

Das Fahrgestell besteht aus einer unteren Rahmenbaugruppe aus dünnen Preßstahlkomponenten, die als tragender Unterbau und zugleich als Bodenblech dient. Dieses Fahrgestell ist vergleichsweise stabil und zeichnet sich insbesondere durch hohe Torsionssteifigkeit aus.

Die räumliche Anordnung des hinteren Längslenkers bzw. der Federbeine der hinteren Radaufhängung oberhalb der Achse ermöglicht einen billigen und leichten Federbeinaufbau gemäß den Ansprüchen im Patent Nr. 544748 von F. Porsche. Die größere Bodenfreiheit wird auch durch eine entsprechende Anhebung des Drehstabes erzielt.

Bei der Karosserie handelte es sich um eine offene Ausführung mit zusammenklappbarem Stoffverdeck, die mit einer Stahlkonstruktion zum Transport der Schweißanlage ausgerüstet war. Eine Untersuchung ihrer Bestandteile und der in diesem Bericht beschriebenen Konstruktionsverfahren dürfte nach Ansicht der Verfasser von Nutzen sein.

Zur Ermittlung sämtlicher Einzelheiten über die Konstruktion, die technischen Daten sowie die Gewichte und Abmessungen des Fahrzeugs wurde dieses in seine Komponenten zerlegt. Dabei wurden Montagezeichnungen sowie eine detaillierte Beschreibung der Konstruktion und Aufbauweise angefertigt. (Die Fotos 1, 2, 3 und 4 wurden beim Eintreffen des Fahrzeugs im hiesigen Werk aufgenommen und geben dessen allgemeines Erscheinungsbild zum Übernahmezeitpunkt wieder.)

Der Zustand des Fahrzeugs bei Anlieferung ließ klar erkennen, daß es bereits eine erhebliche Fahrleistung absolviert hatte. Bedauerlicherweise funktionierte das Tachometer nicht, so daß die genaue Kilometerzahl nicht ermittelt werden konnte.

*Die folgenden Typenschilder waren im Inneren des Motorraumes im Heck der Karosserie angebracht:*

**Fahrgestell-Typenschild**
Hersteller: Volkswagen
Typ: VW 82
Hubraum: 985 cm$^3$
Baujahr: 1941
Fahrzeuggewicht (unbeladen): 685 Kilogramm
Fahrzeuggewicht (voll beladen): 1.175 Kilogramm
Achslast vorn (maximale Beladung): 450 Kilogramm
Achslast hinten (maximale Beladung): 724 Kilogramm
Fahrgestellnummer: 001339

**Karosserie-Typenschild**
Preßwerk Ambi-Budd, Johannesthal bei Berlin. Seriennummer 1777, Baujahr 1941.

**Typenschild zur elektrischen Anlage**
Geprüft nach Bosch Gruppe III

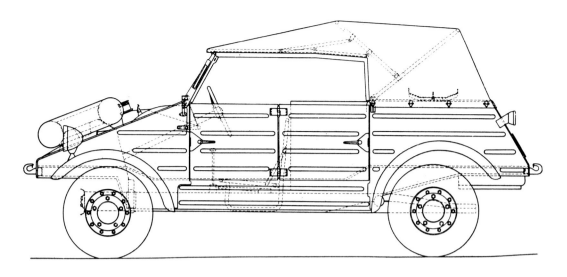

Abb. 1: Karosserie, Seitenansicht

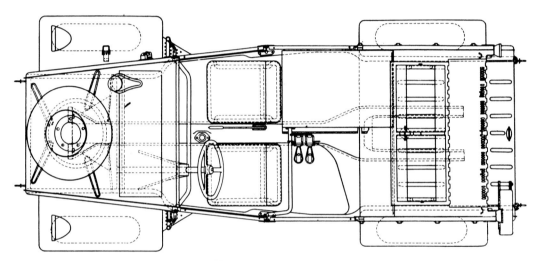

Abb. 2: Karosserie, Draufsicht

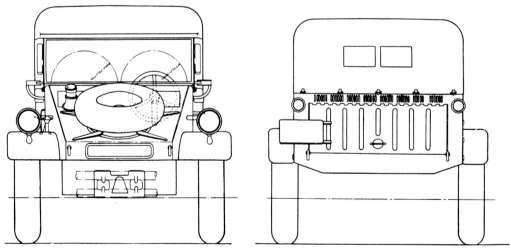

Abb. 3: Karosserie, Vorderansicht
Abb. 4: Karosserie, Hinteransicht

Die tatsächlichen Gewichte des Fahrzeugs, das von unserem Werk übernommen wurde, lagen über den im Typenschild angegebenen Werten und lauteten wie folgt:

Tatsächliches Fahrzeug-Leergewicht: 749,33 kg (1.652 lbs)

Tatsächliche Achslast vorn (unbeladen): 292,1 kg (644 lbs)

Tatsächliche Achslast hinten (unbeladen): 457,22 kg (1008 lbs)

**Allgemeine Feststellungen**

Die nachstehenden allgemeinen Beobachtungen stammen von der Humber-Konstruktionsabteilung und repräsentieren lediglich deren Auffassungen.

Die Konstruktion ist vor allem deshalb interessant, weil sie weitgehend unbeeinflußt von herkömmlichen Konstruktionsverfahren ist. Es erscheint zweifelhaft, ob die Frage nach der Akzeptanz eines von einem luftgekühlten Heckmotor angetriebenen Fahrzeugs durch die Öffentlichkeit vom Konstrukteur überhaupt gestellt wurde. Dieses Fahrzeug unterscheidet sich fast in jeder Hinsicht von Automobilen herkömmlicher Bauweise, und verschiedene interessante Merkmale wurden in den vorangegangenen Ausführungen bereits dargelegt.

Trotz der mutmaßlichen Freiheiten des Konstrukteurs und der unkonventionellen Bauweise des Fahrzeugs konnten die Produktionskosten nicht oder nur unmaßgeblich gesenkt werden. Überdies scheint es, daß im Vergleich zu den konventionelleren Fahrzeugen, wie sie in diesem Land bekannt sind, keinerlei Verbesserungen bezüglich der Leistungen oder des Gewichts erzielt wurden.

Was die verwendeten Werkstoffe betrifft, wurden keine Anzeichen für den Einsatz von besonders genial angewendeten Materialien festgestellt. Anders ausgedrückt, stimmen die Materialspezifikationen - von einigen Ausnahmen abgesehen - weitestgehend mit dem überein, was in diesem Land bekannt ist. Kunststoffe wurden offensichtlich nicht verwendet. Allerdings sind die Reifen aus Synthesekautschuk hergestellt.

Wie eine Untersuchung des Motors ergab, erwies sich diese Einheit in bestimmten Details als sehr uneffizient. Die Konstruktion des Ansaugrohres machte deutlich, daß es nicht die Absicht des Konstrukteurs war, ein Triebwerk zu schaffen, dessen Leistung seinem Hubraum angemessen gewesen wäre. Überdies lassen es sowohl die Konstruktion als auch der Zustand der Kurbelwellenlager als höchst zweifelhaft erscheinen, daß der Motor überhaupt einen zuverlässigen Betrieb gewährleistet hätte, hätte er eine seiner Größe entsprechende Leistung erbracht.

Angesichts des allgemeinen Erscheinungsbildes sind wir der Auffassung, daß die Konstruktion - abgesehen von einigen Detailaspekten - keine besondere Brillanz aufweist, so daß wir nicht empfehlen können, dieses Fahrzeug als Beispiel für erstklassige, moderne Konstruktionsverfahren zu betrachten, die von der britischen Industrie kopiert werden sollten.

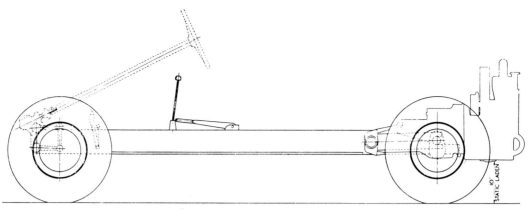

Abb. 5: Fahrgestell, Seitenansicht

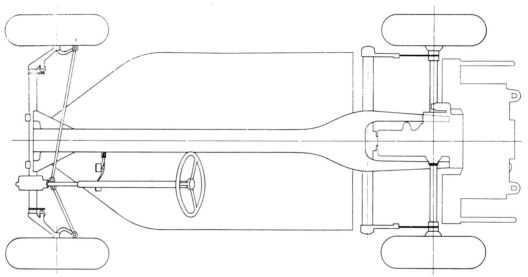

Abb. 6: Fahrgestell, Draufsicht

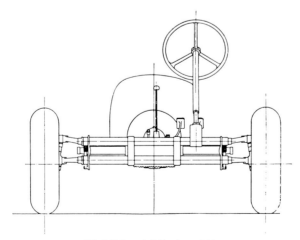

Abb. 7: Fahrgestell, Vorderansicht

# ALLGEMEINE DATEN DES GESAMTFAHRZEUGS

## Abmessungen

Fahrgestellnummer: 001339

Gesamtlänge: 374,65 cm (12 ft., 3 1/2 ins.)

Gesamtbreite: 160,02 cm (5 ft., 3 ins.)

Gesamthöhe (Höhe des Verdecks): 161,25 cm (5 ft., 3 1/2 ins.)

Radstand (normal beladen, statischer Zustand): 238,76 cm (7 ft., 10 ins.)

Radstandschwankungen bei Änderungen der Längsneigung:

   (a) Vorderrad voll ausgefedert, Hinterrad voll eingefedert: 242,32 cm (Bodenfreiheit des Motors 12,7 cm)

   (b) Vorderrad voll eingefedert, Hinterrad voll eingefedert: 273,2 cm

Spurweite (Vorderräder): 138,75 cm (4 ft., 6 5/8 ins.)

Spurweite (Hinterräder): 140,02 cm (4 ft., 7 1/8 ins.), beladen

Wendekreis bei vollem Lenkradausschlag rechts 9,27 m, bei vollem Lenkradausschlag links 11,18 m

## Gewichte

Fahrgestell: 365,13 kg

Hinterachse: 250,83 kg

Vorderachse: 114,30 kg

## Motor

Motornummer: 001346

Fabrikat: Volkswagen

Typ: Luftgekühlter Vierzylindermotor mit horizontal angeordneten und paarweise gegenüberliegenden Zylindern sowie obenliegenden Ventilen

Hubraum: 0,985 Liter (60 cu. ins.)

RAC-Motorleistung: 12,2 PS

Luftfilter: Ölbad-Luftfilter

## Kupplung

Fabrikat: Fichtel & Sachs Komet

Typ: K.10, Einscheiben-Trockenkupplung

Größe (Außendurchmesser): 180 mm (7,09 ins.)

## Getriebe

Typ: Schraubenradgetriebe mit Dauereingriff (3. und 4. Gang), Geradstirnradgetriebe (1. und 2. Gang). Spezielle Klauen-Einrückmechanik beim 3. und 4. Gang.

Gangwechsel 1. und 2. Gang

Betätigung: Fernbetätigung über Kugelkopf-Schalthebel

Untersetzungsverhältnisse: Das Getriebe verfügt über vier Vorwärtsgänge und einen Rückwärtsgang.

| | |
|---|---|
| 4. Gang | 0,8 : 1 |
| 3. Gang | 1,25 : 1 |
| 2. Gang | 2,07 : 1 |
| 1. Gang | 3,6 : 1 |
| Rückwärtsgang | 6,6 : 1 |

## Hinterachse

Typ: Geschlossene, zweigeteilte Schwingachse mit Spiral-Kegelradantrieb und Untersetzungsgetriebe in den Radnaben

Achsen-Untersetzungsverhältnisse:

| | |
|---|---|
| Spiral-Kegelradantrieb | 4,43 : 1 |
| Radnabengetriebe | 1,40 : 1 |
| Gesamtuntersetzungsverhältnis | 6,2 : 1 |

## Gewicht der Getriebeeinheit

Gewicht der Einheit aus Getriebe, Kupplung, Hinterachse, Reduktionsgetriebe und Starter, jedoch ohne Bremsbacken und -trommeln: 66,68 kg

## Gesamtuntersetzungsverhältnisse

| | |
|---|---|
| 4. Gang | 4,96 : 1 |
| 3. Gang | 7,75 : 1 |
| 2. Gang | 12,83 : 1 |
| 1. Gang | 22,32 : 1 |
| Rückwärtsgang | 40,92 : 1 |

## Radaufhängung

Typ: Einzelradaufhängung an allen Rädern.

Längslenker-Radaufhängung bei den Vorderrädern

Geteilte Schwingachse und Längslenker an den Hinterrädern.

Federung: Drehstabfeder vorn, Rechteckquerschnitt, mehrlagige Ausführung

Drehstabfeder hinten, Kreisquerschnitt

## Stoßdämpfer

Vorn: Einfachwirkende Hydraulikstoßdämpfer in Teleskopbauform

Hinten: Doppelwirkende Kolben-Hydraulikstoßdämpfer mit Hebelarm

**Räder und Reifen**

Reifenhersteller: Continental

Reifengröße: 690 x 200 (8 x 12 Zoll), Glattprofil-Flugzeugreifen

Felgengröße: Flachbettfelge 4,25 x 12

**Lenkung**

Fabrikat: Volkswagen-Lenkgetriebe

Typ: Spindellenkgetriebe (mit zwischenliegender Segmentmutter)

Anzahl der Lenkradumdrehungen (von Anschlag zu Anschlag): 2,75

Verbindungen: Geteilte Spurstange, direkt gekoppelt

**Bremsen**

Fabrikat: Volkswagen

Typ: Von innen nach außen arbeitende Zweibacken-Trommelbremse mit schwimmendem Bremssattel

Betätigung: Über Seilzüge, unkompensiert

**Kraftstofftank**

Fassungsvermögen: 34,065 l (9 Gallonen)

**Elektrische Anlage**

Lichtmaschine: Bosch RED 130-6 2600 AL.89, mit Belüftung

Ausgangsspannung: 6 Volt

Drehzahl: Motordrehzahl x 1,75

Starter: Bosch EEDD 4-6 L3P, 6 Volt, schraubbare Ausführung

Antrieb: Ritzel 9 Zähne, Schwungscheibe 109 Zähne

Zündung: Bosch-Zündung mit TL6-Zündspule; Bosch-Verteiler, Typ VE4BS276. Geprüfte Komponenten.

Foto 4: Fahrgestell

# MOTOR UND MOTORAUFHÄNGUNG

## ALLGEMEINE BESCHREIBUNG

Der Motor war ursprünglich für den „Volkswagen" konstruiert worden, der auf der Internationalen Motorausstellung 1939 in Berlin von seinem Hersteller - der Firma Volkswagen in Fallersleben bei Hannover - präsentiert wurde.

Hersteller-Identifizierungsnummern: 001346 (im Kurbelgehäuse eingestanzt), 0402 (in der Gußform von jedem der vier Zylinderköpfe)

Sonstige Kennzeichnungen: Zündfolge 1-4-3-2 (in der Gußform des Kurbelgehäuses), Zylinder Nr. 1 (hierbei handelt es sich um den der Schwungscheibe am nächsten liegenden Zylinder)

Zum gesamten Triebwerk gehört ein Gebläsekasten aus Metallblech, der auf der Motoroberseite montiert ist und ein Kühlgebläse beinhaltet. Von diesem Kühlsystem wird Luft angesaugt und über die Zylinder sowie das Schmiersystem verteilt. Das Gebläse besteht aus einem Lüfterrad, das auf einem Ende der Lichtmaschinenwelle montiert ist. Letztere wird am gegenüberliegenden Ende über einen „V"-Keilriemen von der Kurbelwelle angetrieben.

Der Motor besitzt obenliegende Ventile sowie vier horizontal und paarweise gegenüberliegend angeordnete Zylinder, wobei jede Zylinderbank aus zwei untereinander austauschbaren separaten Gußteilen besteht. Die Zylinderköpfe aus einer Aluminium-Silizium-Legierung sind abnehmbar, bestehen aus je einem Gußteil für zwei Zylinder und sind über Zentrierungen an den Zylindern mit letzteren verbunden. Zylinder und Zylinderköpfe sind mit langen Stehbolzen am Kurbelgehäuse montiert, die direkt in das Kurbelgehäuse geschraubt werden. Dabei wird die Zylinderkopf-Stirnfläche zwischen der Oberkante des Zylinder-Einpaßzapfens und des Zylinderkopfes gebildet. Es werden Ventilsitz-Einsätze aus einer Bronzelegierung, Ventilführungen aus Phosphorbronze sowie Zündkerzen-Einlegeteile aus Stahl verwendet.

Die Kurbelwelle ruht auf drei Hauptlagern sowie einem zusätzlichen Lager, das als Auflagepunkt für die Hilfsantriebe dient. Die Antriebsleistung wird über das Lager abgenommen, das der Schwungscheibe am nächsten sitzt. Die Kurbelgehäuse-Hauptlagerzapfen bestehen aus dicken Stahlhülsen mit Einlagen aus Bleibronze. Alle Lager sind außerordentlich schmal, insbesondere das mittlere, das zu Montagezwecken zweiteilig aufgebaut ist.

Die Pleuelstangen bestehen aus Stahl-Stanzteilen, an denen eine relativ dicke Schicht Lagermetall direkt auf das kurbelwellenseitige Ende aufgebracht ist. Als Schrauben zur Befestigung der Pleuelstangen-Abdeckkappen werden Innensechskantschrauben verwendet.

Das Aluminium-Kurbelgehäuse besteht aus zwei Hälften, wobei die Mitte durch die vertikale Mittellinie und die Hauptlager verläuft. Beide Hälften sind über Schrauben und Stehbolzen miteinander verbunden. Ein Ölsumpf ist im Kurbelgehäuse integriert und auf der Unterseite großzügig gerippt. Gleichzeitig dient das Gehäuse als Trägerelement für die verschiedenen Zusatzaggregate wie z.B. die Lichtmaschine, den Ölkühler und das Kühlgebläse.

Eine einzelne Nockenwelle, die sich mit halber Motordrehzahl dreht und über ein Einzelschrägstirnradgetriebe von der Kurbelwelle angetrieben wird, verläuft direkt im Aluminium-Kurbelgehäuse und steuert die obenliegenden Ventile über Stößelstangen an, wobei jeder Nocken zwei Stangen betätigt. Die gesamte Ventilsteuerung arbeitet druckgeschmiert.

Der Verteiler ist oben auf dem Kurbelgehäuse montiert und wird über ein Zylinderschraubenradgetriebe vom hinteren Ende der Kurbelwelle angetrieben. Die angetriebene Welle besteht aus der Spindel sowie dem Getrieberad und dem Nocken zum Betrieb der Ölpumpe. Sie ist aus einem gehärteten und geschliffenen Stahl-Stanzteil hergestellt. Die Welle ist an beiden Enden gelagert und verläuft direkt im Kurbelgehäuse, wobei die getriebeseitige Motorleistung zugleich auf die Stirnfläche des Kurbelgehäuses wirkt.

Bei der Benzinpumpe handelt es sich um eine mechanisch betriebene AC-Membranpumpe. Sie ist auf der linken Seite des Kurbelgehäuses in einer integrierten Gehäuseausbuchtung untergebracht, in der sich auch die Antriebsstange befindet.

Foto 5: Motor, Halbbildansicht von hinten

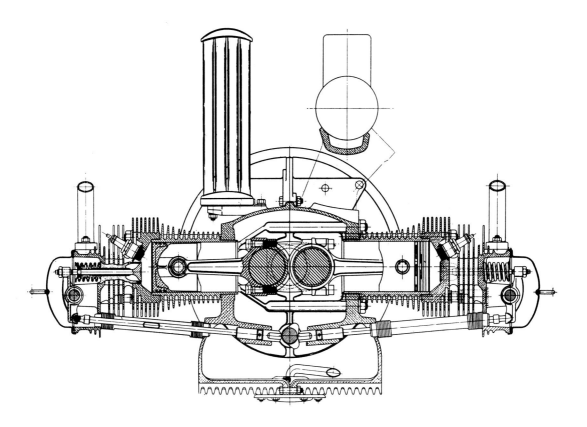

Abb. 8: Motorquerschnitt am Motorende

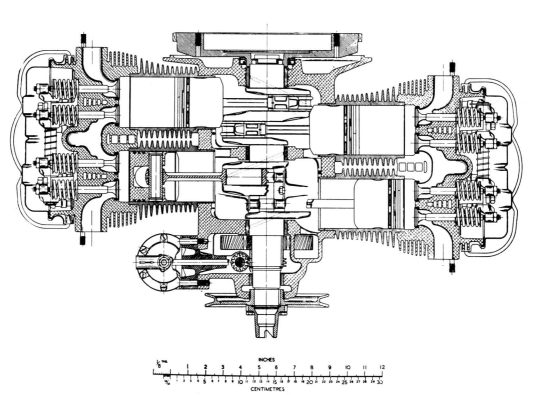

Abb. 9: Motorquerschnitt, Draufsicht

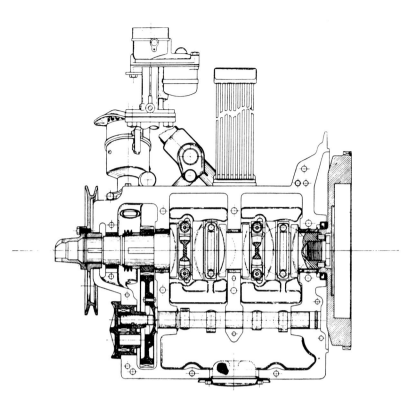

Abb. 10: Motor, Längsschnitt

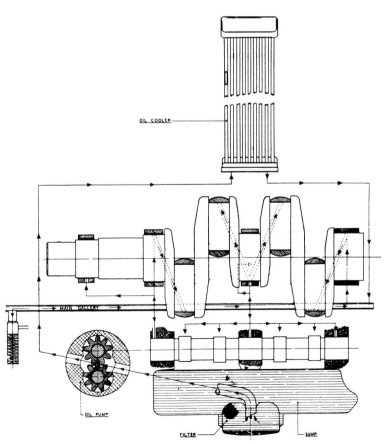

Abb 11: Motor, Schmiersystem

Foto 6: Motor, Halbbildansicht von vorn

Der Motor ist mit einem einzelnen „Solex"-Fallstromvergaser bestückt. Dieser ist mit dem Zylinderkopf über ein Ansaugrohr von extrem kleinem Querschnitt verbunden, an dem sich in der Mitte ein Wärmeübergangspunkt bildet. Letzterer kommt durch den pulsierenden Druck der Abgase zustande, die am Wärmeübergangspunkt vorbei strömen und so die angesaugte Luft erwärmen.

Das Kurbelgehäuse besitzt einen Fortsatz, der als Montageträger für die Lichtmaschine dient und aufgrund seiner hohlen Bauweise zugleich zum bequemen Einfüllen von Öl über eine dafür vorgesehene Öffnung verwendet werden kann. Die Lichtmaschine wird von einem Keilriemen angetrieben, der einen V-förmigen Querschnitt aufweist und einstellbar ist.

Die Schwungscheibe besteht aus einem Stahl-Stanzteil mit integriertem Starter-Zahnkranz. Sie ist über eine Zapfenverbindung an der Kurbelwelle montiert und wird über vier Paßstifte angetrieben. Zur Befestigung auf der Kurbelwelle dient eine einzelne zentrale Schraube, die hohl ist und zugleich als selbstschmierende Lagerhülse für die Kupplungswelle dient. Sicherungsvorrichtungen sind nicht vorhanden.

**Zustand**

Die Hauptlager zeigten Riefenbildung, waren stark verschlissen und wiesen eine ovale Form auf. Die lagerseitigen Enden der Pleuelstangen waren oval, die gegenüberliegenden Enden dagegen rund abgenutzt. Am Ende der Kurbelwelle war beträchtliches Spiel festzustellen. Die Paßgenauigkeit der Ventile in den Führungen ist als gut zu bezeichnen. Auch die Nockenwelle und die Lager befanden sich im guten Zustand, ebenso die Bohrungen der Ventilstößelführungen. Die Pleuelstange im Zylinder Nr. 3 war zu einem Ende des Motors hin verbogen. Die Kolben befanden sich in gutem Zustand. Die Verdichtungsringe sowie ein Ölabstreifring waren gebrochen und gegen neue Ringe ausgetauscht worden.

Foto 7: Motorraum

# KONSTRUKTIVE EINZELHEITEN ZUM MOTOR

## KURBELGEHÄUSE

Beim Kurbelgehäuse handelt es sich um ein aus einer Aluminiumlegierung hergestelltes Sandgußgehäuse, das aus zwei Hälften besteht, wobei die Mittellinie vertikal durch die Mittellinien sowohl der Hauptlager als auch des Nockenwellenlagers verläuft; die Nockenwelle selbst verläuft direkt im Kurbelgehäuse. Im Kurbelgehäuse integriert ist ein Ölsumpf, der zur Aufrechterhaltung einer größtmöglichen Bodenfreiheit relativ breit und flach ausgeführt ist und auf der Unterseite Rippen aufweist, die in Längsrichtung verlaufen. (Der Ölsumpf ist so ausgelegt, daß er mit einem zentral angeordneten Drahtfilter auf dem Ölsumpfboden bestückt werden kann.)

Foto 10: Kurbelgehäuse, rechte Hälfte, Ansicht von innen

Foto 8: Kurbelgehäuse, linke Hälfte, Ansicht von außen

Am schwungscheibenseitigen Ende befindet sich ein Flansch, der einen großen Durchmesser aufweist und als Zapfenverbindungs-Motormontagefläche dient. Die Schmierung erfolgt über Ölkanäle, die in das Kurbelgehäuse gebohrt sind.

## KURBELWELLE

Die Kurbelwelle besteht aus einem Stahl-Stanzteil und ist an allen gelagerten Oberflächen gehärtet und geschliffen. Rillen auf der Kurbelwelle, die auf vier Hauptlagern ruht, lassen darauf schließen, daß die Welle nur statisch ausgewuchtet wurde. Zur Druckschmierung sind gebohrte Ölkanäle vorhanden, die vom Hauptwellenlager zu den kurbelwellenseitigen Pleuellagern verlaufen. Bekannt ist, daß vor Beginn der Kampfhandlungen an Kurbelwellen gearbeitet wurde, die aus einem einzigen Gußteil bestanden.

## KURBELWELLEN-HAUPTLAGER

Die Hauptlager bestehen aus Bleibronze-Metalleinlagen in dicken Stahlhülsen. Alle Lager haben die Form eines durchgehenden Ringes, mit Ausnahme des mittleren Lagers, das aus produktionstechnischen Gründen zweiteilig aufgebaut ist. Anscheinend wurden die dicken Lagerhülsen eingebaut, um dem Lager zusätzliche Stabilität zu verleihen, vor allem angesichts der Tatsache, daß diese Hülsen in das Aluminium-Kurbelgehäuse eingebaut sind.

## PLEUELSTANGEN

Es kommen sehr kurze und vergleichsweise starre Pleuelstangen aus Stahl von H-förmigem Querschnitt zur Anwendung. Die Lager am kurbelwellenseitigen Pleuelstangenende bestehen aus Babbitt-Metall mit einer Dicke von 1,53 mm (min.)/ 2,54 mm (max.) und verlaufen direkt in die Endkappe der Pleuelstange. Die Pleuelstangenkappe besitzt zwei vertikale Stege zur Erhöhung der Stabilität; die Befestigungsschrauben, die die einzige Vorrichtung zur Fixierung der Position bilden, sind in die Kappen geschraubt. Es werden Innensechskantschrauben verwendet.

Foto 9: Kurbelgehäuse, linke Hälfte, Ansicht von innen

Oben auf dem Kurbelgehäuse befinden sich Plattformen zur Montage des Ölkühlers, der Lichtmaschine und des Kühlgebläses.

## KOLBEN

Es kommen Flachkopfkolben aus Aluminiumleichtguß zur Anwendung, die oberhalb der Kolbenbolzen-Stiftvorsprünge reichlich Metall aufweisen, während die Mäntel sehr dünn und ungeschlitzt aufgebaut sind. Am oberen Kolbenende befinden sich je zwei Kompressionsringe und ein Ölabstreifring.

Foto 11: Kurbelwelle und Getriebe mit montierten Pleuelstangen

Es werden schwimmende Kolbenbolzen verwendet; diese werden von Federstahl-Drahtringen, die in Nuten eingebettet sind, im Kolben gehalten.

Foto 12: Kolben und Kolbenbolzen

## NOCKENWELLE

Die gußeiserne Nockenwelle läuft in drei Lagern und weist vier Nocken auf, von denen jeder zwei Stößelstangen und Ventile betätigt. Ein an einem Ende in der Gußform vorhandener Flansch dient als Verbindung zum Getriebe. Dieses Ende der Welle besitzt außerdem einen Schlitz, in den eine Zunge eingreift, die sich auf der Ölpumpenspindel befindet. In das Getrieberad (aus einer auf Magnesium basierenden Legierung) sind Schrägstirnradzähne gefräst; das Getrieberad ist mit dem Nockenwellenflansch vernietet. Die am Ende der Nockenwelle auftretenden Kräfte werden zwischen zwei Flanschen am angetriebenen Ende absorbiert.

## ZYLINDERKÖPFE

Die abnehmbaren Zylinderköpfe sind paarweise in Sandguß hergestellt und bestehen aus einer Aluminium-Silizium-Legierung. Eine darin integrierte Einbuchtung umschließt den Ventilantrieb, und das gesamte Gußteil ist großzügig mit Kühlrippen bestückt. Die Ventile sind (horizontal) in Reihe angeordnet, wobei je zwei Ventile für einen Zylinder vorgesehen sind. Die beiden Einlaßventile sind in der Mitte positioniert und folglich innerhalb des Zylinderkopf-Gußteils miteinander verbunden. Die Ventileinsätze bestehen aus Bronze und sind an ihrer Einbauposition entweder eingepreßt oder geschrumpft, wobei die Einsätze durch Kugelstrahlen des umgebenden Metalls fixiert sind. Die Ventilführungen bestehen aus Phosphorbronze. Für die Zündkerzen werden Stahleinsätze verwendet, die bis zu einem Flansch eingeschraubt sind, der Bestandteil der Einsätze ist. Paßstifte sorgen dafür, daß sie sich im Laufe der Zeit nicht lockern können.

## VENTILANTRIEB

Je ein Zylinder ist mit zwei Ventilen bestückt, wobei das Auslaß- und das Einlaßventil identisch aufgebaut sind. Auch die Ventilfedern (je zwei pro Ventil) sind untereinander austauschbar. Der obenliegende Ventilantrieb ist in einer Kammer untergebracht, die im Zylinderkopf-Gußteil integriert ist und durch eine aus einem Stahlblech-Preßteil bestehende Abdeckung doppelseitig verschlossen wird. Diese wird durch eine Drahtklammer aus Federstahl in ihrer Position gehalten. Die Kipphebel

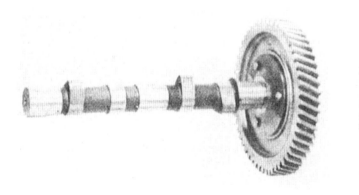 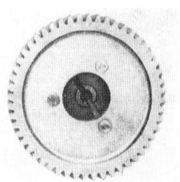

Foto 13: Baugruppe aus Nockenwelle und Getrieberad; rechts das abmontierte Getrieberad

Foto 14: Zylinderkopf mit Brennkammer

Foto 16: Ventilstößelstange und Rohr

seitige Ende als auch das (sphärisch geformte) gegenüberliegende Ende aus gehärteten und geschliffenen Stahlkomponenten bestehen. Wie sich noch herausstellen sollte, hat diese Bauweise zur Folge, daß sich die Stößelstange beim Betätigen des Ventils leicht verbiegt, was auf die Auslenkung des sphärischen Endes des Kipphebels zurückzuführen ist.

werden direkt von gehärteten und geschliffenen Wellen angesteuert. Vom kugelförmigen Sitz der Stößelstange zur Kipphebelwelle verläuft eine Bohrung, die als Ölkanal dient. Die Einstellung des Ventilspiels erfolgt über einen Stift, der in den Kipphebel geschraubt ist und das Ventil betätigt. Betätigt wird der Ventilantrieb über Stößelstangen, deren Konstruktion insofern ungewöhnlich ist, als es sich tatsächlich um kombinierte Stößel und Stangen handelt. Die stößelseitigen Enden der Stößelstangen werden durch geriebene (und als Lager dienende) Bohrungen im Kurbelgehäuse geführt.

Der Stößel ist verdrehsicher und am unteren Ende mit einem Radius versehen, dessen Winkel so bemessen ist, daß eine Winkelabweichung der Stößelstange kompensiert wird. Die Stößelstangen verlaufen in geschweißten Stahlrohren, die an beiden Enden eine Reihe von (als federbelastete Dichtungen wirkende) Wellrohrabschnitten aufweisen, kompensieren eventuelle Fehler bei der Ventilspieleinstellung und erleichtern in der Produktion das Anfertigen der Bohrungen, in die das Ventilstößel-Führungsrohr eingesetzt wird. Die Kurvenverläufe für den Ventilhub sind in Abbildung 12 dargestellt und beinhalten, da der Ventilhub am Ventil bemessen wurde, auch die Auswirkungen, die durch eine fehlerhafte Ausrichtung des Ventilantriebs sowie durch Verschleißerscheinungen hervorgerufen wurden.

## SCHMIERSYSTEM

Das Motoröl befindet sich in einem Ölsumpf, der integraler Bestandteil des Kurbelgehäuses ist und einen herausnehmbaren Drahtfiltereinsatz enthält. Das Öl wird nach Durchlaufen des Filters durch die Unterdruckleitung von einer Zahnrad-Ölpumpe gesaugt, die in einiger Entfernung vom Ölsumpf am hinteren Kurbelgehäuseende angeordnet ist. Die Pumpe wird von einer Zunge angetrieben, die in eine Nut am Ende der Nockenwelle eingreift, und befindet sich zum Teil unterhalb des Ölfüllstandes im Ölsumpf. Jedes Zahnrad des Geradstirnradgetriebes besitzt neun Zähne, wobei das angetriebene Rad nach dem Lichtbogenschweißverfahren (ein recht ungewöhnlicher Anwendungsfall) an der Spindel befestigt ist.

Foto 15: Zylinderkopf mit Kipphebelmechanismus

Die Stößelstangen sind in Form langgestreckter Rohre aus einer Aluminiumlegierung aufgebaut, wobei sowohl das stößel-

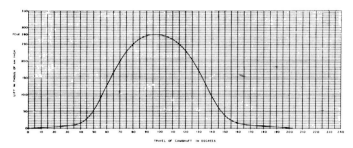

Abb. 12: Hubverlauf des Einlaßventils

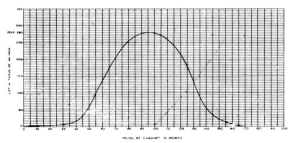

Abb. 13: Hubverlauf des Auslaßventils

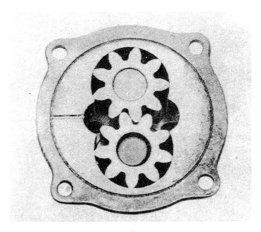

Foto 17: Ölpumpe

Das Pumpengehäuse ist ein Gußteil aus einer Magnesiumlegierung, das lediglich in der Ölkammer bearbeitet ist, und zwar derart, daß ein Abstand zwischen den Zahnradzähnen und dem Gehäuse gewährleistet ist. Das Öl wird durch gebohrte Kanäle im Kurbelgehäuse zur Kurbelwelle, zur Nockenwelle und zu den Pleuellagern befördert, wobei dem mittleren Kurbelwellenlager das Öl an zwei Punkten zugeführt wird. auch in der Kurbelwelle befinden sich gebohrte Ölkanäle, die die Hauptlagerzapfen mit den Lagern am kurbelwellenseitigen Pleuelende verbinden.

Das kolbenseitige Ende der Pleuelstange weist drei Bohrungen auf; in diesem Bereich wird die Spritzschmierung angewandt.

Öl (unter Druck stehend) wird auch den Kipphebellagern durch die Stößelstangen hindurch zugeführt, wobei der Rückfluß zum Ölsumpf durch die Stößelstangen-Führungsrohre erfolgt.

Das Schmiersystem enthält einen rohrförmig aufgebauten Ölkühler, der aber auch überbrückt werden kann, so daß nur eine Teilkühlung des Motoröls erfolgt. Eine Warnleuchte im Armaturenbrett signalisiert dem Fahrer einen eventuellen Öldruckabfall.

## MOTOR-LUFTKÜHLUNG

Die Kühlung des Motors erfolgt durch Luftumwälzung. Wegen der Anordnung des Motors im Fahrzeugheck ist das Kühlsystem mit einem Gebläse ausgestattet.

Der Motorraum weist eine Reihe von Kühlluftschlitzen auf, die oberhalb der Heckklappe angeordnet sind und als Hauptlufteintritt dienen.

Besonders bemerkenswert ist das Luftumwälzungssystem, das in einem allseitig geschlossenen Gebläsekasten untergebracht ist und Außenluft über eine heckseitige Öffnung von 6 Zoll Durchmesser ansaugt.

Die durch diese Öffnung eintretende Kühlluft wird mit Hilfe eines Lüfterrades in den Gebläsekasten befördert, das über eine

Abb. 14: Konstruktionsdurchsicht des Motor-Luftkühlsystems

Feder formschlüssig mit der Lichtmaschinenwelle (am dem Antrieb gegenüberliegenden Ende) verbunden ist und mit einer Drehzahl rotiert, die gleich der 1,75-fachen Motordrehzahl ist.

Das Lüfterrad ist ein aus einer Magnesiumlegierung hergestelltes Gußteil und besitzt Rotorblätter, die aufgrund ihrer Zentrifugalwirkung für die gewünschte Luftumwälzung sorgen. Der Ölkühler befindet sich ebenfalls im Gebläsekasten; für die Verteilung der Kühlluft über die beiden Zylinderbänke sowie den Ölkühler sind Luftleitbleche vorgesehen. Auch die Lichtmaschine wird zwangsbelüftet, und zwar durch zusätzliche Rotorblätter zum Ansaugen von Luft, die die Mittelachse der Lichtmaschine durchströmt hat.

Der Gebläsekasten wird von zwei aus Stahl-Preßteilen bestehenden Halbschalen gebildet, die an den Außenkanten überlappend miteinander verbunden und punktverschweißt sind. Die Formbeständigkeit des Gebläsekastens wird durch einen großen, aus Magnesiumguß bestehenden Flansch erzielt, der an der Lichtmaschine montiert ist; zum Abführen der Kühlluft nach Durchströmen der Lichtmaschine sind Luftkanäle vorhanden.

Der Betrieb dieses Luftkühlsystems ist mit extremer Lärmentwicklung verbunden.

## LICHTMASCHINEN-RIEMENSCHEIBE

Die Riemenscheibe besteht aus zwei Stahl-Preßteilen mit dazwischenliegenden Abstandshaltern, was den Vorteil hat, daß durch Variieren der Zahl dieser Abstandshalter die Distanz zwischen den beiden Teilscheiben verändert werden kann, was in gewissen Grenzen ein Einstellen der Keilriemenspannung ermöglicht.

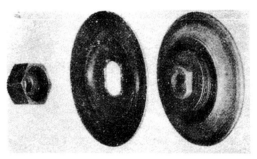

Foto 18: Aufbau der Lichtmaschinen-Riemenscheibe

## ANSAUGROHR

Das Ansaugrohr weist eine extrem kleine Bohrung auf und besteht aus einer Rohrleitung mit Befestigungsflanschen, die an beiden Enden angeschweißt sind. Eine (aus zwei Hälften bestehende und aus Preßteilen aufgebaute) Wärmeübergangskammer ist in der Mitte angeschweißt und besitzt oben einen ebenfalls angeschweißten Flansch zur Montage des Vergasers. Auf der Unterseite dieses Wärmetauschers ist eine Rohrleitung von geringem Querschnitt angeschweißt, die an jedem der Enden in die Auspuffleitung ragt.

## VERGASER

Der Motor ist mit einem einzelnen Fallstromvergaser vom Typ Solex 26FVI bestückt, der von Volkswagen in Deutschland hergestellt wird. Er besteht aus zwei Guß-Hauptteilen, nämlich der Schwimmerkammer und einer Kombination aus Schwimmerkammerabdeckung und Drosselklappenrohr. Grundsätzlich ähnelt der Solex-Vergaser dem hierzulande eingesetzten Vergasertyp.

Die Starterklappe wird manuell betätigt und ist als versetzt angeordnete Drosselklappe aufgebaut. Bei dieser handelt es sich um ein federbelastetes Ventil des Fabrikats Zenith, das den Unterdruckwert beim Anlassen begrenzt.

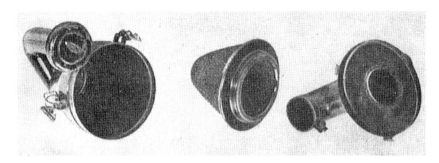

Foto 19: Explosionsansicht des Luftfilters

## LUFTFILTER

Es wird ein Ölbad-Luftfilter verwendet, der neben dem Vergaser etwa in derselben Höhe montiert ist und mit diesem eine kompakte Motorbaugruppe bildet. Der Filter ist konisch geformt, wobei die Luft tangential knapp oberhalb des Filtergehäusebodens eintritt und dabei Wirbel erzeugt. Eventuelle Staubpartikel in der Luft werden durch die Zentrifugalkraft gegen die Gehäusewand gedrückt und sammeln sich im Öl. Die Partikel setzen sich im Laufe der Zeit auf dem Boden ab, von wo sie gelegentlich entfernt werden müssen. Möglicherweise kann auch etwas Öl zusammen mit der Luft vom Filter angesaugt werden, doch da die Durchlaßöffnungen sehr fein strukturiert sind, ist es praktisch unmöglich, daß Staubpartikel sie durchlaufen können, ohne vom Öl festgehalten zu werden. Der Filter besteht aus einem sehr feinmaschigen Einsatz, der in einem Drahtgitter untergebracht und herausnehmbar ist.

## ABGASANLAGE

Es führen vier Abgasleitungen von den Zylinderköpfen zu zwei zylindrisch geformten Schalldämpfern, die an den Außenenden vor dem Motor angeordnet sind. Die Schalldämpfer werden durch die Abgasleitungen in Position gehalten; das gesamte System bildet einen Bestandteil der Motorbaugruppe.

## MOTORAUFHÄNGUNG

Die Motoreinheit einschließlich Getriebe und Achsdifferential ist auf Gummipuffern aufgehängt. Sie ist so angeordnet, daß sie eine leichte Rotationsbewegung um eine Achse herum ausführen kann, die durch den Schwerpunkt der Motoreinheit verläuft und mit der Fahrzeuglängsachse zusammenfällt. Durch diese Anordnung sollen Gegendrehmomenteffekte kompensiert werden, doch angesichts der geteilten Schwingachse, wie sie bei der verwendeten Einzelradaufhängung zur Anwendung kommt, wird dies nicht als gelungenes Verfahren betrachtet. Zwischen der Halbachse und dem Motor findet aufgrund der Radbewegungen oder der Reaktion des Motors auf Fahrzeug-Querneigungsänderungen eine Wechselwirkung statt, die dazu führt, daß die Motorbewegung in gewisser Weise beeinträchtigt wird und so den Vorteil der Gummiaufhängung einschränkt.

Eine vergleichsweise geringfügige Bewegung kann im Bereich der Motoraufhängung stattfinden, was im Hinblick auf die Wechselwirkung möglicherweise absichtlich so vorgesehen wurde. Die Spannung der Gummipuffer ist einstellbar. Die Motoraufhängungen bestehen aus zwei Gummiteilen, die auf einer Stahlklammer vulkanisiert sind. Letztere ist mit den Zinken am rückwärtigen Ende der Mittelträgergabel verschraubt, die ihrerseits den Motor um den der Schwungscheibe zugewandten Teil des Kurbelgehäuses herum hält. Diese Verbindung bildet den Hauptbefestigungspunkt für die Motoreinheit am Mittelträger; ein anderer Befestigungspunkt befindet sich am vorderen (also der Fahrzeugnase zugewandten) Ende der Motoreinheit. Ein eingebautes Montageelement in Form eines Gummirings dient im wesentlichen zur Ausrichtung der Einheit. Er befindet sich in einem Gußteil in der Mitte des rohrförmigen Querträgers, d.h. zentral in der Mittelträgergabel.

## TECHNISCHE DATEN ZUM MOTOR

Motornummer: 001346

Fabrikat: Volkswagen

Typ: Ottomotor mit vier paarweise horizontal gegenüberliegenden Zylindern und obenliegenden Ventilen

Kühlverfahren: Luftkühlung

Bohrung: 70 mm (2,756 ins.)

Hub: 64 mm (2,52 ins.)

Gesamtes Hubvolumen: 985 cm$^3$ (60 cu. ins.)

Zündfolge: 1 - 4 - 3 - 2

Drehrichtung: Entgegen dem Uhrzeigersinn (vom schwungradseitigen Ende aus gesehen)

Ventilsteuerung (bei 0,127 mm Ventilspiel): Einlaßventil öffnet 14½° vor OT, Einlaßventil schließt 66° nach UT, Auslaßventil öffnet 64° vor UT, Auslaßventil schließt 11° nach OT.

Ventilspiel: Einlaßseitig 0,127 mm, auslaßseitig 0,127 mm

Ventilhub (Einlaß- und Auslaßventil): 7 mm (0,257 in.)

Ventil-Kipphebelverhältnis: 1:1

Durchmesser der Ansaugöffnung (einlaß- und auslaßseitig): 24,5 mm (0,965 in.)

Ventilsitz-Einbauwinkel (Einlaß- und Auslaßventil): 45°

Ventilfederdruck (Einlaß- und Auslaßventil): 20,32 kg geschlossen; 30,48 kg offen

Vergasertyp: Solex 26 V.F.I.

Vergaser-Luftklappe: 26 T

Größe der Vergaserdüsen: Hauptdüse 120, Korrekturdüse 185, Mischdüse 100, Leerlaufdüse 45

Brennkammervolumen: 58,9 cm$^3$ (3,59 cu. ins.)

Verdichtungsverhältnis: 5,2:1. Dieser Wert wurde durch Messen des Brennkammervolumens ermittelt. In einem Handbuch des beschlagnahmten Fahrzeugs war für den leichten Personenwagen vom Typ K.1 (Typ 82) ein Wert von 5,8:1 angegeben.

Luftfilter: Ölbad-Luftfilter

## ABMESSUNGEN DER MOTORKOMPONENTEN

**Kurbelwelle**

Hilfslager vorn: Durchmesser 40 mm (1,57 ins.),
    Länge 18 mm (0,709 in.)
Hauptlager vorn: Durchmesser 50 mm (1,968 ins.),
    Länge 20 mm (0,787 in.)
Hauptlager Mitte: Durchmesser 50 mm (1,968 ins.),
    Länge 20 mm (0,787 in.)
Hauptlager hinten: Durchmesser 50 mm (1,968 ins.),
    Länge 29 mm (1,14 ins.)

**Pleuelstange**

Kurbelwellenseitiges Ende: Durchmesser 50 mm (1,968 ins.),
    Länge 22 mm (0,866 in.)
Kolbenseitiges Ende: Durchmesser 20 mm (0,787 in.),
    Länge 22 mm (0,866 in.)
Mittenabstand: 129 mm (5,078 ins.)

**Kolben**

Nenndurchmesser: 70 mm (2,756 ins.)
Gesamtlänge: 71 mm (2,795 ins.)

**Kolbenringe**

Anzahl der Ringe pro Kolben: 2 (1 Kompressions- und
    1 Ölabstreifring)
Breite: Oben 3 mm (0,118 in.), Mitte 3 mm (0,118 in.),
    Ölabstreifring 3,75 mm (0,147 is.)

**Kolbenbolzen**

Durchmesser: 20 mm (0,787 in.)
Länge: 60 mm (2,362 ins.)

**Schwungscheibe**

Durchmesser: 260 mm (10,24 ins.)
Anzahl der Zähne: 109

**Starterritzel**

Anzahl der Zähne: 9

**Ölpumpe**

Zahnräder: Flankendurchmesser 27 mm (1,06 ins.),
    Breite der Zähne 17 mm (0,67 in.), Anzahl der Zähne: 9

**Nockenwellenantrieb**

| Kurbelwellenantrieb | Nockenwellenantrieb |
|---|---|
| Flankendurchmesser | |
| 63 mm (2,48 ins.) | 127 mm (5 ins.) |
| Schrägungswinkel | |
| 23°, linksdrehend | 23°, rechtsdrehend |
| Zahnbreite | |
| 20 mm (0,787 in.) | 20 mm (0,787 in.) |
| Anzahl der Zähne: | |
| 26 | 52 |

**Ventile**

Durchmesser Ventilschaft (Ein- und Auslaßventil): 7 mm
    (0,275 in.)
Gesamtlänge (Ein- und Auslaßventil): 100 mm (3,94 ins.)
Ventilsitz-Einbauwinkel (Ein- und Auslaßventil): 45°
Ventilteller (Ein- und Auslaßventil): 28 mm (1,108 ins.)

**Einlaßkanal**

Bohrung (zum Vergaser hin): 24 mm (0,945 in.)
Bohrung (Kanalverzweigung): 19 mm (0,748 in.)

## MOTOR-WERKSTOFFANALYSE

Kurbelwelle: Mangan ca. 1%, Chrom über 0,5%, kein Nickel,
    Molybdän 0,2% - 0,4%, Brinell-Härte 302
Schwungscheibe: Mangan ca. 1%, Chrom über 0,5%,
    kein Nickel, kein Molybdän, Brinell-Härte 228
Pleuelstange: Mangan ca. 1%, Chrom über 0,5%, kein Nickel,
    kein Molybdän, Brinell-Härte 228
Ventile (Ein- und Auslaßventile): Mangan unter 1%, Chrom
    über 3%, kein Nickel, Molybdän über 0,6%, Brinell-Härte
    (Schaft) 325, Rockwell-Härte (Spitze) C.63
Kurbelgehäuse: Aluminiumlegierung, Brinell-Härte 106
Zylinder: Eisen-Grauguß mit Anteilen von Chrom und Kupfer,
    Brinell-Härte 251

Zylinderkopf: Aluminium-Silizium-Legierung
    (Si-Anteil: 10 bis 12%)
Nockenwelle: Eisen-Grauguß mit Kupferschreckschicht im
    Bereich der Nocken, Brinell-Härte 228 (Welle), Rockwell-
    Härte (Nocken) C.52
Nockenwellenantrieb: Magnesiumlegierung
Kurbelwelle: Keine Angaben, da unzugänglich
Ventileinsätze: Bronzelegierung
Kurbelwellenlagerschalen: Bleibronze
Kurbelwellenseitige Pleuellager: Babbitt-Metall
Stößelstange (Führungsrohr): Aluminiumlegierung
Stößelstange: Gehärteter Stahl, Rockwell-Härte C.61

## MOTORGEWICHTE

Kurbelgehäuse mit Stehbolzen: 12,25 kg
Zylinder: 1,76 kg
Zylinderkopf (mit Einsätzen und Führungen): 3,57 kg
Kurbelwelle mit Antrieb: 6,35 kg
Pleuelstangen (mit kolbenseitigen Hülsen, Gesamtgewicht):
    0,45 kg
Abdeckung und Bolzen: 106 g (kolbenseitiges Ende),
    340 g (kurbelwellenseitiges Ende)
Kolben: 220 g
Kolbenringe (ein Satz): 31,75 g

Kolbenbolzen: 78 g
Stößelstange: 99,79 g
Kipphebel (kompl. mit Einstellstift): 92 g
Ventilfedern (innen): 14 g
Ventilfedern (außen): 28,6 g
Ventil: 42,6 g
Ventilfederkappe: 10,4 g
Gesamtgewicht des Motors einschließlich Luftkühlsystem,
    jedoch ohne Kupplungsbaugruppe: 77,11 kg
Schwungscheibe, Kupplung und Mitnehmerscheibe: 11,57 kg

# KUPPLUNG

Hersteller: Fichtel & Sachs/Komet
Typ: K.10

Die Konstruktion der Kupplung ähnelt der von Borg & Beck, wobei der Hauptunterschied darin besteht, daß die Mitnehmerscheibe starr ausgeführt ist und nicht, wie allgemein bei der Borg & Beck-Kupplung der Fall, über Federn betätigt wird. Die sonstigen Unterschiede sind überwiegend konstruktiver Art. Es handelt sich um eine Einscheiben-Trockenkupplung, die selbst nicht mit irgendwelchen Einstellmöglichkeiten zur Verschleißkompensation ausgestattet ist. Lediglich eine einzige Einstellmöglichkeit ist vorhanden, die zum Ausrichten der Ausrückhebel dient und ausschließlich bei der Herstellung verwendet wird. Es sind drei Ausrückhebel vorhanden, die über Federhaken mit einer zentralen Platte und somit untereinander verbunden sind. Betätigt wird die Platte über ein Graphit-Kupplungsdrucklager, das sich in einem präzise geformten Stahl-Preßteil, welches über Federclips mit dem Kupplungshebel verbunden ist, befindet. Letzterer besteht aus zwei Hebel-Preßteilen, die an einem einseitig gelagerten Stahlstab angeschweißt sind, wobei das zugehörige Lager direkt im Getriebegehäuse untergebracht ist. Die Mitnehmerscheibe gleitet auf einer Kerbverzahnung anstelle der gängigeren Keilwellenverbindung. Es wurde festgestellt, daß keine Belüftung der Kupplung vorgesehen ist, da diese in einem allseitig geschlossenen Aluminiumgehäuse untergebracht ist, das sich direkt hinter dem Hinterachsdifferential befindet.

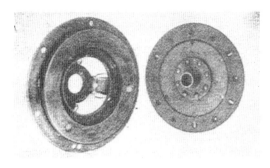

Foto 20: Kupplungseinheit

### TECHNISCHE DATEN DER KUPPLUNG

Hersteller: Fichtel & Sachs
Zahl der Reibungsoberflächen: 2
Außendurchmesser: 180 mm (7,09 ins.)
Innendurchmesser: 125 mm (4,92 ins.)
Zahl der Scheiben: 1
Gesamte reibschlüssige Oberfläche: 183,88 cm$^2$
Ausrücklagerdruck: 154,22 kg
Kupplungs-Hebelübersetzung: 4,4 : 1
Hebelübersetzung Steuergestänge: 10,44 : 1
Gesamthebelübersetzung bis zum Pedal: 44,4 : 1
Kupplungswellen-Kerbverzahnungen: Außendurchmesser (Welle) 20 mm (0,79 in.), Innendurchmesser (Kupplungsteil) 18,5 mm (0,767 in.). Zahl der Kerbverzahnungen: 24

# GETRIEBE

## Allgemeine Beschreibung

Das Getriebe ist Bestandteil einer Gesamteinheit, zu der das Achsdifferential und der Betätigungsmechanismus für die Kupplung gehören. Diese Gesamteinheit ist in einem Magnesium-Leichtgußgehäuse untergebracht, das longitudinal und vertikal durch die Hauptwelle und die Antriebskegelradwelle unterteilt wird. Das Getriebe befindet sich direkt vor der Hinterachse, wird vom Motor über das Ende einer Hauptwelle ange-

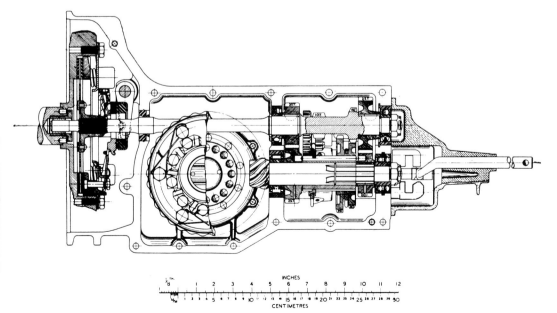

Abb. 15: Getriebe und Kupplung (Längsschnitt)

trieben, die über die Achse verläuft, und ist am kurbelwellenseitigen Ende in einer selbstschmierenden Bronze-Lagerschale gelagert. Die Kupplung befindet sich unmittelbar hinter der Achse und ist im selben Gehäuse untergebracht. Das Getriebe ist eine Zweiwellenausführung mit vier Vorwärtsgängen und einem Rückwärtsgang. Bei der Gangschaltung fällt ein ungewöhnlicher Schaltmechanismus zum Einlegen des dritten und vierten Gangs auf, während zum Einlegen des ersten und zweiten Gangs sowie des Rückwärtsgangs das Schubtriebverfahren zur Anwendung kommt. Zwei einzelne Schrägstirnräder, die sich ständig im Eingriff befinden, dienen wechselweise zum Einlegen des dritten bzw. vierten Gangs; die übrigen Zahnräder sind Geradstirnräder. Das Zerlegen und Zusammensetzen gestaltete sich aufgrund der Bauweise des Getriebegehäuses in zwei Hälften sehr einfach. Aufgrund dieser Konstruktion konnten die Hauptwelle und die Antriebskegelradwelle als komplette Einheiten aufgebaut werden. Es wird ein Gangwechselmechanismus in der üblichen Bauweise verwendet, der unter einer Abdeckung vor dem Getriebe angeordnet ist und über einen Knüppelschaltungs-Ganghebel betätigt wird.

### Gangwechselmechanismus

Der Gangwechselmechanismus auf der Antriebskegelradwelle ist mit einem technischen Merkmal ausgestattet, das besonderer Erwähnung bedarf. Hierbei greifen neun Stifte in entsprechend angeordnete halbkreisförmige Nuten in der Hülse, die über eine Keilwellenverbindung mit der Welle verbunden ist, und zugleich in halbkreisförmige Nuten im Mittelstück. Die Stifte dienen als Antriebsmedium für den mittleren Teil, was dazu führt, daß entweder der erste oder der zweite Gang eingelegt ist, wenn die Zahnräder ineinander greifen. Zum Umschalten in den dritten oder vierten Gang werden die Stifte vom Gangwechselmechanismus entlang der Nuten verschoben, wobei die Enden in entsprechende Bohrungen in einem der im Dauereingriff stehenden Gänge greifen. Diese Konstruktion erfüllt dieselbe Funktion wie der sonst übliche Klauen-Schaltmechanismus, führt aber zu einer geringeren Getriebe-Gesamtlänge. Darüber hinaus ermöglicht sie einen leichten Gangwechsel, der sich mit wenig Aufwand bewerkstelligen läßt.

### Konstruktive Einzelheiten zum Getriebe

*Getriebegehäuse*

Das Getriebegehäuse besteht aus zwei Hälften, die aus Magnesium-Leichtmetall-Sandguß hergestellt und über Paßstifte und Schrauben miteinander verbunden sind. Von den Getriebezahnrädern abgesehen, enthält es außerdem das Hinterachsdifferential sowie die Kupplungsbaugruppe. Auf der rechten Seite ist der Starter montiert. Das Öl für Getriebe und Achse wird über eine einzige Öffnung eingefüllt.

### Zustand des Getriebes

Am Getriebe, das sich in gutem Zustand befand, wurden nur sehr geringe Verschleißerscheinungen festgestellt.

### Hauptwellenbaugruppe

Die Hauptwelle ist aus einem elektrisch gestauchten Stab hergestellt, in dem die Zahnradzähne für den ersten und zweiten Gang integriert sind; die Zahnräder für den dritten und vierten Gang sind flachverkeilt. An jedem Ende sind Kugellager-Laufrillen angeordnet, die durch eine versplintete Schraube gesichert sind, so daß alle Komponenten eine in sich geschlossene Baugruppe bilden.

Foto 21 (oben): Getriebe und Zahnräder (dargestellt in ihrer Einbauposition Innenansicht linke Gehäusehälfte)

Foto 22 (rechts): Getriebe mit Gangwahlmechanismus und Rückwärtsgang-Antriebsrad (Innenansicht linke Gehäusehälfte)

Foto 23 (links): Getriebegehäuse, rechte Hälfte, Innenansicht

### Antriebskegelradwelle

Die Antriebskegelradwelle weist am ritzelseitigen Ende ein Rollenlager und am entgegengesetzten Ende ein zweireihiges Kugellager auf. Die Zwischenräder für den dritten und vierten Gang laufen direkt auf der Welle; zwischen ihnen befindet sich eine Kombi-Keilnutverbindung, auf der das Zahnrad für den ersten und den zweiten Gang gleitet. Diese sind durch eine Mutter mit Splintschraube gesichert, so daß eine abgeschlossene Baugruppe entsteht.

### Schaltmechanismusbetätigung

In der linken Hälfte des Getriebegehäuses sind drei Schaltwellen untergebracht; der Betätigungshebel befindet sich am vorderen Ende in einer aus Magnesium-Leichtmetallguß hergestellten Abdeckung, die mit dem Getriebegehäuse verschraubt ist. Am vorderen Ende der Abdeckung befindet sich ein Gummipuffer; dieser dient als Montagepunkt, durch den die gesamte Antriebseinheit in ihrer Position gegenüber dem Fahrgestell-Mittelträger gehalten wird.

### Gangschaltung

Es wird ein abgesetzter Knüppelschaltungs-Ganghebel verwendet, der in einem aus einem Stahlblech-Preßteil bestehenden und oben auf der Mittelträgergabel angeschraubten Gehäuse beweglich angeordnet ist. Eine rohrförmige Steuerstange verbindet den Ganghebel mit dem Gangwahlmechanismus, der innerhalb des Mittelträgers angeordnet ist. Das vordere Ende der Stange ist innerhalb des Mittelträgers gelagert; es wird die übliche Art der Kugelgelenkverbindung zwischen Ganghebel und Schaltstange verwendet.

# TECHNISCHE DATEN ZUM GETRIEBE

## ABMESSUNGEN DER GETRIEBEKOMPONENTEN

| Gang Nr. | Unters.-Verh. | Flankendurchmesser (ca.) Antreibend | Flankendurchmesser (ca.) Angetrieben | Zahnradbreite Antreibend | Zahnradbreite Angetrieben | Anzahl der Zähne Antr. | Anzahl der Zähne Angetr | Schrägungswinkel |
|---|---|---|---|---|---|---|---|---|
| 1 | 3,6 : 1 | 28 mm (1,10 Zoll) | 96,5 mm (3,80 Zoll) | 15,5 mm (0,61 Zoll) | 10 mm (0,787 Zoll) | 10 | 36 | gerade |
| 2 | 2,07 : 1 | 41 mm (1,614 Zoll) | 83,5 mm (3,287 Zoll) | 10 mm (0,394 Zoll) | 10 mm (0,787 Zoll) | 15 | 31 | gerade |
| 3 | 1,25 : 1 | 55,5 mm (2,185 Zoll) | 69,5 mm (2,736 Zoll) | 20 mm (0,787 Zoll) | 20 mm (0,787 Zoll) | 20 | 25 | 28° |
| 4 | 0,8 : 1 | 69,5 mm (2,736 Zoll) | 55,5 mm (2,185 Zoll) | 20 mm (0,787 Zoll) | 20 mm (0,787 Zoll) | 25 | 20 | 28° |
| Rückwärts | 6,6 : 1 | | | | | | | |

## LAGERABMESSUNGEN

| | Außendurchmesser | Innendurchmesser | Breite |
|---|---|---|---|
| Hauptwellen-Kugellagerrille | 52 mm (2,047 Zoll) | 25 mm (0,98 Zoll) | 15 mm ( 0,59 Zoll) |
| " " " | " | 20 mm (0,787 Zoll) | " |
| Kegelradwellen-Rollenlagerrille | 62 mm (2,44 Zoll) | 30 mm (1,18 Zoll) | 20 mm (0,787 Zoll) |
| Kegelradwellen-Zweireihen-Kugellagerrille | 52 mm (2,047 Zoll) | 20 mm (0,787 Zoll) | 22 mm (0,866 Zoll) |

## GETRIEBE-WERKSTOFFANALYSE

| Bauelement | Mn | Cr | Ni | Mo | Härte |
|---|---|---|---|---|---|
| Hauptwelle | mehr als 0,6% | mehr als 0,5% | - | weniger als 0,5% | Rockwell C.62 |
| Kegelradwelle | " " 0,6% | " " 0,5% | - | " " 1,0% | C.60 |
| 3. und 4. Gang | " " 0,6% | " " 0,5% | - | Spuren | C.62 |
| 1. und 2. Gang | " " 0,6% | " " 0,5% | - | weniger als 0,5% | C.64 |
| Gleitring | " " 0,6% | " " 0,5% | - | weniger als 0,5% | C.58 |
| Hauptwellenhülse | " " 0,6% | " " 0,5% | - | Spuren | C.62 |
| Schaltwelle | " " 0,6% | " " 0,5% | - | ungefähr 0,3% | C.64 |
| Schaltgabel | " " 0,6% | " " 0,5% | - | 0,5% | oberflächengehärtet |

# HINTERACHSANTRIEB

## Allgemeine Beschreibung

Das Spiral-Antriebsritzel auf der Getriebeausgangswelle treibt das große Tellerrad an, das wiederum die Motorleistung über ein Sperrdifferential - ein weiteres bemerkenswertes technisches Detail - auf die angetriebenen Räder überträgt. Der Antrieb jedes der beiden Hinterräder erfolgt über Halbachsenwellen. Diese verlaufen in rohrförmigen Gehäusen, die jeweils als halbe Schwingachse dienen. Am Außenende befindet sich ein Enduntersetzungsgetriebe. Die gesamte Baugruppe (zu dem auch das angetriebene Rad gehört) bewegt sich um ein schüsselförmiges Kugelgelenk, das innerhalb der Differential-Nockenringe angeordnet ist. Die geschmiedeten Enden der Antriebswellen sind gehärtet und geschliffen; sie greifen in (ebenfalls gehärtete und geschliffene) zylindrische Segmente ein, die sich in der „Schüssel" befinden und das Antriebs-Kreuzgelenk bilden.

Foto 25: Hinterachsen-Untersetzungsgetriebegehäuse und Bremsträger

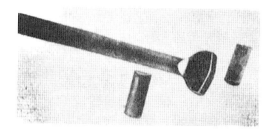

Foto 24: Hinterachswellenende und zylindrisches Kreuzgelenksegment

Am äußeren Ende der Welle befinden sich Teilnuten für ein Untersetzungsgetriebe. Dieses besteht aus einem Paar von geradverzahnten Stirnrädern, die in allseitig geschlossenen, gußeisernen Gehäusen untergebracht sind und auf Kugellagern laufen. Jedes dieser Gehäuse verfügt über eine Schmiermittel-Einfüllöffnung. Der Hauptgrund für den Einbau dieses Enduntersetzungsgetriebes scheint gewesen zu sein, auf einfache Weise zu einer Verringerung der Untersetzungsverhältnisse in militärischen Fahrzeugversionen zu gelangen. Darüber hinaus bietet es den Vorteil einer größeren Bodenfreiheit von Achsgehäuse und Antriebseinheit, was besonders bei Fahrten im Gelände von Vorteil ist. Die Differentialbaugruppe läuft auf Kugellagern, die direkt im Achsgehäuse untergebracht sind. Wie die Untersuchungen gezeigt haben, sind die beiden Halbachsenwellen nicht nur integrale Bestandteile des Differentials, sondern können auch nicht ausgebaut werden, ohne daß die Achsen- und Getriebeeinheit aus dem Chassis entfernt und zerlegt werden müssen. Das Achsgehäuse besteht aus Stahlrohr, an dem ein kugelförmiges Ende mit polierten Innen- und Außenflächen angeschweißt ist. Dieses wird zwischen dem Achsgehäuse und einer Abdeckung aus Magnesium-Leichtmetall gehalten und bildet den Punkt, um den die Achse schwingt. Der Sitz ist mit einem Gummibalg versehen, der das Eindringen von Schmutz verhindert.

## Ausführliche Beschreibung
*Differential*

Beim Differentialgetriebe handelt es sich um ein sogenanntes „Sperrdifferential", also ein Nockendifferential, das nach demselben Prinzip arbeitet wie die von einem deutschen Getriebehersteller (Zahnradfabrik Friedrichshafen) im Jahr 1931 entwickelte Antriebseinheit. Diese ist für Gottfried Weidmann patentiert (Deutsches Patent Nr. 639876, Britisches Patent Nr. 431020). Diese Differentialausführung bietet erhebliche Vorteile, wenn das Fahrzeug in unebenem Gelände betrieben wird.

Foto 26: Komplette Baugruppe aus Hinterachsrohr und Welle

Foto 27: Baugruppe aus Differential und Achswelle

Die Konstruktionsdurchsicht in Abbildung 16 zeigt, wie der Differentialmechanismus aufgebaut ist. Er besteht aus zwei gehärteten Stahlscheiben oder Nockenringen, die fest auf den Antriebswellen montiert sind und versenkte Nockenoberflächen aufweisen. Zwischen diesen Oberflächen befinden sich 17 Mitnehmerelemente oder Bolzen aus gehärtetem Stahl, die in Bohrungen oder Sitzen in einem ebenfalls aus gehärtetem Stahl hergestellten Trägerelement angeordnet sind. Die Mitnehmer sind axial beweglich, so daß sie in die Vertiefungen eingreifen und so die Differentialwirkung der Nockenringe bewirken können.

Die gesamte Einheit befindet sich in einem aus zwei Hälften bestehenden Stahlgehäuse und ist über Schrauben und Muttern mit dem Mitnehmer-Trägerelement verschraubt; zur Schmierung der beweglichen Teile sind hier entsprechende Behälter aus Stahlpreßteilen vorhanden. Zwischen den Nockenringen und den Differential-Gehäuseteilen befinden sich Gleitlagerscheiben aus Kunststoff.

Das Differential verhält sich unter verschiedenen Betriebsbedingungen wie folgt:

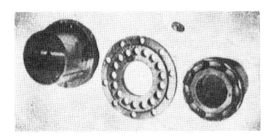

Foto 28: Explosionsdarstellung des Differentials

(a) Wenn eines der Räder auf einen Widerstand trifft, der so hoch ist, daß er eine starke Bremskraft verursacht - was beispielsweise der Fall ist, wenn das Fahrzeug von seiner Geradeausfahrt in eine Kurvenfahrt übergeht -, kann der Nockenring, der auf das Rad auf der Kurveninnenseite wirkt, praktisch zum Stillstand kommen, wobei die im Eingriff arbeitenden Nocken dieses Ringes dem Druck des gleitenden Mitnehmers starken Widerstand entgegensetzen. Gleichzeitig bietet der auf das zur Kurvenaußenseite gerichtete Rad wirkende Nockenring einen geringeren Widerstand, und die Enden des Mitnehmers, die gegen die Nocken stoßen, drücken diese nach vorn, wobei er zugleich die Nocken des Ringes, der auf das Kurveninnenrad wirkt und den höheren Widerstand hat, nach oben und unten bewegt. Aufgrund der Reibung der gleitenden Mitnehmer in ihrem Trägerelement und auf den Nocken findet dieser Vorgang nur statt, wenn eines der angetriebenen Räder einen relativ hohen Widerstand erzeugt. Kleinere Widerstände lassen den Antrieb unbeeinflußt, d.h. die angetriebenen Räder reagieren so, als wären sie mit einer starren Achse verbunden.

(b) Wenn jedes der beiden Antriebsräder des Fahrzeugs denselben Widerstand erzeugt, versetzen die Mitnehmer, die mit dem vom Motor angetriebenen Trägerelement rotieren, beide Nockenringe in Bewegung, so daß beide Antriebsräder mit derselben Drehzahl rotieren.

(c) Da die angetriebenen Räder relativ starr miteinander verbunden sind, wird das Anfahren auf rutschigem Untergrund erleichtert.

(d) Wenn beide Antriebsräder den Bodenkontakt verlieren (wobei das Tellerrad des Ausgleichsgetriebes an seiner Drehung gehindert wird) und ein Rad gedreht wird, dreht sich das andere in entgegengesetzter Richtung, so daß die Anordnung ähnlich wie ein herkömmliches Differential arbeitet. Sie un-

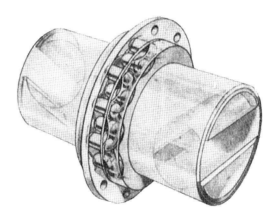

Abb. 16: Differential, Konstruktionsdurchsicht

terscheidet sich nur insofern, als bei einem konventionellen Differential die Drehzahlen beider Räder identisch sind, während in diesem Fall ein Rad schneller dreht als das andere (Drehzahlverhältnis 9:8). Somit ist auch das Drehmoment, das auf einen Nockenring und die zugehörige Halbachse übertragen wird, größer als das Drehmoment, das auf die andere Hälfte der Anordnung wirkt, und zwar im Verhältnis 9:8 oder 12,5 Prozent.

Betrachtet man die Abwicklungszeichnung in Abbildung 17, so fällt auf, daß der Ring A acht, der Ring B dagegen neun konkave und äquidistante Oberflächen aufweist. Aufgrund dieses Unterschieds können sich mehrere dieser Oberflächen gleichzeitig in einer Position befinden, an der sie beim Eingriff des Antriebs vom zugehörigen Mitnehmer angetrieben werden. Diesen Zustand bezeichnet man als „Einrastposition". Wären die Nockenringe mit derselben Anzahl von Vertiefungen ausgestattet, hätten alle Mitnehmer relativ zu ihnen dieselbe Position, was zu einem Rutschen des Antriebs führen würde, wenn die zum Antrieb eines der Nockenringe vorgesehenen Mitnehmer jeweils im Scheitelpunkt der Vertiefungen angeordnet wären.

Das Differential funktioniert im wesentlichen folgendermaßen: Die Drehbewegung, in die das Kegelrad versetzt wird, wird auf das Trägerelement und die Mitnehmer übertragen, die ihrerseits die beiden Nockenringe antreiben und so die Differentialwirkung hervorrufen.

Wenn nun einer der Nockenringe bis zum Stillstand abgebremst wird, treiben die Mitnehmer während ihrer Drehbewegung den anderen Nockenring weiterhin an. Letzterer rotiert mit derselben Drehzahl wie das Antriebskegelrad, zuzüglich einer Drehzahlüberhöhung, die auf die bogenförmige Bewegung der Mitnehmerenden auf den Vertiefungen der stationären Nocken zurückzuführen ist.

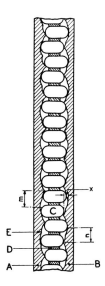

Abb. 17: Differential, Abwicklung

In diesem Betriebszustand führen die Mitnehmer nicht nur ihre Drehbewegung aus, sondern bewegen sich auch quer zu ihren Sitzen im Trägerelement. Diese spezielle Bewegung der Mitnehmer wird durch die Wechselwirkung des Auflagers mit dem stationären Nockenring und die Übertragung einer zusätzlichen Winkelgeschwindigkeit auf das mit dem beweglichen Nocken verbundene Rad hervorgerufen, so daß die Enddrehzahl des mit dem beweglichen Nocken verbundenen Rades etwa doppelt so hoch ist wie die Drehzahl des Antriebskegelrades. Nimmt man beispielsweise an, daß der Nockenring A stationär ist, so befindet sich der Mitnehmer, der zu Beginn der Bewegung am unteren Ende der Vertiefung E liegt, bei jeder Bewegung des Trägerelementes D, die gleich der Umfangslänge m ist, am Ende der Bewegung im nächsten Scheitelpunkt. Der Mitnehmer war somit einer Bewegung zum Nockenrad B hin ausgesetzt, und zwar dergestalt, daß dieses Rad relativ zum Mitnehmer über eine Distanz n bewegt wurde, die einer Hälfte seiner Vertiefungen entspricht. Die resultierende Bewegung der Nockenräder B bis A beträgt somit schließlich m plus n.

Wenn nun einer der Nockenringe nicht stationär ist, sondern eine Bewegung relativ zum anderen ausführt (was beim Durchfahren einer Kurve der Fall ist), überträgt das Trägerelement D (von dem angenommen wird, daß es mit konstanter Drehzahl rotiert) auf die beiden Nockenringe eine Drehzahldifferenz, die zur Differenz der von den beiden Antriebsrädern zurückgelegten Wege proportional ist.

Die Mitnehmer C greifen stets in denjenigen Nockenring, dessen Drehzahl reduziert wird, so daß auf den anderen Nockenring eine erhöhte Drehzahl von m/n oder n/m entsprechend der Drehzahlreduzierung des anderen Nockenringes übertragen wird.

Wenn die Mitnehmer durch Eingreifen in das Nockenrad, das mit der geringeren Drehzahl rotiert, auf das andere Nockenrad eine zusätzliche Drehzahl übertragen, muß das Antriebskegelrad in diesem Betriebszustand eine zusätzliche Arbeit leisten, um die relativ hohe Reibung der Mitnehmer zu überwinden, die an dem mit der geringeren Drehzahl rotierenden Nockenrad anliegt, so daß dieses Nockenrad folglich stets die Tendenz hat, mit derselben Drehzahl angetrieben zu werden wie das Antriebskegelrad. Auf diese Weise wird die Differentialbewegung verzögert.

### Zustand des Differentials

Die Bohrungen (oder Mitnehmersitze) im Trägerelement zeigten Anzeichen für beträchtlichen Verschleiß (in Form von abgewetzten Stellen), und die Mitnehmer wiesen in ihren Sitzen Spiel auf. Beträchtliches Schlagen war an den kugelförmigen Enden der Mitnehmer aufgetreten, obwohl die Nocken in gutem Zustand waren und auch der sonstige Allgemeinzustand als gut bezeichnet werden kann. Während der Testfahrten mit dem Fahrzeug entwickelte das Differential erhebliche Betriebsgeräusche.

### Radnaben hinten

Die Naben der Hinterräder bilden zusammen mit den Bremstrommeln eine Einheit und bestehen aus Eisen-Temperguß. Die Antriebsräder sind - ebenso wie die Vorderräder - an den Seiten der Bremstrommel montiert; der Unterschied zu den Vorderrädern besteht im wesentlichen in der Keilwellenverbindung, die an den hinteren Radnaben zur Befestigung der Achswelle erforderlich ist.

# HINTERACHSANTRIEB: TECHNISCHE DATEN

**Spiral-Antriebskegelrad:**

| Bauteil | Flankendurchmesser | Anzahl Zähne | Spiralwinkel | Zahnbreite |
|---|---|---|---|---|
| Ritzel | 44 mm (1,73 Zoll) | 7 | 55° | 22 mm (0,87 Zoll) |
| Tellerrad | 165 mm (6,50 Zoll) | 31 | 55° | 22 mm (0,87 Zoll) |

**Radnaben-Geradstirnradgetrieb**

| | | | | |
|---|---|---|---|---|
| Antriebsritzel | 64 mm (2,52 Zoll) | 15 | Gerades Zahnrad | 30 mm (1,18 Zoll) |
| Angetriebenes Rad | 87 mm (3,43 Zoll) | 21 | Gerades Zahnrad | 30 mm (1,18 Zoll) |

**Untersetzungsverhältnisse**

Kegelrad: 4,43:1, Geradstirnrad: 1,40:1, Gesamtachsen-Untersetzungsverhältnis: 6,20:1

**Abmessungen der Hinterachslager**

| Bauelement | Außendurchm. | Innendurchm. | Breite |
|---|---|---|---|
| Differentialgehäuse rechts, Kugellagerrille | 90 mm (3,54 Zoll) | 50 mm (1,97 Zoll) | 20 mm (0,79 Zoll) |
| Differentialgehäuse links, Kugellagerrille | 90 mm (3,54 Zoll) | 50 mm (1,97 Zoll) | 11 mm (0,43 Zoll) |
| Nabenantriebsritzel-Kugellager (innen) | 72 mm (2,83 Zoll) | 30 mm (1,22 Zoll) | 19 mm (0,75 Zoll) |
| Nabenantriebsritzel-Kugellager (außen) | 62 mm (2,40 Zoll) | 25 mm (0,98 Zoll) | 17 mm (0,67 Zoll) |
| Kugellager (außen) des angetriebenen Zahnrades | 72 mm (2,83 Zoll) | 30 mm (1,22 Zoll) | 19 mm (0,75 Zoll) |

**Winkelbewegung der Halbachse**

Beladungsposition: 9¼°
In beladener Position 0°, voll eingefedert 6½°, voll ausgefedert 9¼°, Gesamt-Winkelbewegung 15¾°

**Gewicht der Hinterachse**

Getriebeeinheit einschließlich Kupplung und Starter, ohne Bremsbacken und -trommeln: 66,68 kg (147 lbs.)

# WERKSTOFFANALYSE ZUR HINTERACHSE

| Bauelement | Mn | Cr | Ni | Mo | Härte |
|---|---|---|---|---|---|
| Tellerrad | 0,6/1,0% | mehr als 0,5% | - | | Rockwell C.62 |
| Differentialgehäuse | ca. 0,6% | - | - | weniger als 0,5% | |
| Differential-Nockenring | ca. 0,6% | 0,5% | - | weniger als 0,5% | („Schüssel"-)Gelenk Brinell 338 |
| Differential-Nockenring-hülse | | | | | Außendurchm. Rockwell C.58 |
| Differential-Mitnehmer-Trägerelement | ca. 0,6% | mehr als 0,5% | - | weniger als 0,5% | Rockwell C.60 |
| Differential-Mitnehmer | | | | | Rockwell C.64 |
| „Schüssel"-Gelenk, Achswelle | weniger als 1,0% | - | - | weniger als 0,5% | (VPN 0,5 kg, 878) Geschmiedetes Ende (VPN 0,5 kg, 610) Keilwellenende |
| | weniger als 1,0% | ca. 1,0% | - | weniger als 0,5% | Brinell 293 |
| Naben-Antriebsritzel | 0,6% / 1,0% | weniger als 1,0% | | Spuren | Rockwell C.60 |
| Angetriebenes Nabenzahnrad | 1,0% | weniger als 1,0% | | Spuren | Rockwell C.60 |
| Welle des angetriebenen Nabenzahnrades | 0,6% / 1,0% | weniger als 1,0% | | Spuren | Brinell 281 |
| Nabengetriebegehäuse | 0,6% / 1,0% | - | | Spuren | Brinell 148 |
| Achswellen-Rohrgehäuse | | | | | Brinell 229 |

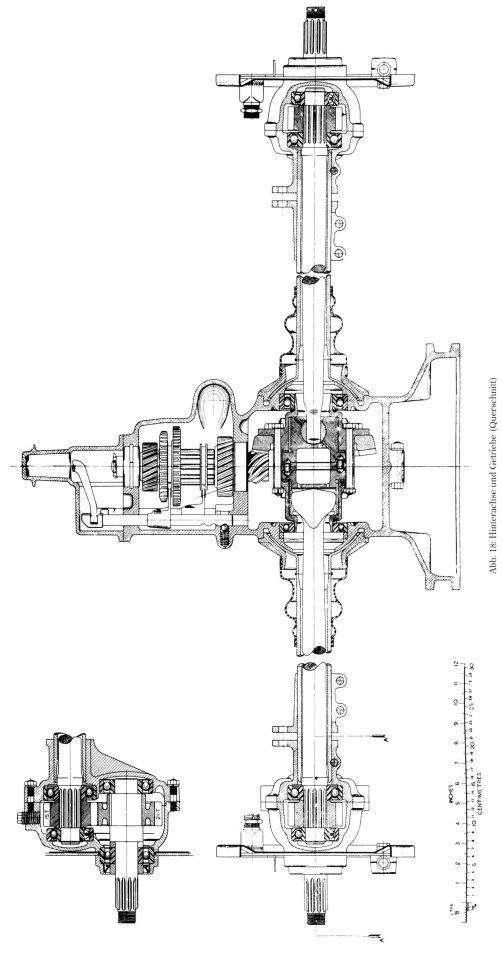

Abb. 18: Hinterachse und Getriebe (Querschnitt)

# RADAUFHÄNGUNG HINTEN

## Allgemeine Beschreibung

Das Fahrzeug weist hinten eine Einzelradaufhängung auf. Sie besteht aus Torsionsstäben, die quer vor der Hinterachse angeordnet und in einem rohrförmigen Querträger untergebracht sind, der Bestandteil der Fahrgestell-Bodenbaugruppe ist. An den Außenenden sind in Längsrichtung bewegliche Schwingarme montiert, die eine Nachlauffunktion erfüllen. An diesen Schwingarmen wiederum sind die Außenenden der Schwinghalbachsengehäuse montiert, mit denen sie starr verbunden sind. Das Radaufhängunggestänge zu jedem einzelnen Rad entspricht somit zwei Seiten eines rechtwinkligen Dreiecks, wobei das Rad in der Ecke des rechten Winkels angeordnet ist. Folglich schwingt das Rad um eine Achse, die aus der Hypotenuse des Dreiecks gebildet wird; diese schneidet die Mittelpunkte der sphärischen Schwingachsensitze und der Längsschwingarmhülse. Diese Struktur wird von den Torsionsstäben getragen. Wegen der Queranordnung dieser Torsionsstäbe sind die Längsschwingarme flexibel ausgeführt, womit eventuelle Einstellfehler ausgeglichen werden. Bemerkenswert an dieser Radaufhängung ist ihre Einfachheit: Sie besteht lediglich aus einem einzigen Antriebs-Kreuzgelenk pro Halbachse und dem Längsschwingarm, der gleichzeitig die Funktion des Torsionsstab-Fahrgestellarmes und des Bremsmomentarmes erfüllt. Außerdem werden im Gestänge jedes einzelnen Rades nur zwei Lager verwendet, und zwar der kugelförmige Halbachsensitz und die Torsionsstab-Gummihülse. Die Torsionsbewegung wird durch Anschläge an Montagewinkeln begrenzt, die am rohrförmigen Querträger angeschweißt sind und außerdem abnehmbare doppelwirkende Hydraulikstoßdämpfer tragen. Die Torsionsstäbe besitzen keine Einstellvorrichtung und können sich aufgrund der erstmaligen Beladung und aufgrund von Materialermüdung verwinden, was nur durch Ausbauen der Torsionsstäbe und Neupositionieren in der gezackten Halterung ausgeglichen werden kann. Es werden vergleichsweise kurze Torsionsstäbe von robustem, kreisförmigem Querschnitt verwendet, was zur Folge hat, daß die Radaufhängung recht straff ist, erheblich straffer als die Aufhängung der Vorderräder.

Es sind Vorrichtungen vorhanden, mit deren Hilfe die Torsionsstäbe im Falle eines Defekts herausgezogen werden können, und zwar ohne jeden Eingriff an den Antriebsrädern und den Längslenkern. Die Außenenden der Torsionsstäbe sind in Gummihülsen gelagert, die ziemlich hart sind und einen konischen Sitz aufweisen, d.h. sowohl auf der Innen- als auch auf der Außenseite keilförmig geformt sind.

## Einzelheiten zur Konstruktion

Es werden zwei Torsionsstäbe von kreisförmigen Querschnitt verwendet, die an beiden Enden gezackt sind. Die Zacken am inneren Ende weisen einen geringeren Durchmesser als diejenigen am äußeren Ende auf, was sowohl die Montage als auch das Aus- und Einbauen vereinfacht: Weder am Antriebsrad noch am Längslenker braucht ein Eingriff vorgenommen zu werden.

Die Torsionsstäbe verlaufen in einem stabilen Querträger von kreisförmigem Querschnitt. Dieser bildet einen Bestandteil der Fahrgestell-Bodengruppe. In der Mitte dieses Querträgers ist ein Bauteil aus Eisen-Temperguß eingeschweißt, in dem sich eine Bohrung für die Torsionsstäbe befindet. An den Außenenden des Querträgers sind Montagewinkel (ebenfalls aus Eisen-Temperguß) angeschweißt, die zur Befestigung der Gummihülsen für die Torsionsstäbe dienen. Diese Gummihülsen begrenzen die Radbewegung, indem sie einen Anschlag für die Längslenker bilden, und dienen gleichzeitig als Befestigungspunkt für die Stoßdämpfer. Die Längslenker sind aus mehreren Einzelkomponenten zusammengesetzt und bestehen jeweils aus einem Preßstahlband, das an einem Ende an einem gestanzten Vorsprung angeschweißt ist, der zur Aufnahme des Torsionsstabes gezackt ist. Das Verfahren zum Anschweißen über das Stahlband ist in der Konstruktionszeichnung zur Hinterradaufhängung dargestellt und zeichnet sich durch seine billige und effiziente Bauweise aus.

Das andere Ende ist gabelförmig ausgeführt und führt in das Achsengehäuse, was das Auswechseln schadhafter Schwingarme vereinfacht. Es ist mit den Achsen-Haltewinkeln über drei Schrauben fest verbunden. Auf diese Weise können defekte Schwingarme ohne großen Aufwand ausgetaucht werden.

An den Enden des rohrförmigen Querträgers sind Abdeckungen aus Magnesium-Leichtguß angebracht, die die Ummantelung für die Torsionsstäbe bilden und zugleich die äußeren Gummihülsen tragen.

Der Torsionsstab-Schwingarm bzw. das Federbein befindet sich oberhalb des Radmittelpunktes. Diese Anordnung ist in dem von F. Porsche angemeldeten britischen Patent Nr. 544748 beschrieben und hat den Vorteil, daß Belastungen im Federbein minimal gehalten werden, was folglich eine leichte und billige Konstruktion gestattet.

Foto 29: Radaufhängung, rechtes Hinterrad

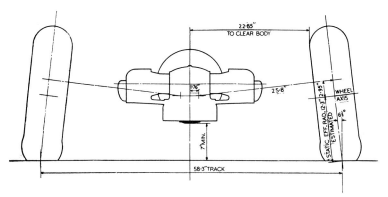

Abb. 19: Hinterradaufhängung bei minimaler Bodenfreiheit

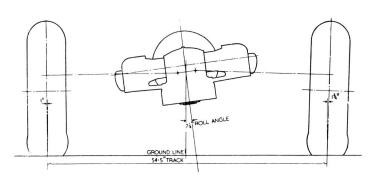

Abb. 20: Hinterradaufhängung bei maximalem Rollwinkel

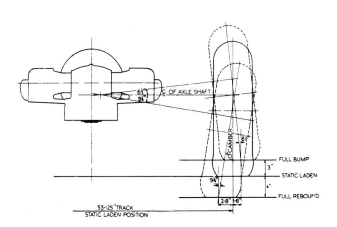

Abb. 21: Hinterradaufhängung: Radbewegungen

Es scheint jedoch, daß die verbesserte Bodenfreiheit durch die erhöhte Position des Torsionsstabes relativ zum Fahrzeug erzielt wird, das sich infolgedessen besser für Fahrten im Gelände eignet. Mit Ausnahme des Radnaben-Untersetzungsgetriebes wären - soweit sich dies zum gegenwärtigen Zeitpunkt beurteilen läßt - sämtliche Komponenten dieser Anordnung mit denen aus der ursprünglichen Konstruktion austauschbar.

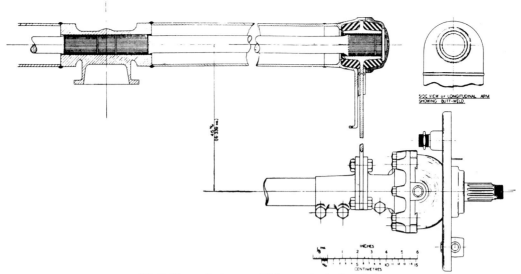

Abb. 23: Hinterradaufhängung: Wirkungsweise des Längslenkers

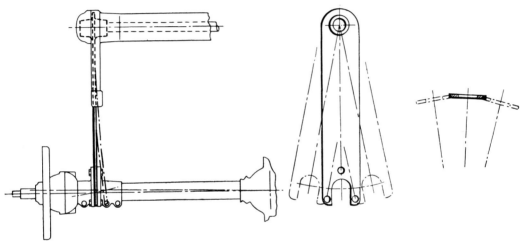

Abb. 22: Hinterradaufhängung rechts, Draufsicht

## HINTERRADAUFHÄNGUNG: TECHNISCHE DATEN

| *Gewichte* | | *Ungefederte Masse* |
|---|---|---|
| Hinterachswelle | 3,33 kg | 1,81 kg |
| Hinterachswellengehäuse, komplett | 12,76 kg | 11 kg |
| Baugruppe aus hinterer Radnabe und Bremse | 8,16 kg | 8,16 kg |
| Schwingarm | - | 0,78 kg |
| Rad | 5,78 kg | 5,78 kg |
| Reifen | 9,3 kg | 9,3 kg |
| Bremsträgerblech | 1,47 kg | 1,47 kg |
| Summe | | 38,3 kg pro Rad |
| | | 76,6 kg (beide Räder) |
| | | (169) |

**Gefederte Masse an den Hinterrädern (bei Beladung)**

724,84 kg - 76,6 kg = 648,24 kg = 324,12 kg pro Rad

**Schwingarm-Mittelpunkte:** 41,5 cm

**Drehstab**

Runder Querschnitt, Durchmesser 2,78 cm
Wirksame Länge: 45,72 cm
Federkonstante: 159,66 kg pro Zoll und Rad
Torsionsbeanspruchung: 20,2 Tonnen pro Quadratzoll

**Radbewegung**

Gesamt: 17,78 cm

Statische Beladung, bis zum vollen Einfedern: 7,62 cm
Statische Beladung, bis zum vollen Ausfedern: 10,16 cm

**Spurweite**

140,02 cm (4 Fuß, 7 $^1/_8$ Zoll) bei statischer Beladung

**Sturz**

0° bei statischer Beladung

**Bodenfreiheit**

Bei Reifen mit einem effektiven Radius von 31,24 cm:
 Niedrigster Punkt ist die Ablaßschraube am Ölsumpf des Motors
 Bodenfreiheit = 25,4 cm, bei statischer Beladung

# VORDERRADAUFHÄNGUNG UND LENKUNG
## (einschließlich Tachometerantrieb)

### Allgemeine Beschreibung

Das Fahrzeug ist vorn mit einzeln aufgehängten Rädern ausgestattet, eine Konstruktion, die man als „Längslenker-Einzelradaufhängung" bezeichnen kann. Die Radaufhängung besitzt eine Nachlauffunktion und sitzt auf einem genial konstruierten Drehstab, der aus vier zusammengefügten Metallbändern von rechteckigem Querschnitt besteht (anstelle des sonst üblichen runden Drehstabes). Hierdurch wird eine erhebliche Vergrößerung der wirksamen Länge und als Konsequenz daraus eine höhere Elastizität erzielt. Die Effizienz eines solchen Drehstabes ist zwar geringer als die eines runden Stabes von gleichem Gewicht (zur Erzielung derselben Effizienz müßte das Gewicht auf 170 Prozent erhöht werden), aber diese Anordnung ist dennoch sehr kompakt und billig in der Herstellung. Zwei Drehstäbe sind in übereinander liegenden Querrohren untergebracht, die an der Chassis-Bodenbaugruppe montiert sind. Jeder Stab ist in der Mitte am Rohr befestigt, und die an den Außenenden montierten Verbindungen dienen als Trägerelement für den Lenkkopf. Hierdurch entsteht eine Parallelführung, von der aus ausschließlich Torsionsbewegungen auf die Stäbe übertragen werden, wobei diese Bewegungen beim Ein- und Ausfedern durch Anschläge begrenzt werden, die am Montagewinkel des Querrohres angeordnet sind. Es werden herausnehmbare, einfachwirkende Hydraulikstoßdämpfer verwendet. Es sind keine Einstellmöglichkeiten für die Drehstäbe vorgesehen, die sich aufgrund der erstmaligen Beladung oder aufgrund von Materialermüdung verwinden können. Möglicherweise wurde auf derartige Einstellvorrichtungen verzichtet, weil die Drehstäbe nicht hoch belastet werden.

Obwohl es heißt, daß Dr. F. Porsche für die Konstruktion dieses Fahrzeugs mitverantwortlich war, unterscheidet sich die Vorderradaufhängung (die sich an den Prinzipien für das System der „Porsche"-Drehstabfederung orientiert) im Hinblick auf eben diesen Drehstab und auch auf die Verbindung zwischen den Schwingarmen und dem Lenkkopf. Anstelle von Kugelgelenken wird die übliche „Achsschenkelbolzen"-Lösung angewandt. Dies ist insofern erwähnenswert, als der Achsschenkelbolzen zweiteilig aufgebaut ist, wodurch der Abstand zwischen den Mittellinien des Achsschenkelbolzens sowie den Kreuzbuchsen des Traghebels ebenso groß sein kann wie er es bei Verwendung von Kugelgelenken wäre.

### EINZELHEITEN ZUR KONSTRUKTION
#### Vorderradaufhängung

Die Vorderradaufhängung einschließlich der Räder und Stoßdämpfer, der Lenkgetriebeeinheit und der Spurstangen kann als geschlossene Baugruppe ein- und ausgebaut werden. Diese ist mit vier Schrauben am Mittelträger der Bodenbaugruppe befestigt. Die Hauptstruktur, in denen sich die Drehstäbe befinden, besteht aus zwei parallelen Querrohren, die von vier äquidistant angeschweißten Streben aus Preßstahl auf Abstand gehalten werden. Die beiden mittleren Streben dienen als Befestigungselemente, während die beiden anderen (an den Enden) Anschläge aufweisen, die die Auf- und Abwärtsbewegungen des Rades begrenzen. Außerdem ist eine Verankerung für den Stoßdämpfer vorhanden.

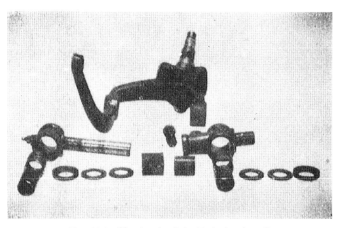

Foto 31: Lenkkopf, rechte Seite, Explosionsdarstellung

Die untereinander austauschbaren Drehstäbe sind in Einsätzen in der Mitte der Querrohre fixiert, die ihrerseits durch Einkerbungen im Rohr und in den Zentrierstiften verdrehgesichert sind (siehe Abb. 27). An den Außenenden sind die Verbindungselemente zur Radaufhängung (Stahl-Stanzteile) über Zentrierstifte und Vierkant-Hohlprofile mit den Drehstäben verbunden. Jedes Verbindungselement dreht sich in zwei Kunststoffhülsen. Diese werden im Querrohr geführt; ebenfalls vorhanden sind Abschmiervorrichtungen in Form von Schmiernippeln, die in die Rohre eingeschraubt sind. Gummidichtungen verhindern das Eindringen von Schmutz in diese Lager.

Foto 30: Vorderradeinheit

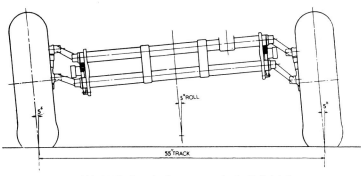

Abb. 24: Vorderradaufhängung, maximaler Rollwinkel

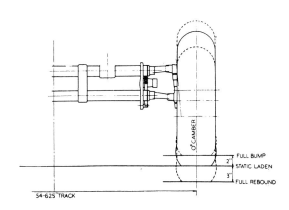

Abb. 25: Vorderradaufhängung: Radbewegung

## EINZELHEITEN ZUR KONSTRUKTION

### Lenkkopf

Zum Lenkkopf gehört ein Achsschenkelbolzen, der aus zwei Teilen aufgebaut ist. Hierbei handelt es sich um Stahl-Preßteile, die - bei eingebautem Achsschenkel - von Bundbolzen zusammengehalten werden (siehe Foto 31 und Abb. 26). Jede Hälfte des Achsschenkelbolzens besitzt kreuzförmige Bohrungen, in die Kunststoffhülsen und lose Gleitscheiben eingesetzt sind. Die komplette Achsschenkelbolzen-Baugruppe dreht sich in diesen Lagern und ist quer auf überstehenden Stiften aus gehärtetem Stahl montiert, die mit den Schwingarmen verbunden sind. Der Achsschenkelbolzen ist zum Ausgleichen von Verschleißerscheinungen auf den Gleitoberflächen justierbar, und zwar nach demselben Verfahren, das auch bei der Lenkgetriebehülse angewandt wird, nämlich über eine Schraubenliniennut mit geringer Steigung auf dem Außenumfang des Bolzens. Diese Nut greift in den Schwingarm und wird durch eine Klemmschraube zentriert. Wenn der Bolzen gedreht wird, bewirkt die Klemmschraube, daß er sich nur in Längsrichtung bewegen kann, wodurch das Spiel beseitigt wird. Die Achsschenkelbolzenlager bestehen aus Bronze, die darauf befindlichen Gleitscheiben aus Kunststoff. Die Schmierung erfolgt über einen einzigen Schmiernippel, der auf der oberen Hälfte des Achsschenkelbolzens sitzt und sowohl die kreuzförmig angeordneten Lager als auch die Achsschenkelbolzenlager und die Gleitscheiben mit Schmiermittel versorgt. Daraus ergibt sich die Notwendigkeit, die kreuzförmigen Bohrungen mit Stahlmanschetten auszustatten, die ringförmige Nuten (als Ölkanäle für die Achsschenkelbolzenlager) aufweisen.

### Achsschenkel

Bei den Achsschenkeln handelt es sich um Stahl-Stanzteile, die in ihrer Form denjenigen ähneln, die für „Reverse-Elliot"-Achsen verwendet werden. Sie sind insofern kompakt, als die Lenkarme integral geformt sind.

### Vordere Radnaben

Die vorderen Radnaben bestehen aus Eisen-Temperguß und bilden zusammen mit den Bremstrommeln ein einziges Bauelement. Erwähnenswert sind fünf Innengewinde in der Rückseite der Bremstrommel, die zur Montage der Räder dienen. Die Montage erfolgt durch fünf Radschrauben mit sphärisch geformten Sitzen unter dem Schraubenkopf; ein Zentrierzapfen ist nicht vorhanden. Es werden Schrägkugellager mit lose aufgebautem Innen- und Außenring verwendet, bei denen die Kugeln in einem Käfig geführt werden. Vorrichtungen zum Schmieren der Nabenlager sind nicht vorhanden. In Vertiefungen im Ende der Naben sind Nabendeckel eingebaut, die von einer Preßpassung gehalten werden.

### Tachowellenantrieb

Der Tachowellenantrieb sitzt im linken Achsschenkel. Er besteht aus zwei ungefähr rechtwinklig zueinander angeordneten Spindeln mit Schrägzahn-Kegelradantrieb.

Eine Spindel verläuft parallel zur Achsschenkelachse und wird vom Nabendeckel über einen Splint angetrieben, der in einen Spalt am Ende der Spindel ragt. Die andere Spindel ist vertikal und nahe dem Achsschenkelbolzen angeordnet, so daß sich die Tachowelle durch Lenkbewegungen der Räder nicht übermäßig verschiebt.

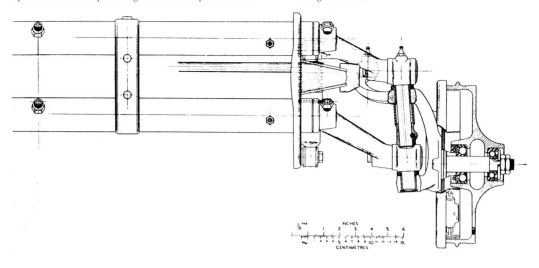

Abb. 26: Vorderradaufhängung links, Ansicht von vorn

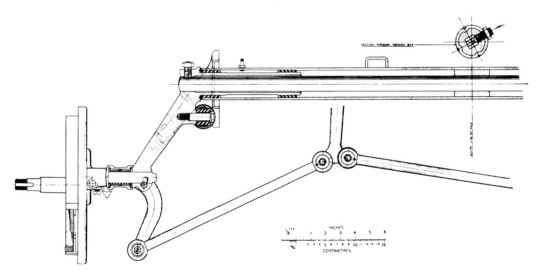

Abb. 27: Vorderradaufhängung links, Draufsicht

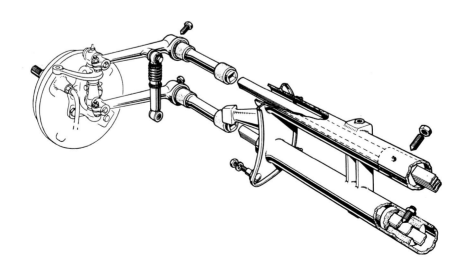

Abb. 28: Explosionszeichnung der Vorderradaufhängung

## VORDERRADAUFHÄNGUNG: TECHNISCHE DATEN

| *Gewichte* | | | *Ungefederte Masse* |
|---|---|---|---|
| Vordere Naben- und Achsschenkelbaugruppe | 11,31 kg | = | 11,31 kg |
| Oberer Traghebel | 2,01 kg | = | 0,77 kg |
| Unterer Traghebel | 1,94 kg | = | 0,73 kg |
| Spurstange (kurz) | 0,65 kg | | |
| Spurstange (lang) | 1,26 kg | = | 0,48 kg |
| Rad | 5,78 kg | | 5,78 kg |
| Reifen | 9,3 kg | | 9,3 kg |
| Bremsträgerblech | 1,47 kg | | 1,47 kg |
| | | Summe | 29,84 kg pro Rad |
| | | = | 59,68 kg (beide Räder) |

**Gefederte Masse an den Vorderrädern (bei Beladung)**

449,96 kg. - 59,68 kg = 390,28 kg = 195,14 kg pro Rad

**Radaufhängungs-Verbindungselement**

Mittelpunkte: 14,92 cm

**Drehstab**

Je einer der beiden Drehstäbe setzt sich aus vier Blattfedern zusammen.
Gesamte wirksame Länge: 93,98 cm (46,99 cm von der Fahrzeuglängsachse zum Traghebel)
Breite der Blattfedern: 1,86 cm
Tiefe der Blattfedern: 0,46 cm
Federkonstante: Insgesamt 58,97 kg pro Zoll und Rad
Neigung des Achsschenkelbolzens: 4°30'
Sturz: 0°
Nachlauf: 2°30'

Reifenversatz (bei einem effektiven Radius von 31,24 cm): 5,89 cm
Radbewegung (insgesamt): 12,7 cm
Radbewegung (statisch belastet, bis zum vollen Einfedern): 5,08 cm
Radbewegung (statisch belastet, bis zum vollen Ausfedern): 7,62 cm
Spurweite: 138,75 cm (4 Fuß, 6 $^5/_8$ Zoll)

**Achsschenkelbolzenlager**

Durchmesser: 20 mm (0,79 Zoll)
Länge: 22 mm (0,87 Zoll)
Lagerabstand (Mittelpunkte): 5,2 Zoll

**Radaufhängungs-Traghebellager**

Kleiner Traghebel: Durchmesser 18 mm (0,71 Zoll), Länge 33,5 mm (1,32 Zoll)
Kleiner Traghebel: Durchmesser 37 mm (1,45 Zoll), Länge 32 mm (1,26 Zoll)

## RADAUFHÄNGUNG: MATERIALDATEN

| *Bauelement* | *Mn* | *Cr* | *Ni* | *Mo* | *Härte* |
|---|---|---|---|---|---|
| Drehstab der Vorderradaufhängung | Mehr als 1,0% | Mehr als 1,0% | - | Spuren | Brinell 415 |
| Drehstab der Hinterradaufhängung | dto. | dto. | dto. | Mehr als 1,0% | dto. |

# STOSSDÄMPFER

## STOSSDÄMPFER VORN

Die vorderen Stoßdämpfer (je einer pro Rad) sind zwischen dem oberen Traghebel der Radaufhängung und der äußeren Strebe des Fahrgestell-Querträgers eingebaut. Die Verankerung besteht aus Gummihülsen mit eingebetteten Stahlbüchsen.

### Aufbau

Allgemein ist der Stoßdämpfer als direkt wirkender oder Teleskopstoßdämpfer aufgebaut, wie in den Längsschnittzeichnungen in Abb. 30 dargestellt.

Er besteht aus einem am unteren Ende geschlossenen Stahlzylinder, einem im Zylinder beweglichen Kolben mit einem schwach federbelasteten Ventil ohne Rückstellmechanismus, das bei der Aufwärtsbewegung des Kolbens öffnet, sowie einem stärker federbelasteten Ventil, das bei der Abwärtsbewegung des Kolbens öffnet.

Foto 32: Stoßdämpfer vorn, Außenansicht

Am oberen Ende des Zylinders ist ein verformbarer Gummifaltenbalg montiert, der mit dem Zylinder in ungehinderter Wechselwirkung steht und zur Aufnahme der Betriebsflüssigkeit (bei einem Druck von etwa einer Atmosphäre) dient.

Im Kolben, der aus Aluminium-Leichtguß besteht, befinden sich die beiden einzigen Ventile, die in der ganzen Konstruktion enthalten sind. Das Hauptüberdruckventil ist ein einfacher Stahlkegel, der jedoch auf ungewöhnliche Weise federbelastet ist, wie die Längsschnittdarstellung zeigt:

Die Ventilfeder (eine Schraubenfeder) ist nicht konzentrisch mit dem Ventil angeordnet, und nur die Außenseite der am unteren

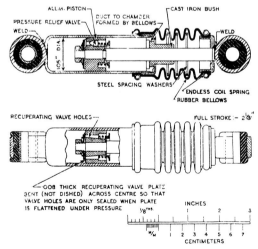

Abb. 30: Stoßdämpfer vorn, Längsschnitt

Ende eingebauten Feder drückt auf das Ventil. Vermutlich sollen damit eine Feder von größerem Durchmesser und kleinerer Federkonstante realisiert und die Widerstandszunahme mit steigender Geschwindigkeit auf einen möglichst niedrigen Wert begrenzt werden. Das Rückstromventil besitzt einen geringen Strömungswiderstand und besteht aus einer Stahlscheibe, die von

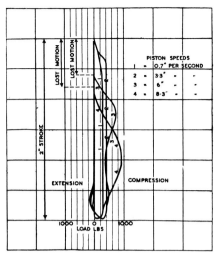

Abb. 29: Stoßdämpfer vorn, Arbeitsdiagramm

einer Schraubenfeder sehr lose in ihrem Sitz gehalten wird.

Die gußeiserne Kolbenstangenführung ist durch eine Stahlkappe fixiert, die als Preßpassung ausgeführt ist und am oberen Zylinderende sitzt. Die Fixieraugen sind angeschweißt, eines am unteren Zylinderende, das andere an der Kolbenstange.

Die Kombination aus Zylinder und Gummifaltenbalg ist geschützt durch das Britische Patent Nr. 495621 der Firma Fichtel & Sachs Aktiengesellschaft.

Das Flüssigkeits-Fassungsvermögen des Stoßdämpfers ist äußerst gering. Zwar war es nicht möglich, Tests an der verwendeten Flüssigkeit durchzuführen, aber es handelt sich anscheinend um ein mineralisches Leichtöl, sehr ähnlich Luvax PF94. Aufgefüllt werden kann es nur nach Entfernen der Faltenbälge von der Kolbenstange.

### Arbeitsweise

Der einfachwirkende Stoßdämpfer ist insofern ungewöhnlich, als der Hauptwiderstands-Hubweg zwischen dem Kompressions- bzw. Expansionspunkt auf der Strecke zwischen den Fixieraugen verläuft. Der Kompression der Feder wirkt kein Widerstand entgegen.

Die Komponente ist bis zum oberen Ende des Zylinders gefüllt, während dieser in voll ausgefederter Position gehalten wird. Beim Zusammenziehen des Stoßdämpfers tritt die Kolbenstange in den Zylinder ein, wobei das Öl ungehindert verdrängt wird und durch zwei große Kanäle in der Kolbenstangenführung in den Gummifaltenbalg strömt. Es sei besonders auf die in Abb. 30 skizzierte Rückstromventilplatte hingewiesen, die so gebogen ist, daß sie bei sehr geringen Kolbengeschwindigkeiten eine Auslaßöffnung für das Öl bildet. Wenn der Druck in der Arbeitskammer steigt, wird die Platte zusammengedrückt und die Größe der Auslaßöffnung verringert, bis schließlich das gesamte Öl durch das Überdruckventil strömen muß.

### Ergebnisse

Das Arbeitsdiagramm in Abb. 29 zeigt den Widerstand für unterschiedliche Kolbengeschwindigkeiten und veranschaulicht die Tatsache, daß das Öl bei höheren Geschwindigkeiten nicht schnell genug in die Hauptwiderstandskammer strömt und sich bei Kolbengeschwindigkeiten von 6 Zoll pro Sekunde Spiel einstellt. Dieses Spiel beträgt ungefähr 30% des gesamten Hubweges.

# STOSSDÄMPFER HINTEN - BOGEELASTIC

Für die hintere Radaufhängung werden kolbenbestückte, doppeltwirkende Hydraulikstoßdämpfer verwendet. Das Stoßdämpfergehäuse besitzt Bohrungen zur Aufnahme von zwei Kolben, von denen sich jeweils einer an den Enden eines mitten zwischen ihnen angeordneten Hebels befindet. Der Hebel dreht sich mit einer Welle, die einen weiteren (externen) Hebel besitzt. Eine Vertikalbewegung der Hinterachse relativ zum Fahrgestell bewirkt, daß sich der externe Hebel auf einem Kreisbogen bewegt und dabei die Welle und den internen Hebel mitnimmt. Letzterer drückt einen Kolben in Richtung auf eines der Zylinderenden und zieht zugleich den anderen Kolben vom entgegengesetzten Zylinderende zurück. Da beide Zylinderenden verschlossen sind, baut sich an einem Ende hoher Öldruck auf, während am anderen Ende ein Druckabfall eintritt. Über ein Rückstromventil ohne Rückstellmechanismus, das sich im Kolbenkopf befindet, kann Öl aus einem Ölvorratsraum zum Niederdruckende strömen, so daß ein Druckausgleich eintritt. Auf diese Weise wirkt der Öldruck im Kolbenkopf der Hebelarmbewegung entgegen. Zur (zeitlichen) Verteilung der auftretenden Stoßbelastungen ist ein Kapillarkanal vorgesehen, der von den Zylinderenden zum Ölvorratsraum verläuft und die Geschwindigkeit herabsetzt, mit der sich der Druck aufbauen kann. Schließlich sind Überdruckventile eingebaut, die den erreichten Druck begrenzen und so den vom Stoßdämpfer erzeugten Widerstand regeln.

Wenn der Hebelarm in entgegengesetzter Richtung ausgelenkt wird, kehren sich die Funktionen der beiden Kolben um. Wie bei Stoßdämpfern aus deutscher Fertigung häufig üblich, sind diese Bauelemente so ausgelegt, daß sie in Richtung der ersten Stoßbelastung einen geringen Widerstand erzeugen, in entgegengesetzter Richtung jedoch einen hohen Widerstand, mit dem die in den Federn gespeicherte Energie abgebaut wird.

## Einzelheiten zur Konstruktion

Die Bauteile des Stoßdämpfers sind in Foto 33 zu erkennen.

Beide Kolben sind als integrales Gußteil aufgebaut, das an den Enden zylindrisch geschliffen ist. Für eine gewisse Durchlässigkeit sorgen Nuten, die in den geschliffenen Bereichen in Längsrichtung eingefräst sind. Im mittleren Bereich des Gußteils befindet sich eine Ausnehmung für den internen Hebel. Dieser wird zwischen Stahleinsätzen gehalten, die in Bohrungen in den Innenseiten der Kolben angebracht sind. Einer dieser Stahleinsätze ist federbelastet, so daß ein eventuelles Spiel zwischen den Einsätzen und dem Kipphebel ausgeglichen werden kann. Auf diese Weise wird ein Schlagen bei Umkehrung der Hubrichtung verhindert.

Die Rückströmventile sind in die Außenoberflächen der Kolben geschraubt und nicht konzentrisch angeordnet. Sie bestehen aus einer federbelasteten Scheibe, die auf einer durch den Kolben verlaufenden Bohrung sitzt, so daß sie mit der Ausnehmung - d.h. mit dem Ölvorratsraum - in Wechselwirkung treten kann. Wenn der Druck im Zylinder fällt, drückt der Überdruck im Ölvorratsraum die Scheibe von der Bohrung weg, so daß Öl durch die Bohrung um die Scheibe herum in den Zylinder strömen kann.

Ein Druckanstieg im Zylinder bewirkt lediglich eine höhere Anpreßkraft der Scheibe gegen die Bohrung.

Hebelarm und Welle bestehen aus einem einzigen Gesenkschmiedeteil.

Die geschliffene Welle ist an einem Ende mit dem Gußgehäuse verbunden und am anderen Ende in einer gußeisernen Hülse mit Messinghebel befestigt. Ein Gummieinsatz dichtet das Lager am hebelarmseitigen Ende ab, während das andere En-

Foto 33: Stoßdämpfer hinten, Explosionsdarstellung

de von einer Stahlplatte und einer Faserdichtung abgedeckt wird. Der Hebelarm (Länge 19,4 cm) wird von einer selbstschneidenden Keilwellenverbindung auf der Welle gehalten.

Der Stoßdämpfer befindet sich in einem gußeisernen Gehäuse mit den Gesamtabmessungen 17,8 x 11,4 cm. Die Zylinder sind von einem Ende aus gebohrt; das gegenüberliegende Ende ist geschlossen. Das offene Ende wird durch eine schüsselförmige Scheibe und eine Gummiunterlegscheibe verschlossen, die von einer Abdeckung mit Sechskantabdeckung in ihrer Position gehalten werden. Oben im Gehäuse befindet sich eine Gewindebohrung zum Einfüllen und Nachfüllen von Öl. Diese ist normalerweise von einer Rundkopfschraube mit Faserscheibe verschlossen.

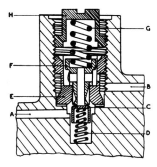

Abb. 31: Stoßdämpfer hinten, Ventil (Längsschnitt)

Die Zeichnung unten veranschaulicht den Aufbau der Überdruckventile. „A" und „B" sind Durchgangsbohrungen, die von den Enden des Gehäuses zum Ventilgehäuse verlaufen. Diese Bohrungen werden vor dem Bohren der Zylinder angefertigt, wobei am geschlossenen Ende eine Messingschraube als Dichtung eingebaut wird.

Das kappenförmige Bauelement „C" ist durch die Spiralfeder „D" belastet. Die Gleitflächen der Kappe sind geschlitzt, was eine ungehinderte Strömung des Öls in der unteren Ventilkammer ermöglicht. Die Kappe drückt gegen den Boden „F" des Ventils und verschließt, wenn sie sich in ihrer Normalposition befindet, die durch die Mitte des Ventils verlaufende Schraube „E". Das Ventilgehäuse ist in das Stoßdämpfergehäuse mit Hilfe von Schlitzen geschraubt, die in die Spitze gefräst sind, und wird durch eine Hartfaserscheibe abgedichtet. Das Ventil sitzt auf einem Gehäuseabsatz, so daß in seiner Normalposition Öl aus der unteren Kammer nur durch einen Kapillarkanal in Form von zwei in den Ventilsitz gefrästen Schlitzen strömen kann.

Zwei Bohrungen in den Ventilwänden ermöglichen es, daß das Öl von der Mitte des Ventils nach außen strömen kann. Durch drei Öffnungen im Ventilgehäuse kann Öl zwischen diesem Punkt und der Bohrung „B" zirkulieren. Das Ventil ist durch eine Feder „G" belastet, die am gegenüberliegenden Ende im Schraubdeckel fixiert ist. Die Position dieses Deckels ist über einen oben angeordneten Schlitz justierbar. Die ganze Anordnung sitzt schließlich unter einer Abdeckung mit Sechskantkopf.

Wenn der Druck in „A" zu steigen beginnt, strömt Öl durch die Ölkanäle in die obere Kammer, von dort durch die Bohrungen in „E" und schließlich aus „B" heraus zur anderen Seite des Stoßdämpfers. Übersteigt der Druck in „A" den vorgesehenen Höchstwert, ist der Druck auf der Unterseite von „C" groß genug, um die Kraft der Feder „G" zu kompensieren, so daß sich das Ventil „F" nach oben bewegt. Dadurch kann das Öl schnell das Ventil durchströmen, wodurch der Druck sinkt und jede weitere Erhöhung über den vorgesehenen Höchstwert verhindert wird. Wenn der Druck in „B" steigt, strömt zunächst Öl durch denselben Kanal wie bei „A", aber in umgekehrter Richtung. Außerdem strömt Öl zur Mitte des Ventils und drückt, wenn der vorgesehene Höchstdruck überschritten wird, die Kappe „C" entgegen der Kraft der Feder „D" vom Ventil weg, woraufhin es zu einem schnellen Druckausgleich kommt.

Die Ventilsteuerung ist einstellbar. Durch Verändern der in den Ventilsitz gefrästen Schlitze kann der Druckausgleich justiert werden, wodurch sich auch die Geschwindigkeit des Druckanstiegs ändert. Die Vorspannung der Feder „D" kann durch Verdrehen des Deckels „H" eingestellt werden. Mit der Deckelposition ändert sich auch der Öffnungsdruck für den Zylinder, mit dem der Deckel verbunden ist. Der Öffnungsdruck für den anderen Zylinder läßt sich nur durch Auswahl der Feder „D" verändern.

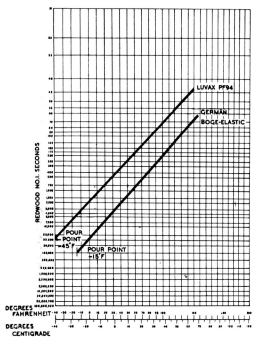

Abb. 32: Stoßdämpferventil hinten, Betriebsverhalten über der Temperatur

## Testergebnisse

Der Stoßdämpfer wurde auf einem Prüfstand zum Herstellen von Arbeitsdiagrammen getestet, der das Drehmoment (in Zoll · Pfund) als Funktion der Vertikalbewegung des Hebelarmes registriert. Die hier gezeigten Arbeitsdiagramme wurden bei Geschwindigkeiten von 20, 100, 180 und 250 Grad pro Sekunde aufgezeichnet. Aus ihnen ist ersichtlich, daß sich der Widerstand im wesentlichen bei der Abwärtsbewegung aufbaut. Bei der Standard-Testgeschwindigkeit von 100° pro Sekunde wird ein maximales Drehmoment von 1700 Zoll · Pfund erreicht, während das maximale Drehmoment in umgekehrter Richtung - unter Vernachlässigung der vom Prüfstand verursachten trägheitsbedingten Schwingungen - nur 250 Zoll · Pfund beträgt.

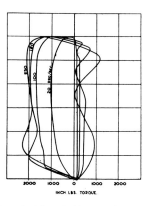

Abb. 33: Stoßdämpfer hinten, Arbeitsdiagramm

An einer Ölprobe wurden Viskositäts- und Pourpointmessungen durchgeführt, deren Ergebnisse aus dem beiliegenden Diagramm hervorgehen. Die Vergleichskurve wurde bei Messungen an einem Stoßdämpfer mit „Luvax"-Kolben ermittelt. Wie man sieht, besitzt das deutsche Öl eine höhere Viskosität als „Luvax", während der Pourpoint (Stockpunkt) nur -15°F (-26°C) beträgt, verglichen mit -47°F (-44°C) beim „Luvax"-Öl. Aufgrund dieser Eigenschaft ist der Stoßdämpfer unter kalten klimatischen Bedingungen nicht einsetzbar.

# LENKUNG

## Allgemeine Beschreibung

Die Lenkung ist nach dem Continental-Verfahren auf der linken Fahrzeugseite eingebaut. Das Lenkgetriebe besteht aus einem separaten Lenkgehäuse, das mit der inneren Säule am unteren Ende über eine Universalgelenkkupplung verbunden ist, die verhindert, daß Stöße von der Fahrbahn auf das Lenkrad übertragen werden. Das Lenkgehäuse ist starr am oberen Drehstab-Querrohr am vorderen Ende der Fahrgestell-Bodenbaugruppe festgeklemmt. Die Spurstange ist geteilt aufgebaut, so daß die Lenkung der Räder wie auch deren Aufhängung voneinander unabhängig sind. Vorrichtungen zum Einstellen der Spur sind vorhanden.

## Spurstangensystem

Die Kugelgelenke des Spurstangensystems sind so positioniert, daß die korrekte Geometrie während der Ein- und Ausfederbewegung des Rades aufrechterhalten wird. So bewegt sich beispielsweise das Rad auf einem Kreisbogen nach oben und unten, dessen Radius gleich dem Fahrwerks-Traghebel ist. Dies hat zur Folge, daß sich die (fest verbundenen) äußeren Kugelgelenke der Lenkung auf derselben Bahn bewegen. Die mit dem Lenkgehäusehebel verbundenen Kugelgelenke der inneren Spurstange sind relativ zu den äußeren Gelenken so positioniert, daß die Spurstangen eine Kegel bilden, dessen Scheitelpunkt sich am inneren Gelenk befinden. Somit wird die Richtungsstabilität der Lenkung präzise aufrechterhalten.

## Wendekreis

Der bei Übernahme des zu untersuchenden Fahrzeugs ermittelte Wendekreis betrug 9,27 Meter mit dem Lenkrad am rechten Anschlag und 11,17 Meter, wenn sich das Lenkrad am linken Anschlag befand. Der linke Vollausschlag war begrenzt durch den Anschlag am Lenkgehäuse, der rechte durch Schleifen des Reifens am Traghebel der Radaufhängung. Die ungleichen Anschläge waren zurückzuführen auf die Anordnung der Lenksäule in der Karosserie, die es notwendig machte, das Lenkgehäuse an einer unzweckmäßigen Stelle auf dem Querrohr des Fahrwerks zu positionieren. Dies wiederum hat zur Folge, daß sich der Schwenkhebel im Lenkgehäuse bei Geradeausfahrt nicht in der Mittelposition befindet. Da weder die Karosserie noch das Fahrgestell nennenswert beschädigt zu sein schienen, ist dies als Mangel in der Konstruktion zu betrachten, insbesondere angesichts des Fehlens jeglicher Vorrichtungen zum Positionieren des Lenkgehäuses auf dem Querrohr. Wie sich herausstellte, sind bei korrekter Positionierung des Lenkgehäuses beide Anschläge dadurch begrenzt, daß die Reifen an den Traghebeln der Radaufhängung schleifen. Bei den schmaleren Reifen, wie sie ursprünglich für den Volkswagen spezifiziert waren, bildeten die Anschläge im Lenkgehäuse die Begrenzungen, was ebenfalls keine gelungene Konstruktion darstellt, wenn man die Tatsache berücksichtigt, daß Druckbeanspruchungen bei Vollausschlägen der Lenkung über das Lenkgehäuse übertragen werden.

## Beschreibung des Lenkgehäuses

Das Lenkgehäuse enthält ein Spindellenkgetriebe (mit zwischenliegender Segmentmutter) und arbeitet nicht sehr effizient. Seine Eigenschaften in puncto Lenkverhältnis liefern bei Geradeausfahrt ein niedrigeres Übersetzungsverhältnis als beim Vollausschlag des Lenkrades. Die Konstruktion ist ungewöhnlich und wie folgt charakterisiert: Eine Lenkstange mit einem Gewinde, das einem Acme-Trapezgewinde ähnelt, wirkt auf eine Segmentmutter mit vier Gewindegängen und einem Eingriff, der etwa über ein Drittel des Umfangs reicht. Die Mutter weist eine Halbkugelform auf und greift in einen entsprechend geformten Sitz auf dem Lenkhebel. Sie hat die Funktion eines Zwischenstücks, das die Drehung der Lenkstange in eine Winkelauslenkung des Lenkhebels umsetzt, wobei sie sich in ihrem Sitz dreht, wenn die Lenkung hin und her bewegt wird. Somit bewegen sich Mutter und Gewinde relativ zueinander, wobei der Kontakt zwischen beiden Komponenten durch eine Feder aufrechterhalten und der Lenkhebel parallel zum Gewinde bewegt wird. Es wurde festgestellt, daß die Mutter aus ihrem Sitz verschoben wurde, was an diesem einen beträchtlichen ovalen Verschleiß verursachte. Dies ist möglicherweise auf eine nachlässige Justierung der Feder bei Auftreten des Spiels zurückzuführen; alternativ dazu kann auch der Federdruck zu gering gewesen sein, um die bei diesem Fahrzeug auftretenden Druckbeanspruchungen aufzufangen.

Die Konstruktion des Lenkgetriebes entspricht dem Prinzip, das im Patent Nr. 384195 beschrieben wird. Dieses Patent wurde 1931 an die Wanderer Motor Co. und F. Porsche erteilt. In den Ansprüchen gemäß diesem Patent heißt es, daß die Feder, die die Mutter gegen das Gewinde drückt, Stoßbelastungen vom Lenkrad fernhält.

## EINZELHEITEN ZUR KONSTRUKTION

### Lenkgehäuseeinheit

Diese Einheit besteht aus Eisen-Temperguß mit einem integral geformten Halbrund-Montageteil, dessen zugehörige Klammer ein Preßteil ist. Der Lenkhebel ist direkt im Gehäuse gelagert; am unteren Ende ist eine Öldichtung aus Gummi eingebaut.

Foto 34: Lenkungsbaugruppe, Explosionsdarstellung

Die Lenkstange läuft in gekapselten Schrägkugellagern, bei denen Verschleißerscheinungen nach einem bemerkenswerten Verfahren wie folgt ausgeglichen werden können: Eine Hülse, in deren Außenseite eine Schraubenliniennut mit geringer Steigung gefräst ist, ist in das Gehäuse eingebaut, wo sie durch eine Klemmschraube gehalten wird. Wird diese gelockert und die Hülse gedreht, so kann sie sich nur in Richtung der Klemmschraube bewegen, wodurch sich die Lagerschale verschiebt und das Spiel beseitigt wird. Die Lenkstange aus gehärtetem Stahl besitzt an einem Ende eine Fixiernut und am anderen eine feine Kerbverzahnung. Dies bildet die Vorrichtung zum Anbringen einer Gelenkkupplung, die in ähnlicher Weise mit der Lenksäule verbunden ist.

Als Lenkgehäusedeckel dient ein Bauteil aus Magnesium-Leichtguß, das eine Einstellvorrichtung für die Lenkhebelfeder sowie eine Öleinfüllöffnung besitzt.

### Lenksäule

Die innere Lenksäule ist rohrförmig aufgebaut, weist am unteren Ende einen Spalt für die Klemmverbindung des Gelenkkupplungsflansches auf und besitzt am oberen Ende ein angeschweißtes Adapterstück mit groben Kerbverzahnungen zur Montage des Lenkrades.

### Lenkrad

Das Dreispeichenlenkrad ist massiv, in Gemischtbauweise aufgebaut und mit einer schwarzen Kunststoffbeschichtung versehen. Die Lenkradnabe besteht aus einer Aluminiumlegierung und wird von Petrilenkrad in Augsburg hergestellt.

### Spurstange

Die Spurstangen sind rohrförmig aufgebaut und besitzen Kugelgelenke mit separaten Schmiernippeln. Als Verschluß für diese Lager dienen Dichtungsscheiben aus Synthesekautschuk. Die Kugelgelenkgehäuse bestehen aus Stanzteilen, die in Rohre eingebaut sind, wobei eine Preßkraft auf die Außenseite des Rohres ausgeübt wird, um eine feste Passung zu erzielen, bevor die Teile miteinander verschweißt werden. Die Spureinstellung erfolgt über die lange Spurstange, wobei das Kugelgelenk in ein Ende des Rohres geschraubt wird.

Die Konstruktion der Kugelgelenke konnte nicht ohne das Risiko analysiert werden, die durch einen Welch-Verschluß gebildete Dichtung zu beschädigen. Da die Spurstangen und die Kugelgelenke nach dem bereits beschriebenen Verfahren als ein Teil aufgebaut sind, muß die gesamte Spurstange ausge-

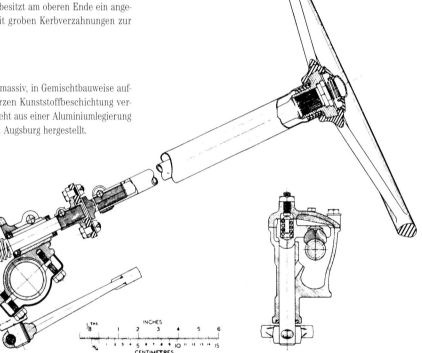

Abb. 34: Lenkgetriebe und Lenksäule, Schnittdarstellung

Die innere Lenksäule verläuft durch ein Rohr von geringem Querschnitt, das an beiden Enden - am Armaturenbrett und einer Schiene in der Karosserie - in Durchführungshülsen aus Gummi gelagert ist. Die Lenkradnabe ist in einer in das Rohr eingebauten Kunststoffhülse gelagert.

wechselt werden, wenn die Gelenke zu stark abgenutzt sind. Es war allerdings klar erkennbar, daß die Gelenke kugelförmige Sitze haben und die Kugelzapfen keilförmige Enden aufweisen, wobei die Gelenke an allen Hebeln angeformt sind. Zur Schmierung sind Schmiernippel vorhanden.

### TECHNISCHE DATEN ZUR LENKUNG

Gesamt-Untersetzungsverhältnis (Geradeausfahrt): 15,7:1
Gesamt-Untersetzungsverhältnis (voller Lenkradausschlag nach rechts): 13,9:1
Gesamt-Untersetzungsverhältnis (voller Lenkradausschlag nach links): 11,7:1
Lenkrad-Drehbereich (gesamt): 2,75 Umdrehungen
Lenkrad-Drehbereich (von Mittelstellung bis Vollausschlag rechts): 1,5 Umdrehungen
Lenkrad-Drehbereich (von Mittelstellung bis Vollausschlag links): 1,25 Umdrehungen
Wendekreis (voller Lenkradausschlag nach rechts): 9,27 m
Wendekreis (voller Lenkradausschlag nach links): 11,17 m

### Lenkhebel
Mittelpunkte: 3,5 cm
Schaftdurchmesser: 22 mm
Schaftlänge bis zum Lenkhebel: 12 cm

**Lenkstangengewinde**

Durchmesser oben: 27 mm
Durchmesser unten: 20 mm
Anzahl Gänge: 2
Steigung: 12,5 mm
Teilung: 6,25 mm

**Lenkrad**

Außendurchmesser: 40 cm
Kerbverzahnung: Außendurchmesser Welle 24 mm, Innendurchmesser Nabe 22 mm, 24 Kerbverzahnungen parallel

**Innere Lenksäule**

22 mm (Außendurchmesser) x 16 mm (Innendurchmesser), Länge ca. 93 cm

**Kugellager**

32 mm (Außendurchmesser) x 10 mm (Breite)
Typ F-47-05

**Äußeres Rohr**

40 mm (Außendurchmesser) x 1 mm (Dicke)
Spurstange (lang): Außendurchmesser 18 mm, Kugelgelenk-Mittelpunktabstand 79 cm
Spurstange (kurz): Außendurchmesser 16 mm, Kugelgelenk-Mittelpunktabstand 35 cm

# BREMSSYSTEM

Beim Bremssystem wirken sowohl die Fußbremse als auch die Handbremse auf alle vier Räder, wobei in beiden Fällen dasselbe Bremsseil verwendet wird. Das System ist jedoch so aufgebaut, daß Hand- und Fußbremse trotz Verwendung desselben Seilantriebs voneinander unabhängig betätigt werden können. Das Bremsseil des unkompensierten Systems verläuft in Führungsrohren und flexiblen Führungen. Es werden intern ausfahrende Zweibackenbremsen verwendet, bei deren Konstruktion offenbar besonderes Augenmerk auf möglichst niedrige Kosten gelegt wurde.

## BREMSBACKEN

### Allgemeine Beschreibung

Die Bremse ist mit zwei intern ausfahrenden Bremsbacken bestückt, die an den Spitzen über einen schwimmend aufgebauten Mechanismus angelenkt werden. Letzterer besteht aus einem Winkelhebel, der so angeordnet ist, daß die Antriebsseile im rechten Winkel zum Bremsträger stehen. Eine Einstellmöglichkeit zum Ausgleichen von Bremsbelagverschleiß befindet sich an den Bremsbackenspitzen, d.h. am Bremsbacken-Drehpunkt. Die Bremstrommeln bestehen aus Eisen-Temperguß.

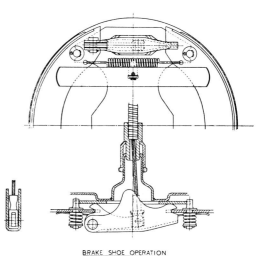

Abb. 35: Funktionsweise der Bremsbacke

Foto 35: Linke Bremsbackenbaugruppe

### Schwimmender Betrieb

Die Funktion dieses Systems ist in Abb. 35 skizziert. Es besteht aus einem Winkelhebel aus Stahl, der an einem Preßstahlgehäuse montiert ist und mit diesem eine in sich geschlossene Funktionseinheit bildet. Diese Funktionseinheit sitzt in Rasten, die in die Bremsbacken eingefräst sind, und wird durch die Bremsbacken-Rückholfedern gehalten.

Die ganze Anordnung ist „schwimmend" aufgebaut, d.h. so, daß sich die Bremskraft gleichmäßig auf beide Bremsbacken verteilt. Die Bremskraft wird über den Bremshebel zugeführt und ruft einen hohen Druck an den Angriffspunkten zwischen der Funktionseinheit und dem Bremsträger hervor. Durch das Reiben oder Scheuern beim Betätigen der Bremse entsteht ein hoher Reibungswiderstand, der die Effizienz der Bremse beeinträchtigt.

### Einstellvorrichtung

Der Einstellmechanismus befindet sich in einem Gehäuse, das aus einem Stahl-Stanzteil besteht, zugleich als Verankerung dient und am Bremsträger angeschweißt ist. Die Einstellung der Bremsbacken erfolgt über eine Sechskantschraube in einer Gewindehülse im Gehäuseinneren. Diese Hülse wird so geführt, daß sie sich nur axial bewegen kann, und ist durch einen Sicherungssplint gegen Verdrehen gesichert. Die Bewegung zum Einstellen des Bremsbackenabstands wird über Stempel aus gehärtetem Stahl, die in das Gehäuse eingebaut sind und über angefaste Enden in einen Vorsprung in der Hülse greifen, auf die Bremsbacken übertragen. Die Einstellschraube wird mit Hilfe von radialen Kerbverzahnungen in ihrer Position fixiert, die in entsprechende Kerbverzahnungen auf dem Bremsträger greifen und durch den von der Bremsbacken-Rückholfeder hervorgerufenen Federdruck in Kontakt gehalten werden.

### Bremsbeläge

Bremsbeläge auf Asbestbasis mit Kupferzusatz sind auf die als Preßteil hergestellten Bremsbacken aufgenietet.

### Bremstrommeln

Die Bremstrommeln bilden eine integrale Einheit mit den Naben und sind durch Rippen auf ihrem Außenumfang verstärkt. Als Spritzwasserschutz dient ein Wasserabweiser, der auf der Bremsträgeraußenseite aufgeklemmt ist.

### Sonstige Einzelheiten

Die Bremsträger sind Stahlpreßteile, wobei die vorderen und hinteren Bremsträger nicht untereinander austauschbar sind, was auf Unterschiede bei der Befestigung und verschiedene andere Details zurückzuführen ist. An die Bremsträger sind Verstärkungsplatten angeschweißt, die die nötige Festigkeit für die Befestigung der übrigen Komponenten, für die Belastungspunkte und für die Verankerungen liefern.

## BETÄTIGUNG DER BREMSEN

### Allgemeine Beschreibung und Konstruktion

Wie bereits erwähnt, wirkt das Bremspedal auf alle vier Räder. Die Betätigung der Bremsen erfolgt im wesentlichen über Seilzüge; das Bremssystem ist nicht kompensiert. Das Bremspedal ist Bestandteil einer Unterbaugruppe, die alle drei Pedale - also auch das Gas- und das Kupplungspedal - umfaßt, mit der Fahrgestell-Bodenbaugruppe verschraubt ist und eine stabile Verankerung darstellt. Das Pedal ist ein Stahlpreßteil und mit dem Schaft des Betätigungshebels verschraubt. Letzterer besteht aus einem Stahl-Stanzteil, das zugleich Schaft und Hebel umfaßt. Die Pedale der Pedalbaugruppe drehen sich in selbstschmierenden Hülsen, die gegenüber der Trittfläche versetzt sind. Das vordere Ende des Mittelträgers der Bodenbaugruppe ist offen und dient als Aufnahme für einen Bremskraftverteiler, an dem die vier Bremsseile befestigt sind. Die Zwingen der Kabelenden befinden sich in diesem Bremskraftverteiler, bei dem es sich um ein Stanzteil aus Stahl handelt, und sind am Ende eines Kanalelements angeschweißt. Dieser bildet das Kompressionselement, das vom Pedal betätigt wird, und ist am hinteren Befestigungspunkt geschlitzt, um eine unabhängige Betätigung der Handbremse zu ermöglichen. Das vordere Ende dieses Elements liegt auf einem Stahlblechstreifen auf, auf dem es sich beim Bremsen verschiebt. Der Bremskraftverteiler ist außerdem mit einer von der Handbremse kommenden Druckstange verbunden, und diese paßt genau in das Kanalelement, das sich in einem kugelförmigen Ende eines Hebels befindet, das in einer Bohrung am Ende der Stange gelagert ist. Die Stange ist außerdem geschlitzt, um eine unabhängige Betätigung der Handbremse zu ermöglichen.

Die Pedale werden nach Betätigen der Bremse von einer Wickelfeder, die sich am vorderen Ende des Mittelträgers befindet, in ihre Ausgangsposition zurückgeführt.

Die Bremsseile verlaufen gänzlich in geschlossenen Rohren und flexiblen Führungen; die starren Rohre sind am Mittelträger angeschweißt und dienen als Seilführung. Schmiervorrichtungen sind nicht vorhanden, und auch keine Möglichkeiten, eine Streckung der Seilzüge auszugleichen, abgesehen von einem kleinen Betrag auf dem Bremsträger im Widerlager der Seilführung. Letztere Einstellmöglichkeit scheint jedoch nur zum Ausgleich von Fertigungstoleranzen auszureichen. Aufgrund der Anordnung des Bremskraftverteilers unterscheiden sich die Längen der Seilzüge zu den Vorder- und Hinterradbremsen erheblich.

## HANDBREMSEINHEIT

### Allgemeine Beschreibung und Konstruktion

Die Handbremse ist horizontal angeordnet und zwischen Platten eingebaut, die oben auf dem Mittelträger angeschweißt sind, was eine stabile Montage gewährleistet. Der Handbremshebel ist ein abgekantetes Stahlpreßteil und dreht sich direkt um einen Zapfen aus gehärtetem Stahl. Er ist in der üblichen „Knarren"-Bauweise aufgebaut und mit einer verdeckt eingebauten Entriegelungsstange bestückt. Die gesamte Einheit bildet eine unabhängige und billig zu produzierende Baugruppe: Wie eine eingehendere Untersuchung zeigte, wurde die Sperrklinke aus dem Preßteil der Knarre hergestellt - ein einfaches Verfahren, um diese Einheit gleichzeitig möglichst billig und leicht herzustellen.

## BEDIENUNGSELEMENTE

### Brems-, Kupplungs- und Gaspedalbaugruppe

Diese Baugruppe besteht aus einem Gehäuse, das aus einem Stahl-Stanzteil sowie zusammengeschweißten Rohren hergestellt ist. Das Stanzteil dient als Trägerelement für das Gaspedal, das einen eigenen Drehpunkt besitzt, und zugleich als Montageplatte, die mit dem Fahrgestell verbunden ist. Brems- und Kupplungspedal sind an Wellen montiert, die in selbstschmierenden Lagern sitzen, und es wurde festgestellt, daß die Welle des Kupplungspedals innerhalb der Bremspedalwelle angeordnet ist. Dies wird grundsätzlich als ungünstige Lösung angesehen, da hierbei die Möglichkeit besteht, daß sich eine Welle in der anderen verklemmen kann. Angemerkt sei auch, daß das Bremspedal nicht sonderlich zufriedenstellend arbeitete, weil sich in der Welle Schmutz angesammelt hatte.

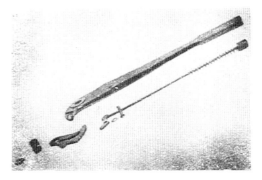

Foto 36: Handbremse, Explosionsdarstellung

Das Gaspedal besteht aus einem flachen Stahlpreßteil und lenkt eine Walze aus einem Kunststoffmaterial an. Dieses Pedal ist mit dem Vergaser über eine Stahlsaite verbunden, die in einem Stahlrohr im Inneren des Mittelträgers zum Motor verläuft.

Ähnlich ist die Drosselklappenbetätigung aufgebaut; diese wird jedoch von Hand über einen Knopf betätigt, der sich oben auf dem Mittelträger befindet.

Die Kupplung wird über einen mehrkardeeligen Seilzug betätigt, der das Pedal direkt mit dem Kupplungs-Antriebshebel im Heck verbindet. Der Seilzug ist einstellbar und verläuft in einem Rohr, das ebenfalls im Mittelträger verlegt ist.

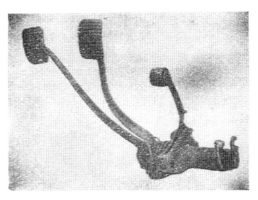

Foto 37: Pedalbaugruppe

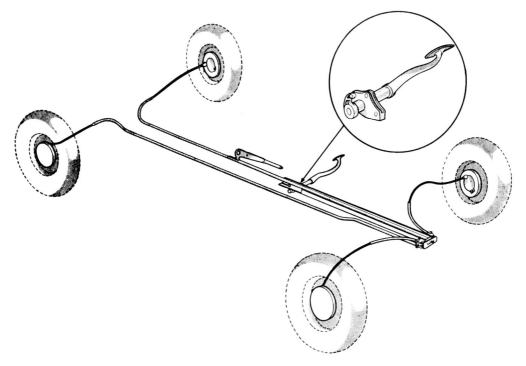

Abb. 36: Betätigung von Fuß- und Handbremse

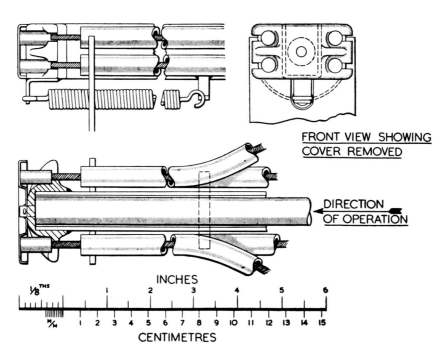

Abb. 37: Bremskraftverteiler

Winkelhebelarmverhältnis der schwimmenden Bremsbacken: 50 mm/40 mm = 3,57:1
Pedal-Hebelarm (zum Winkelhebel): 215 mm/25 mm = 8,6:1
Pedal-Hebelarm (zur Bremsbackenspitze), insgesamt: 30,7:1
Bremskraftverteilung: 50% vorn und 50% hinten
Handbremshebel (zum Kniehebel): 305 mm/41 mm = 7,43
Handbrems-Hebelarm (zur Bremsbackenspitze) = 26,5:1
Bremstrommel (Innendurchmesser): 22,9 cm

Bremsbelag (Breite): 2,9 cm
Bremsbelag (effektiver Kontaktwinkel): 116° pro Bremsbacke
Bremsbelag (effektive Kontaktfläche): 543 cm$^2$ insgesamt
Beladung pro Quadratzentimeter Bremsbelagfläche: 2,2 kg
Querschnitt des (mehrkardeeligen) Bremsseils: 3,5 mm
Gewicht der Handbremseinheit: 0,5 kg
Gewicht der Baugruppe aus Brems-, Kupplungs- und Gaspedal: 2,4 kg

# RÄDER UND REIFEN

## RÄDER
Größe: 4,25 x 12

## Typ
Flachbettfelge, bestehend aus zwei Preßteilen. Die Radnabe ist integraler Bestandteil einer Felgenhälfte. Die andere Felgenhälfte hat die Form eines mit der oberen Peripherie der Radnabe verschraubten Flansches.

## Nabenbefestigung
Fünf Stehbolzen in konventioneller Continental-Ausführung

## Gewicht
5,77 kg

## REIFEN

### Allgemeine Beschreibung
Bei dem verwendeten Reifen handelt es sich anscheinend um einen Glattprofil-Flugzeugreifen, wie er in deutschen Datenbüchern aufgelistet ist. Die Verwendung dieses Reifens für ein Radfahrzeug gründet sich vermutlich auf Überlegungen, eine gute Traktion auf sandigem Untergrund zu erzielen. Unter solchen Betriebsbedingungen dürften diese Reifen auch recht zufriedenstellende Leistungen liefern. Die Haltbarkeit des Profils dürfte bei gleichmäßig wechselnden Straßenverhältnissen sehr gering sein. Keiner der Reifen scheint sonderlich abgenutzt zu sein, und keiner ist ungleichmäßig abgefahren. Das Reserverad war unbenutzt.

### Aufbau
Der Reifen ist eine gewöhnliche pneumatische Ausführung und weist keine Eigenschaften auf, die ihn kugelsicher machen. Der Schlauch ist konventionell aufgebaut und besitzt ein Ventil mit Gummiabdeckung, das nur umgebogen ist, so daß es in das Rad paßt. Profil und Seitenwände der Reifendecke bestehen aus Synthesekautschuk.

### Nennmaßbeschriftung
690 x 200 (8,00 - 12)

### Hersteller
Continental

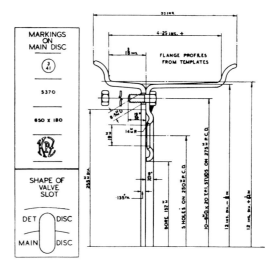

Abb. 38: Radquerschnitt

### Seitenwandbeschriftung
45415482 B.S. PF1. Al.

### Abmessungen im aufgepumpten Zustand
Gesamtdurchmesser: 67 cm
Gesamtbreite: 17,8 cm
Typischer Reifendruck (geschätzt): 2 bar vorn; 2,8 bar hinten
Effektiver Radius (gemessen): 31,2 cm (statischer Zustand, mit Beladung)

### Profil
Glattprofil

### Gewichte
Reifendecke 9,3 kg, Schlauch 1,5 kg

### Felgengröße
Felgenbreite: 10,8 cm, Felgendurchm. 30,5 cm

## SCHMIERSYSTEM

Das Schmiersystem wird manuell bedient und ist über Schmiernippel in üblicher Bauform zugänglich. Es ist so ausgelegt, daß möglichst wenig Schmiernippel vorhanden sind. In einigen Fällen sind Schmierpunkte auch dort angeordnet, wo Hülsen aus Kunststoffmaterial bestehen. Das Bordwerkzeug (zu dem auch eine Fettpresse gehört) fehlte, so daß der Pressentyp nicht bekannt ist. Die Ölfüllmengen der verschiedenen Einheiten sowie die Sorten der zum Auffüllen dieser Einheiten verwendeten Ölsorten lauten wie folgt:

Motor-Ölsumpf: 2,1 Liter
Motor-Ölbadluftfilter: 0,14 Liter
Getriebe und Hinterachse: 4,5 Liter Triple Shell (Heavy-Duty-Öl)
Hinterachs-Untersetzungsgetriebe: Je 0,14 Liter Shell Spirax-Getriebeöl
Lenkgetriebe: 0,19 Liter Shell Spirax-Getriebeöl

# KAROSSERIE: EINZELHEITEN ZUR KONSTRUKTION

Das untersuchte Fahrzeug ist mit der Karosserie eines offenen Tourenwagens bestückt, die fast ausschließlich aus Flachstahlblechen mit einer Stärke von ca. SWG 20 (0,9 mm) und Rippen zur Festigkeitserhöhung hergestellt ist.

Die Karosserie besitzt ein Faltverdeck aus Textilgewebe. Ebenfalls vorhanden sind abnehmbare Verdeck-Seitenteile mit herkömmlichen Zelluloidfenstern. Der Verdeckrahmen besteht aus Stahlrohren; das Faltverdeck ist an der Karosserie mit Gurten befestigt. Diese laufen durch Ösen, die an der Karosserie angeschweißt sind.

Es sind Sitzplätze für drei Insassen vorhanden, zwei davon vorn, der dritte hinten links. Die Rahmen der Sitze bestehen aus Stahlrohr und weisen vorn die Form von „Schalensitzen" auf, die mit Sprungfedern als Polsterung ausgestattet sind. Die Sitze sind mit Wattierstoff bezogen, der zwischen Sackleinen auf der Innenseite und Duckgewebe (grobem Baumwollgewebe in Leinwandbindung) eingenäht ist. Der Stahlrohr-Querträger ganz oben im Verdeck dient zugleich als Karosserie-Querverstrebung zwischen der B- und der C-Säule.

Wo sich normalerweise der hintere rechte Rücksitz befindet, besitzt das Fahrzeug einen Stahlblech-Gepäckraum, der durch Öffnen der hinteren rechten Tür zugänglich ist. Diese Tür ist mit einer Gummidichtung versehen, die das Eindringen von Wasser und Sand verhindert. Hinter diesem Gepäckraum und dem linken Rücksitz befindet sich ein weiterer Gepäckraum, der oben durch eine Klappe verschlossen ist. Diese Klappe weist exakt dieselbe Größe und Form wie die Motorraumklappe auf und unterscheidet sich von dieser lediglich dadurch, daß sie vorn eine kleine Verlängerung besitzt, die als Abtropfkante dient. Oben auf dieser Klappe befinden sich filzbezogene Kästen, die vermutlich zur Unterbringung von Batterien für Funkgeräte dienen. Wenn diese Kästen mit Batterien bestückt sind, ist es unmöglich, diese Klappe zu öffnen.

Die Windschutzscheibe kann nach vorn geklappt und in eine fast horizontale Position gebracht werden; Federclips (mit Gummieinsätzen), die die Windschutzscheibe in herabgeklappter Position halten, befinden sich auf der vorderen Klappe.

Das Reserverad ist ebenfalls auf der vorderen Klappe angebracht, die zu diesem Zweck entsprechend verstärkt ist, und bei der eine Säule mit Halbrohrquerschnitt vom Armaturenbrett bis zur äußersten Spitze des Fahrzeugs verläuft. In dieser - am armaturenbrettseitigen Ende offenen - Säule können Werkzeuge oder verschiedene andere Gegenstände untergebracht werden.

Die Türen und Schlösser sind so ausgelegt, daß alle vier (an der Mittelsäule aufgehängten) Türen untereinander austauschbar sind; lediglich die rechte hintere Tür ist mit zusätzlichen Elementen zum Einbau von Gummidichtungen für den bereits erwähnten Gepäckraum ausgestattet.

Der Motorraum im Fahrzeugheck ist von der eigentlichen Karosserie durch eine Metallwand abgeteilt, die durch Rippen und Verstärkungselemente mit V-Querschnitt versteift ist. Die Motorraumklappe ist über ein Stangenscharnier angeschlagen und mit einer Arretierung versehen, die die Klappe in geöffneter Position hält. An den Wänden im Motorraum befinden sich Halterungen für Werkzeuge, Reserveöl, Dosen und ähnliches. Durch den offenen Boden ragt der Motor. An der Verbindungslinie zwischen Motorraum und Bodenbaugruppe befindet sich der in den Abbildungen 39 und 40 skizzierte Gummistreifen.

Am hinteren Ende der Karosserie befinden sich Schlitze, über die Kühlluft in den Motorraum strömen kann.

Wie bereits erwähnt, sind - abgesehen von den Sitzen und den Batteriekästen - keine Polsterungen oder Innenverkleidungen vorhanden. Die Karosserie ist innen und außen mit demselben Lack beschichtet.

## BODENBAUGRUPPE: EINZELHEITEN ZUR KONSTRUKTION

Die Bodenbaugruppe ist so ausgelegt, daß - wo immer möglich - Metallbleche verwendet werden können.

Der zentrale Teil der Bodenbaugruppe besteht aus etwa 1,2 mm dickem und (zur Erhöhung der Festigkeit) geripptem Metallblech. Entlang einer gedachten Längsachse verläuft ein Mittelträger mit Halbrohrquerschnitt, der aus etwa 2,5 mm dickem Blech besteht. An diesem Mittelträger sind vorn die rohrförmigen Drehstabgehäuse montiert; hinten läuft er in Form von zwei „Gabelzinken" aus, die zur Aufnahme des Motors dienen.

Oben auf dem Mittelträger ist der Handbremshebel montiert, der in der Stellung „Handbremse gelöst" waagerecht liegt. Auf seiner Unterseite ist der Mittelträger durch eine punktgeschweißte, gerippte Platte verschlossen.

Die Pedale sind seitlich am Mittelträger montiert. Ihre gekröpften Hebel reichen so weit nach links, daß die Trittflächen vom Fahrer bequem zu erreichen sind.

Die Karosseriestruktur ist mit der Bodenbaugruppe verschraubt; zwischen beiden befindet sich ein durchgehender Isolierstreifen aus Gummi.

Die wichtigsten äußeren Verbindungen zwischen diesen beiden Baugruppen sind als Bördelverbindungen ausgeführt. Ansonsten kommen überall Punktschweißverbindungen zur Anwendung, die gelegentlich durch Gasschweißungen oder Nieten verstärkt sind, wenn entweder die Verbindungsstellen für die Schweißzange schwer zugänglich oder eine erhöhte Stabilität erforderlich ist.

Der Kraftstofftank ist auf der rechten Seite des Armaturenbretts aufgehängt und besteht aus Stahlblechen, die durch Rollpunktschweißungen miteinander verbunden sind. Undichtigkeiten in den Verbindungen wurden mit Lot aufgefüllt.

Das Fahrzeug wurde an verschiedenen Stellen repariert (beispielsweise waren drei Türscharniere und der Handbremshebel gebrochen). Die Reparaturen wurden in Form von Gasschweißungen ausgeführt.

Zudem wurde eine Aussparung zur Aufnahme der Pedale in den Mittelträger geschnitten und anschließend nicht wieder verschlossen.

Das Bodenblech ist mit einer Holzstabplattform ausgelegt.

Rund 45 kg Sand wurden im Fahrzeuginneren gefunden. Ein Teil davon hatte sich in den Hohlräumen der Kastenholme angesammelt.

Als Abdeckung für die vorderen Drehstäbe, das Lenkgetriebe usw. dient ein Schutzblech aus Stahl, das in den Illustrationen der Deutlichkeit halber nicht abgebildet ist.

Die hintere Sitzauflage des untersuchten Fahrzeugs fehlte.

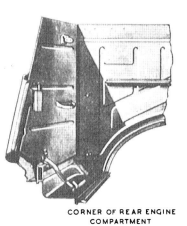

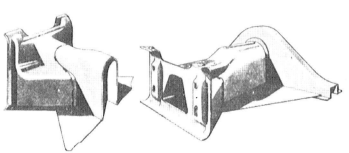
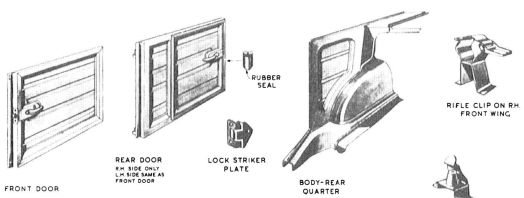
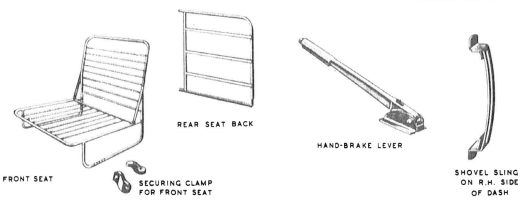

Abb. 39: Karosseriekomponenten

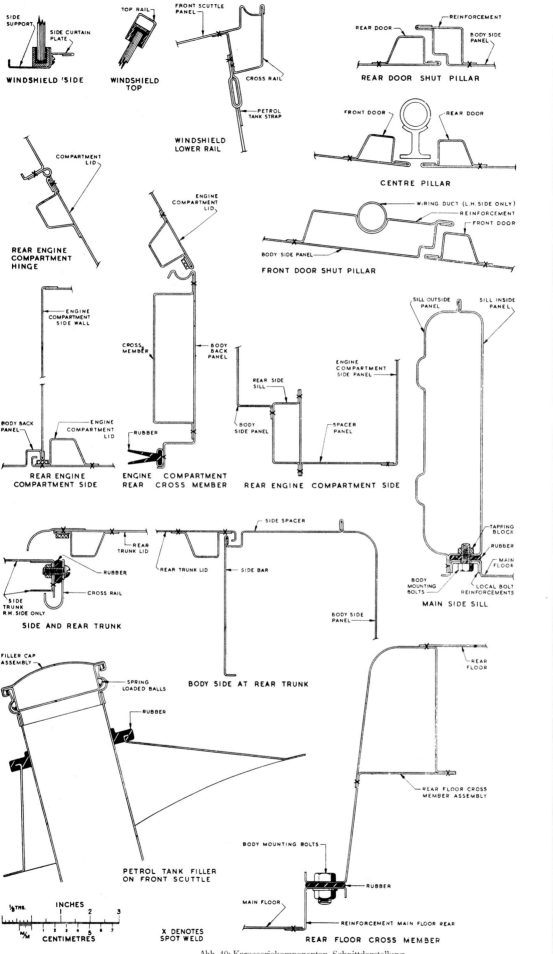

Abb. 40: Karosseriekomponenten, Schnittdarstellung

# ALLGEMEINE TECHNISCHE DATEN

**Gewicht der Karosserie: 228 kg**

Hierzu zählen: Verkabelung, Scheinwerfer (jedoch nicht die Seitenleuchten), Faltverdeck, Fahrtrichtungsanzeiger an der Windschutzscheibe, Bodenblech (hinter dem „Fußstützen-Absatz"), Lenkrad und Lenkgehäuse.

**Gewicht der Bodenbaugruppe: 89 kg**

Hierzu zählen: Hauptbodenblech mit Pedalbaugruppe, Ganghebel, Handbremshebel (mit den Steuerseilen, die durch den Mittelträger geführt sind) und das Rohr für die hinteren Drehstäbe.

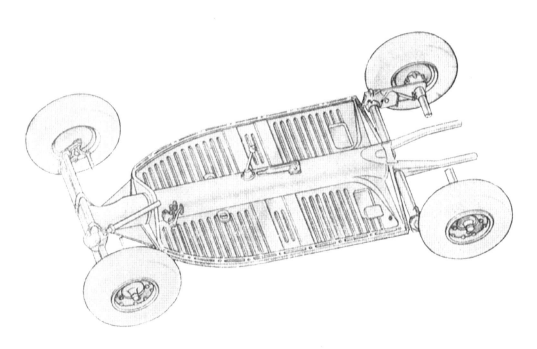

Abb. 41: Fahrgestell-Bodenbaugruppe, Blick von oben

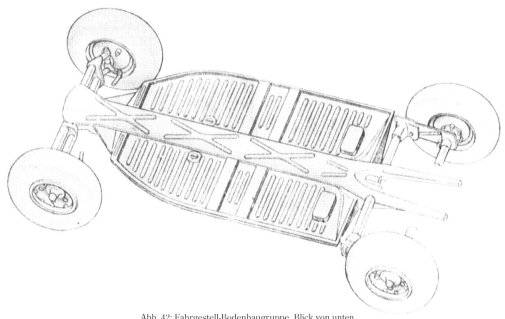

Abb. 42: Fahrgestell-Bodenbaugruppe, Blick von unten

# ELEKTRISCHE AUSRÜSTUNG

## ZÜNDANLAGE

Die Zündanlage besteht aus einem Bosch-Verteiler, Typ VE4BS276, einer Bosch-Zündspule, Typ TL6, und einem normalen gummiummantelten Zündkabel, das zündkerzenseitig mit Entstörgliedern ausgestattet ist.

### Verteiler, Typ VE4BS276

Beim Verteiler handelt es sich um eine Ausführung für Vierzylindermotoren, die über einen einzigen Unterbrecherkontakt und einen Fliehkraftregler zur Zündzeitpunktverstellung verfügt.

Das gußeiserne Verteilergehäuse hat einen Durchmesser von 6,5 cm. Die Verteilerwelle dreht sich direkt - d.h. ohne Lagerhülsen - in diesem gußeisernen Bauteil. Vorrichtungen zur Schmierung der gleitenden Oberflächen sind nicht vorhanden; hierfür genügt vermutlich die Spritzschmierung vom Motor. Oben in der Verteilerwelle befindet sich ein Ölrückführgewinde, das ein Eindringen von Öl in das Verteilergehäuse verhindert; die Wellenlagerung ist in der Mitte um ca. 1,6 cm abgedreht. Wie die Erfahrung gezeigt hat, neigen gußeiserne Verteilergehäuse leicht zum Festfressen, sofern sie nicht gezielt geschmiert werden. Daher erscheint es wahrscheinlich, daß es im Betrieb zu diesbezüglichen Problemen kommt.

Der Mechanismus zur automatischen Zündzeitpunktverstellung ist nach dem üblichen Bosch-Prinzip aufgebaut (siehe Foto 38).

Foto 39: Verteiler mit Unterbrecherkontakt

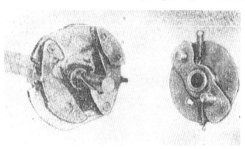

Foto 38: Verteiler, automatische Zündzeitpunktverstellung

Die kurzen Vorsprünge der Gewichte an den gelagerten Enden wirken direkt auf die mit dem Nockenfuß verbundenen Stifte, wobei die Bewegungsübertragung durch zwei Federn gewährleistet ist, die um die gekrümmten Flächen des Nockenfußes herum verlaufen und bei einer Vorwärtsbewegung des Nockens weiter gespannt werden. So wird der geknickte Verlauf der Zündzeitpunktkennlinie erreicht. Beide Fliehkraftgewichte haben die Form einzelner Lamellen; der Nockenfuß wird mit dem Nockenkörper verbunden, indem er auf diesen aufgedrückt und anschließend zusätzlich vernietet wird. Eine kreisförmige Platte ist zwischen dem Nockenfuß und dem Nockenkörper eingespannt. Vorsprünge, die von dieser Platte aus nach oben ragen, bilden Verankerungspunkte für die Federn, deren andere Enden mit den hochgebogenen Enden eines Stahlstreifens verbunden sind, der an der Unterseite der Stellplatte angeschraubt ist. In diesem Streifen befinden sich Schlitze für Justierzwecke; die Federpfosten bilden den Anschlag für die Gewichte.

Der Verstellbereich wird durch den längeren der beiden Nockenstifte begrenzt, der sich in einer Bohrung in der Stellplatte bewegt. Das Nockenlager hat eine Länge von 2,6 cm, und in die Welle sind an zwei Stellen 0,5 cm breite Nuten gedreht. Nocken und Welle bestehen aus ungehärtetem Material, und das erstere zeigte deutliche Anzeichen von Riefenbildung. Die Fliehkraftgewichte und Lagerstifte sind aus gehärtetem Material; letztere sind durch eine Preßverbindung an ihren entsprechenden Komponenten befestigt. Eine Kennlinie der Zündzeitpunktverstellung ist beigefügt.

Die Verteilerwelle wird von einem versetzten Mitnehmer angetrieben, der von seiner Funktion her ein halbes Kreuzgelenks darstellt. Der Mitnehmer ist mit der Welle über einen Stift mit einem Durchmesser von 0,4 cm verbunden, wobei der Stift in der Welle einen Treibsitz bildet und mit dem Mitnehmer, der größer ausgebohrt ist als der Wellendurchmesser, lose verbunden ist. Auf diese Weise wird eine Selbsteinstellfunktion des Mitnehmers rechtwinklig zum Mitnehmer bewerkstelligt. Der Stift wird von einer kreisförmigen Feder in Position gehalten, die durch eine Nut im Mitnehmer und über die Enden des Stiftes verläuft.

Die metallische Unterbrecherkontaktplatte besitzt Ausnehmungen in Form von sechs Bohrungen mit jeweils 1,1 cm Durchmesser, die zur Gewichtseinsparung dienen. Die Einstellung der Unterbrecherkontakte erfolgt über eine Exzenterkopfschraube, die eine Verschiebung der stationären Kontaktplatte innerhalb festgelegter Grenzen bewirkt. Der Unterbrecherkontakthebel besitzt ebenfalls Ausnehmungen zur Gewichtseinsparung und ist mit einer angenieteten gebläuten Stahlfeder bestückt. Der hier-

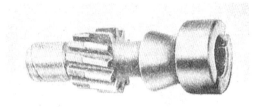

Foto 40: Verteiler-Antriebswelle

für verwendete Niet dient außerdem zur Befestigung der Bakelit-Hartfaserplatte. Eine Nockenschmierung ist nicht vorhanden. Die Wolframkontakte sind direkt mit dem Kontakthebel aus Stahl bzw. mit der angewinkelten Kontaktträger hartverlötet.

Der Kondensator ist in herkömmlicher Weise aufgebaut. Die spannungsführende Kondensatorzuleitung - ein runder Draht in einem Isolierrohr - verläuft durch eine Bakelitscheibe und ist mit dem Niederspannungsanschluß des Verteilers verbunden. Der Kondensator-Befestigungsclip ist über eine Buckelschweißung am Stahlgehäuse befestigt.

Foto 41: Verteiler mit Zündkabeln

Der Verteilerläufer ist kreisförmig aufgebaut und besitzt eine in die Form integrierte Messingelektrode.

Das Verteilerformteil besitzt einen horizontalen Ausgang und ist mit einer losen Abdeckung und einer Kappe bestückt, die Wasser von den Leitungen fernhält, wo diese aus Formteil ragen. Im Verteiler sind Nuten zur Aufnahme der Leitungen eingefräst, durch die Stiftschrauben verlaufen, die im Verteiler montiert sind.

Der Bahndurchmesser beträgt 43 mm; das verwendete Material ist anscheinend Bakelit mit Holzfüllung. Der Läufer wird durch zwei Spalte von 2 mm und 8 mm geführt.

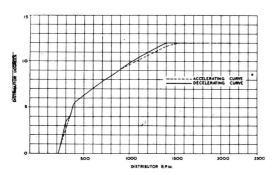

Abb. 43: Verteiler, Betriebskennlinie

Weitere Details zum Verteiler sind nachstehend angegeben:

| | |
|---|---|
| Verteiler-Gesamtgewicht | 1019 Gramm |
| Schaftlänge (unter dem Hebel) | 2,84 cm |
| Schaftdurchmesser | 2,697 cm |
| Wellendurchmesser | 1,24 cm |
| Wellenüberstand | 8 mm |
| Mitnehmerbreite | 4,4 mm |
| Mitnehmerdurchmesser | 2,5 cm |
| Mitnehmerbohrung | 1,35 cm |
| Mitnehmerüberstand | 1,35 cm |
| Dicke der Klemmplatte | 2,6 mm |
| Außendurchmesser des Formteils | 7,46 cm |
| Bahndurchmesser | 43 mm |
| Elektrodenabstand | 25 mm |
| Kontaktkraft | 340 Gramm |
| Kapazität des Kondensators | 0,29 µF |
| Kondensator-Innenwiderstand | 0,21 Ω |
| Schließwinkel (bei 0,3 mm Kontaktabstand) | 55° |

## Zündspule, Typ TL6

Die Zündspule ist in orthodoxer Weise als Primärkreis-Zündspule aufgebaut und in einem Bechergehäuse mit punktgeschweißter Befestigungslasche untergebracht. Die Lasche weist zwei Langlöcher zur Befestigung am Motor auf; der Einsatz im Formteil am oberen Ende ragt über den Bechergehäuserand. Die Primärkreis-Zuleitungen sind auf zwei Klemmen, die in das Formteil oben in der Zündspule integriert sind, gelegt und mit diesen verlötet, während die Hochspannungszuleitung aufgesteckt ist. Die Bördelkanten im Gehäuse scheinen nicht verlötet zu sein.

Der Widerstand der Sekundärwicklung beträgt 3700 Ohm und die Induktivität der Primärwicklung 9 mH. Der primärseitige Dauerstrom liegt in der Größenordnung von 5 A; der Temperaturanstieg beträgt 119°C. Im Vergleich dazu beträgt der Dauerstrom der Lucas-Zündspule 6Q6 ungefähr 4 A und ihr Temperaturanstieg 100°C.

Die Abmessungen der Zündspule lauten wie folgt:

| | |
|---|---|
| Durchmesser des Spulengehäuses | 5,2 cm |
| Länge des Spulengehäuses | 11,27 cm |
| Gesamthöhe (ungefähre Angabe wegen Beschädigung des Formteils) | 14,6 cm |

## Zündkabel und Entstörglieder

Es wird ein gummiummanteltes 7-mm-Zündkabel mit ungewöhnlich großer Litze (64 einzelne verzinnte Kupferdrähte von 0,3 mm Querschnitt) verwendet. (Im Vergleich dazu besitzen die englischen 7-mm-Standardzündkabel 40 Einzeldrähte von 0,25 mm Querschnitt und die neuesten, abgeschirmten Kabel 19 Einzeldrähte von 0,3 mm Querschnitt.) Aufgrund dieses großen Innenleiterquerschnitts ist der Gummianteil am Gesamtquerschnitt erheblich geringer und beträgt an jeder Seite nur etwa 2 mm. Dies setzt die Durchschlagsfestigkeit bedeutend herab. Zu Überschlägen bei unterschiedlichen Prüfspannungen kommt es nach folgenden Zeitspannen:

| | |
|---|---|
| 12 kV | 6 Minuten 0 Sekunden |
| 15 kV | 2 Minuten 50 Sekunden |
| 20 kV | 30 Sekunden |

Das gummiummantelte 7-mm-Standardzündkabel von Lucas hält einer Prüfspannung von 20 kV für die Dauer von fünf Minuten stand, bevor es zu einem Spannungsdurchschlag kommt. Daher ist zu erwarten, daß das deutsche Zündkabel in der Praxis Probleme verursachen wird.

Der Gummimantel, der aus einer inneren Schicht aus weißem und einer äußeren Schicht aus grauem Gummi besteht, sitzt sehr lose auf dem Innenleiter. Die Bildung von Lufteinschlüssen in der Nähe des Innenleiters ist höchst unerwünscht, da sie zu einem vorzeitigen, durch Ozon verursachten Ausfall des inneren Gummi-Dielektrikums führt. Wie Ozontests vermuten lassen, handelt es sich beim verwendeten Gummi-Dielektrikum nicht um ein synthetisches Material. Der Ausfall trat bei einer Prüfspannung von 20 kV nach einer Minute und 30 Sekunden ein.

Am zündkerzenseitigen Ende jedes Kabels befindet sich ein Bakelit-Formteil mit eingebautem Entstörglied. Das Bakelit besitzt eine Holzfüllung; das Entstörglied besteht aus einer Drahtwicklung, die mit Endkappen aus Messing verbunden sind.

Die Verbindung mit dem Kabel wird durch eine Holzschraube im Bakelit-Formteil hergestellt. Das Entstörglied ist zwischen dieser Schraube und einem Stecker montiert, der in das andere Ende des Formteils geschraubt ist. Der geschraubte Stecker kann mit einem eingebauten Federclip auf die Zündkerze gesteckt werden. Eine Gummi-Schutztülle ist über das Gehäuse des Entstörglieds geschoben und soll vermutlich das Eindringen von Schmutz und Sand in die Zündkerzenlöcher der Zylinder verhindern. Das Entstörglied im Zündkabel hat die gewohnte zylindrische Bauform und ist an beiden Enden mit Holzschrauben befestigt.

Weitere Details zu den verwendeten Entstörgliedern sind nachstehend angegeben:

| | |
|---|---|
| Gesamtlänge des Gehäuses | 60 mm |
| Länge des Entstörwiderstands | 22,8 mm |
| Entstörwiderstand | 10.000 Ohm |
| Durchmesser der Gummitülle | 44 mm |
| Länge des zylindrischen Entstörglieds | 55 mm |

## BOSCH-LICHTMASCHINE TYP „ROT", 130-6 2600 AL89

Zur Versorgung des Bordnetzes wird eine 6-Volt-Lichtmaschine mit Minus auf Masse verwendet. Sie rotiert entgegen dem Uhrzeigersinn, vom antriebsseitigen Ende aus gesehen.

Foto 42: Lichtmaschinengehäuse mit Feldwicklung, Bürstenhalter und Spannungsregler

Die belüftete Lichtmaschine hat einen Außendurchmesser von 8,9 cm und ist mit einem Laderegler vom Typ F bestückt, der am Joch montiert ist. Am antriebsseitigen Ende sind verlängerte Durchgangsschrauben vorhanden, mit denen die Lichtmaschine an einem im Motorblock integrierten Flansch montiert werden kann. Die Welle ist an beiden Seiten herausgeführt und am antriebsseitigen Ende mit dem Keilriemen gekoppelt. Vermutlich ist das andere Ende der Welle normalerweise mit einem Lüfterrad bestückt, das jedoch am untersuchten Fahrzeug nicht vorhanden war.

Die Feldwicklungen sind mit Kreppapier umwickelt und nach dem üblichen Lackier- und Trocknungsprozeß behandelt. Es wird ein Bosch-Laderegler vom Typ F verwendet, in dem sowohl der Ausschalter als auch der Regler vom selben Rotor angesteuert werden. Ein Schaltbild am Ende dieses Abschnitts zeigt die einzelnen Verbindungen und Klemmenbezeichnungen. Die Kontakte weisen starken Abbrand auf, und an den Zweitkontakten des Reglers mußten zuerst Einstellungen vorgenommen werden, bevor dieser in Betrieb genommen werden konnte.

In sonstiger Hinsicht entspricht die Konstruktion von Lichtmaschine und Regler der herkömmlichen Praxis.

Diagramm Nr. A/2439 gibt den Ausgangsstrom der Lichtmaschine bei hoher und niedriger Umgebungstemperatur wieder, während Diagramm Nr. 2440 den Temperaturanstieg nach einem zweistündigen Erwärmungslauf bei 6,75 Volt, 20 Ampère

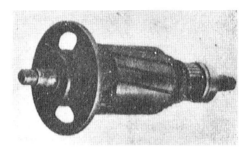

Foto 43: Lichtmaschine, Rotor- und Kollektorbaugruppe

und 3000/min zeigt. Für diesen Erwärmungslauf wurde an der Lichtmaschine eine Riemenscheibe mit Lüfter montiert.

| | |
|---|---|
| Gewicht der Lichtmaschine einschließlich Regler | 5,2 kg |
| Leerlaufspannung, geregelt | 7,0 Volt |
| Abschaltspannung des Ladereglers | 7,4 Volt |
| Lastabwurfspannung des Ladereglers | 4,8 Volt |
| Regler-Kontaktwiderstand | 7,5 W |

### Konstruktionsdaten

Joch: Außendurchmesser 8,9 cm, Innendurchmesser 7,8 cm, Länge 14,8 cm

Feldwicklung: Polzahl 2, Polsehne 5 cm, Polkreisbogen/Polteilung 0,60, Polbohrungen in der Mitte 5,9 cm, - an den Spitzen 5,9 Zoll, Luftspaltlänge pro Seite 1,4 mm

Rotor: Durchmesser 5,6 cm, Länge 6,4 cm, Anzahl Nuten: 15, Nutentyp: Offen, schräg verlaufend

Kollektor: Durchmesser 3,2 cm, Länge 2,4 cm, 30 Segmente

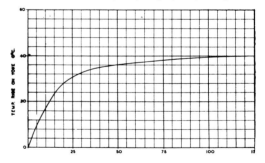

Abb. 44: Verteiler, Temperaturanstieg

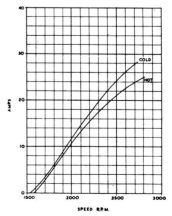

Abb. 45: Verteiler-Ausgangsstrom

Bürsten: Befestigung in Bürstenhalterungen, Andruckfeder, Bürstenarme: 2, Bürsten pro Bürstenarm: 1, Länge 1,35 cm, Breite 0,55 cm, Werkstoff: Kupfer

Lager am kollektorseitigen Ende: Durchmesser 3,5 cm, Breite 0,55 cm. Lager am antriebsseitigen Ende: Durchmesser 3,5 cm, Breite 0,55 cm, Kugellager

## BOSCH-STARTER
## TYP EEDD 4-6 L3P

Es wird ein Sechs-Volt-Starter mit Minus auf Masse verwendet, der - vom angetriebenen Ende aus gesehen - entgegen dem Uhrzeigersinn rotiert.

Der Starter besitzt einen nach außen geführten Antrieb mit einem Magnetschalter-Einrückmechanismus. Der Magnetschalter ist an einem Verlängerungsstück montiert, das zusammen mit der antriebsseitigen Halterung eine Einheit bildet. Die kollektorseitige Halterung ist mit dem Joch über vier Buckelschweißungen verbunden, während die antriebsseitige Halterung mit zwei Hakenschrauben befestigt ist.

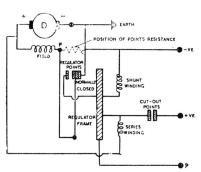

| EARTH | MASSE |
| FIELD | FELDWICKLUNG |
| POSITION OF... | POSITION DES KONTAKTWIDERSTANDS |
| REGULATOR POINTS | REGLERKONTAKTE |
| NORMALLY CLOSED | RUHEKONTAKT |
| SHUNT WINDING | SHUNTWICKLUNG |
| CUT-OUT POINTS | UNTERBRECHERKONTAKTE |
| REGULATOR FRAME | REGLERGEHÄUSE |
| SERIES WINDING | REIHENSCHLUSSWICKLUNG |

Abb. 46: Verteiler, Stromlaufplan

Diese Verfahren zum Befestigen der Halterungen an den Enden des Starters werden deshalb angewandt, weil für durchgehende Schrauben kein Platz mehr vorhanden ist, da die Feldwicklung den gesamten verfügbaren Raum in Anspruch nimmt.

Es ist weder eine Zwischenhalterung noch ein Lager vorhanden; das zweite Lager befindet sich im Schwungscheibengehäuse, wenn der Starter am Motor montiert ist.

Ein interessantes Merkmal des Starters ist eine Vorrichtung, die den Rotor abbremst, wenn das Ritzel nach Anspringen des Motors wieder ausgerückt wird. Sollte also ein zweiter Anlaßversuch erforderlich sein, dreht sich das Ritzel nicht mehr oder nur noch langsam. Dieser Abbremsvorgang wird mit einer kleinen Reibkupplung bewerkstelligt, die am kollektorseitigen Ende eingebaut ist und wie folgt arbeitet:

Foto 44: Anlassergehäuse mit Feldwicklungen und Bürstenhalter

Nahe dem Kollektor ist eine Platte auf der Welle montiert, die zu diesem Zweck zweifach abgeflacht ist. Auf der Platte befinden sich zwei einander diametral gegenüberliegende Mitnehmer. Diese greifen in zwei halbkreisförmige Bremsbacken ein, die in einem Gehäuse gleich neben dem Lager untergebracht sind. Die Lastübertragung auf diese Bremsbacken erfolgt über einen Zwischenring, der sich in einer Nut in den Bremsbacken befindet. Das Drehmoment, das erforderlich ist, um den Rotor gegen diese Kupplung zu drücken, beträgt ungefähr 0,017 kgm.

Gewicht des Starters (einschließlich Magnetschalter): 6,1 kg
Gewicht des Starters (ohne Magnetschalter): 5,5 kg

Foto 45: Rotor und Kollektor des Starters

### Technische Daten

Joch: Außendurchmesser 9 cm, Innendurchmesser 8 cm, Länge 14 cm

Feldwicklung: Polzahl 4, Polsehne 3,1 cm, Polkreisbogen/Polteilung 0,67, Polbohrungen in der Mitte 6,1 cm, - an den Spitzen 6,1 cm, Luftspaltlänge pro Seite 5 mm

Rotor: Durchmesser 6 cm, Länge 6,2 cm, Anzahl Nuten: 23, Nutentyp: Halbgeschlossen, gerade

Kollektor: Durchmesser 3,6 cm, Länge 2,2 cm, 23 Segmente

Bürsten: Befestigung in Bürstenhalterungen, Andruckfeder, Zahl der Bürsten: 2, Länge 1,5 cm, Breite 0,7 cm, Tiefe 1,9 cm, Sorte: 131

Ritzel: 9 Zähne

## STARTER-MAGNETSCHALTER

Der Magnetschalter des Starters ist auf einem Verlängerungsstück montiert, das zusammen mit der antriebsseitigen Halterung des Starters eine Einheit bildet.

Es besteht aus einer Magnetspule herkömmlicher Bauart mit konischem Stößel und Kern. Am konischen Ende des Stößels ist eine Stößelstange montiert, die eine Kontaktplatte aus Kupfer trägt. Wenn der Schalter betätigt wird, bewegt sich der federbelastete Kontakt und schließt zwei Kontakte, die sich im Ende des Schaltergehäuses befinden. Damit wird der Stromkreis von der Batterie zum Starter geschlossen. Am anderen Ende des Stößels befindet sich ein gegabeltes Verlängerungsstück, das mechanisch mit dem Ritzel des Starters verbunden ist. Somit verursacht die Betätigung des Anlasserschalters außer dem Schließen des Stromkreises zum Starter auch das Einrücken des Ritzels in die Schwungscheibe des Motors. Eine Feder sorgt dafür, daß die Kontakte beim Loslassen des Anlasserschalters getrennt werden und das Ritzel aus seinem Eingriff mit der Schwungscheibe ausgerückt wird.

Die Magnetspule ist mit zwei Wicklungen - einer hochohmigen und einer niederohmigen Wicklung - versehen. Der Grund hierfür ist nicht bekannt; möglicherweise ist dies eine notwendige Voraussetzung zum einwandfreien Einrücken des Ritzels.

Foto 46: Außenansicht der Magnetspule, Deckel abgenommen

### Einzelheiten zur Konstruktion

Widerstand zwischen Hauptkontakten und Wicklungsanschluß: 0,14 Ohm

Widerstand zwischen Hauptkontakten und Gehäuse: 0,32 Ohm

Anzugsspannung: 4,1 Volt (mit niederohmiger Wicklung)

Abfallspannung: 0,4 Volt

Stößel-Betätigungskraft zum Schließen der Kontakte: 4,2 kg

Stößel-Betätigungskraft zum vollständigen Einrücken: 8,7 kg

Spannungsfall über den Kontakten bei Anliegen von 6 Volt an der niederohmigen Wicklung: 0,059 V bei 20 Ampère

Stößel-Betätigungsweg zum Schließen der Kontakte: 0,8 cm

Gesamter Stößelweg: 1 cm

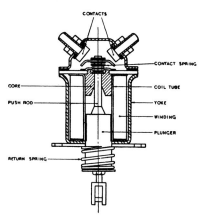

Abb. 47: Magnetspule, Querschnitt

Gewicht der Baugruppe: 0,56 kg

Abmessungen

| | |
|---|---|
| Jochlänge | = 4,7 cm |
| Außendurchmesser des Joches | = 4,7 cm |
| Innendurchmesser des Joches | = 4,4 cm |
| Stößeldurchmesser | = 1,9 cm |
| Stößelwinkel | = 60° |
| Kernlänge | = 0,55 cm |

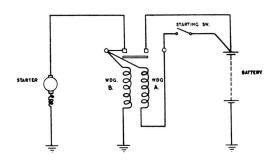

Abb. 48: Magnetspule, Anschlüsse

| | |
|---|---|
| Stößellänge | = 3,1 cm |
| Kernlänge | = 1,6 cm |
| Wicklungs-Außendurchmesser | = 3,1 cm |
| Wicklungs-Innendurchmesser | = 2 cm |
| Wicklungslänge | = 3,1 cm |
| SWG[1]-Kennzahl des Wicklungsdrahtes | = 19 |
| Stößelstangendurchmesser | = 6 mm |

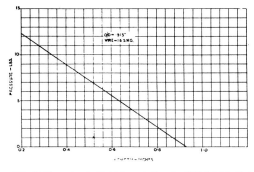

Abb. 49: Magnetspule, Betriebsverhalten der Stößelrückholfeder

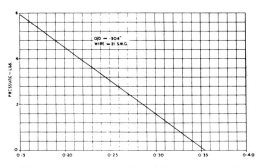

Abb. 50: Magnetspule, Betriebsverhalten der Kontaktfeder

## VARTA-BATTERIE, TYP 937B

Die Batterie ist ein 6-Volt-Bleiakkumulator herkömmlicher Bauart (siehe nachstehende Abbildung).

Foto 47: Batterie, eine Zelle entnommen

### Einzelheiten zur Konstruktion

Gewicht einschl. Säurefüllung: 16,3 kg

Abmessungen: Länge einschl. Ansätze 22,5 cm, Länge ohne Ansätze 21,4 cm, Breite 17,4 cm, Höhe über Pole 21,6 cm, Höhe über Behälter 19,2 cm

Behälter- und Deckelwerkstoff: Ebonit (Hartgummi) von minderwertiger Qualität

Bleiplatten: 13 pro Zelle. Abmessungen: 14,3 cm x 12,4 cm; Dicke der positiven Platten 2,4 mm, Dicke der negativen Platten 1,5 mm.

---

[1]SWG = Standard Wire Gauge („britische Normal-Drahtlehre"), Kennziffersystem für Drahtquerschnitte und Materialstärken

Platten-Trennelemente: Holz, mit dicken eingefrästen Stegen auf einer Seite

Entlüftungskappen: Porzellan, mit Zentralbohrung und Gewindeschraube

Führungsplatte oder Trennelementschutz eingebaut.

## Leistungen

Zustand bei Übernahme: Teilgeladen. Säuredichte in den einzelnen Zellen (bei +15°C): 1,194, 1,205 und 1,168

Aufgeladen bei 6,5 A Ladestrom über einen Gesamtzeitraum von 24 Stunden

Höchsttemperatur während des Ladens: 35°C

Säuredichte in den drei Zellen nach dem Ladevorgang: 1,251, 1,262 und 1,258

**Erste Entladung mit 6,3 A**, ohne Korrektur der Säuredichte

Kapazität 14,2 Ampèrestunden bei 5,4 Volt und 21°C

Zelle 1: 22,0 Ampèrestunden
Zelle 2: 12,3 Ampèrestunden
Zelle 3: 14,5 Ampèrestunden

**Zweite Entladung mit 6,3 A**, nach Korrektur der Säuredichte auf 1,292 bei 15°C

Kapazität 14,2 Ampèrestunden bei 5,4 Volt und 26°C

Zelle 1: 28,5 Ampèrestunden
Zelle 2: 15,0 Ampèrestunden
Zelle 3: 16,5 Ampèrestunden

### Dauerentladung mit 189 A, beginnend bei 24°C

Säuredichte vor dem Entladen: 1,295 (bei 15°C)
Spannung nach 5 Sekunden: 3,80 Volt
Entladungsdauer bis zum Erreichen von 3,0 Volt: 42 Sekunden

Aufgrund der unzulänglichen Leistungen der Batterie bei 24°C wurden keine weiteren Tests bei -17°C oder -30°C mehr durchgeführt.

## SCHALTER UND INSTRUMENTE

Das Tachometer, der Lichtschalter, der Schalter für die Tachobeleuchtung, der Zündschalter und die Warnleuchten sind in eine Trägerplatte eingebaut, die in einem Metallarmaturenbrett montiert ist. Das Armaturenbrett enthält außerdem den Anlasserschalter, den Schalter für den abgedeckten Zusatzscheinwerfer und die Abstands-Anzeigeleuchte, die Handleuchten-Anschlußbuchse und zwei Sicherungskästen.

### Hauptlichtschalter

Dieser befindet sich rechts in der Instrumententrägerplatte. Er dient zum Ein- und Ausschalten des Abblend- und des Standlichts der beiden normalen Scheinwerfer sowie des Rücklichtes. Interessant an diesem Schalter ist, daß die feststehenden Kontakte integraler Bestandteil der Instrumententrägerplatte sind, während die Rotorbaugruppe in dem runden Bedienknopf untergebracht ist. Der Schalter hat drei Stellungen, von denen die Mittelstellung die Stellung „Aus" ist.

### Tachobeleuchtungsschalter

Die Konstruktion dieses Schalters ähnelt derjenigen des Hauptlichtschalters. Er befindet sich auf der linken Seite der Instrumententrägerplatte.

### Zündschalter

Dieser ist am unteren Rand der Instrumententrägerplatte eingebaut. Hierbei handelt es sich um einen Schalter in der üblichen Zylinderschloßausführung. Da dieser Schalter beschädigt war, konnten an ihm keine Tests durchgeführt werden

### Schalter für den abgedeckten Zusatzscheinwerfer und die Abstandsanzeigeleuchte

Dieser Schalter ist am rechten Rand des Stahl-Armaturenbretts eingebaut. Er beinhaltet eine Drahtwiderstandswicklung, die in Reihe mit dem Zusatzscheinwerfer liegt und die Einstellung der Lichtstärke dieses Scheinwerfers je nach den Betriebsbedingungen gestattet. Der Schalter hat die folgenden fünf Stellungen:

O. Zusatzscheinwerfer aus, Abstandsanzeigeleuchte aus.
H. Zusatzscheinwerfer aus, Abstandsanzeigeleuchte ein.
V. Zusatzscheinwerfer über 0,95-$\Omega$-Widerstand ein, Abstandsanzeigeleuchte ein.
V. Zusatzscheinwerfer über 0,4-$\Omega$-Widerstand ein, Abstandsanzeigeleuchte ein.
V. Zusatzscheinwerfer über ohne Vorwiderstand ein, Abstandsanzeigeleuchte ein.

Der Widerstandsdraht ist um das gerippte Gehäuse des Schalters herum gewickelt, der einen Durchmesser von ungefähr 5,4 cm und eine Länge von etwa 4,4 cm hat. Der Widerstandsdraht ist durch eine gelochte äußere Stahlabdeckung geschützt. Er hat einen Querschnitt von 0,13 mm und eine Länge von ca. 1,2 m.

### Anlasserschalter

Der Originalschalter wurde ausgebaut und gegen ein Lucas-Ersatzteil ausgetauscht.

### Abblendschalter

Der Abblendschalter, der zwischen der Fernlicht- und der Abblendlicht-Glühwendel der Scheinwerfer umschaltet, befindet sich im Bodenblech links vor dem Fahrer. Es ist für Fußbedienung vorgesehen und schaltet bei Betätigung auf die jeweils andere Wendel der Glühlampe um.

### Handleuchten-Anschlußbuchse

Hierbei handelt es sich um eine einpolige Steckdose.

Foto 48: Innenraum mit Blick auf das Armaturenbrett

## Warnleuchten

In der Instrumententrägerplatte befinden sich vier Warnleuchten, von denen jeweils zwei an jeder Seite des Tachometers eingebaut sind. Augenscheinlich werden aber nur zwei davon verwendet, und zwar die (rote) Leuchte links oben für die Zündung und die (blaue) Kontrolleuchte rechts unten für das Fernlicht bzw. die Zusatzscheinwerfer.

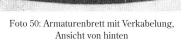

Foto 49: Armaturenbrett, Ansicht von vorn, mit Sicherungskasten (Abdeckung abgenommen)

Foto 50: Armaturenbrett mit Verkabelung, Ansicht von hinten

In den Warnleuchten werden 6-Volt-Glühlampen (1,2 Watt) verwendet, deren Glas einen Durchmesser von ungefähr 7 mm und eine Länge von ca. 6 mm hat. Die Glühlampen haben Miniatur-Bajonettanschlüsse mit einem zentralen Kontakt. Sie sind aus gedrückten, zylindrischen Messinggehäusen von 9,6 mm Durchmesser und 18 mm Länge aufgebaut. Diese Baugruppe, zu der auch ein federbelasteter Kontaktstift gehört, ist in einen erhöhten Teil auf der Rückseite der Instrumententrägerplatte eingebaut.

## Sicherungen

Auf dem Metallarmaturenbrett sind zwei Sicherungskästen montiert. Jeder von ihnen enthält unter einer Schutzabdeckung fünf Sicherungen. Eine Skizze auf der Innenseite der Abdeckung gibt an, welche Stromkreise durch die einzelnen Sicherungen abgesichert sind. Es werden ausschließlich 15-Ampère-Sicherungen mit Steatit-Isolierkörper und Metall-Endkappen verwendet. Die verzinnten Kupfer-Sicherungsdrähte sind in eine Rille im Isolierkörper eingebettet und an den Enden unter den Metallkappen befestigt.

Die Sicherungen werden dadurch in ihrer Position gehalten, daß ein Ende in einer konischen Vertiefung in einer Klemme und das andere in einer Kontaktfeder sitzt.

Die Zuordnung der Sicherungen zu den einzelnen Komponenten lautet wie folgt:

### Linker Sicherungskasten

Elektrische Hupe
Standlicht (Scheinwerfer rechts und links)
Abblendlicht (Scheinwerfer rechts und links)
Fernlicht (Scheinwerfer links)
Fernlicht (Scheinwerfer rechts)

### Rechter Sicherungskasten

Abgedeckter Zusatzscheinwerfer
Abstandsanzeigeleuchte
Fahrtrichtungsanzeiger und Scheibenwischer
Suchscheinwerfer
Handleuchte

Darüber hinaus befindet sich ein separater Sicherungskasten mit drei Sicherungen im Motorraum im Fahrzeugheck. Diese dienen zur Absicherung der linken und rechten Rückleuchte sowie des Bremslichts.

Bei einem Belastungstest, in dessen Verlauf der Laststrom mit einer Rate von 2 Ampère pro Sekunde erhöht wurde, wurde an einer der Sicherungen ein Auslösestrom von 25 Ampère gemessen. Der gesamte Spannungsfall an je zwei Klemmen betrug bei 10 Ampère Laststrom 0,24 - 0,26 Volt.

## VERKABELUNG

Zur Verkabelung werden zahlreiche Kabeltypen verwendet. Einige bestehen aus blankem Kupferdraht mit Kunststoffisolation, andere aus verzinntem Kupferdraht, der mit Baumwolle ummantelt oder umflochten ist und keine Gummiisolation aufweist. Noch häufiger werden jedoch verzinnte Kupferdrähte mit einer Beschichtung aus einem 0,02 mm dicken, schwarzlackierten Material und lackgetränkter Baumwollummantelung verwendet.

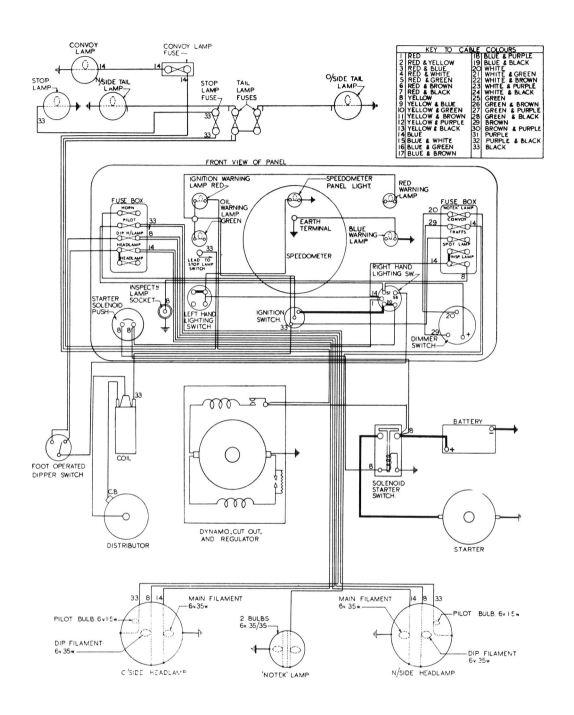

Abb. 51: Bordnetz-Stromlaufplan

Das Starterkabel hat eine Länge von 1,37 m und einen Gesamtquerschnitt von 11 mm. Es besteht aus 37 Einzeldrähten (Querschnitt jeweils 1,1 mm), besitzt eine 1,5 mm dicke Gummibeschichtung und ist mit schwarzem Baumwollstoff ummantelt.

Für den Lichtmaschinen-Hauptstromkreis wird ein Litzenkabel mit einem Querschnitt von 19 x 0,6 mm verwendet. Es ist mit einer 0,6 mm dicken PVC-Schicht isoliert und hat einen Gesamtquerschnitt von 4,3 mm.

Der Minuspol der Batterie ist über eine nicht isolierte Kupferbandleitung (Länge 28 cm, Breite 3 cm, Dicke 2 mm) mit der Fahrgestellmasse verbunden.

## BELEUCHTUNGSANLAGE

Die Beleuchtungsanlage besteht aus folgenden Komponenten:
(a) 2 identisch aufgebaute Scheinwerfer. Die Lichtdurchtrittsfläche eines Scheinwerfers war durch eine aufgezogene Lederabdeckung verschlossen, die des anderen durch eine Lackierung.
(b) 1 Notek-Scheinwerfer mit Lichtaustrittsmaske und Abdeckung.
(c) 1 Hella-Suchscheinwerfer
(d) 1 Notek-Heckleuchte zur Abstandsanzeige, mit Bremslicht

### (a) Scheinwerfer

Jeder Scheinwerfer ist mit einem Aluminiumreflektor bestückt, der von einer einzelnen Feder in seiner Position gehalten wird. Obwohl der Reflektor auf der Innenseite poliert und lackiert ist, ist die Oberflächenqualität mangelhaft. Sowohl die Haupt- als auch die Standlicht-Glühlampe befinden sich auf einer Trägerplatte auf der Reflektorrückseite, eine Montageart, die der beim Lucas-Scheinwerfer Typ D ähnlich ist. Die 6-Volt-Hauptglühlampe entspricht dem Lucas-Graves-Typ und hat Glühwendeln mit einer Leistung von 35 Watt. Als Standlicht dient eine einpolige 6-Volt-Miniaturglühlampe mit einer Leistung von 3 Watt. Für den Kontakt sorgen Messingclips, an denen die Zuleitungen angeschlossen sind.

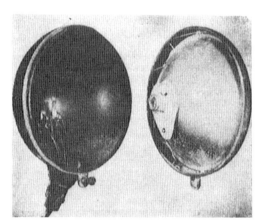

Foto 51: Scheinwerfer

Das Scheinwerferglas hat einen Gesamtdurchmesser von 17 cm; die effektive Lichtdurchtrittsfläche wird dagegen nur durch eine zentrale Aussparung von 4 x 2 cm gebildet. Die Einfassung des Scheinwerfers wird nicht formschlüssig, sondern nur über eine einzige Schraube in ihrer Position gehalten. Die maximale Lichtintensität beträgt 475 Candela (Fernlicht) bzw. 300 cd (Abblendlicht). Die gesamte Strahlaufweitung beträgt 15° in der horizontalen und 4° in der vertikalen Ebene.

### (b) Notek-Scheinwerfer

Das Scheinwerfergehäuse besteht aus zwei Teilen, die mit drei Schrauben verbunden sind. Das Unterteil besteht aus Druckguß und bildet das Trägerelement für den Reflektor und die Glühlampe, während es sich beim Oberteil, das die Linse und die Haube enthält, um ein Preßstahlteil handelt. Zwischen beiden befindet sich eine Gummidichtung. Die Glühlampe ist vom Lucas-Graves-Typ; es wird jedoch nur die mit 6 Volt/35 Watt spezifizierte V-Glühwendel verwendet. Sie ist horizontal eingebaut, wobei die Glühwendel zum Reflektor hin ausgerichtet ist. Die Glühlampe besitzt eine Fixiervorrichtung und kann nur nach Lösen von zwei Schrauben ausgebaut werden.

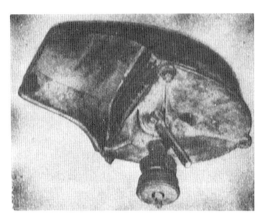

Foto 52: Notek-Scheinwerfer

Der Reflektor hat in Höhe der Lichtdurchtrittsfläche eine effektive Breite von 2,25 cm und eine Länge von 13,9 cm. Die Brennweite beträgt 2 cm. Das Spiegelelement hat die Funktion eines Rahmens, der ein Verziehen verhindern soll. Die Spiegelachse ist gegenüber der Horizontalen leicht nach unten geneigt.

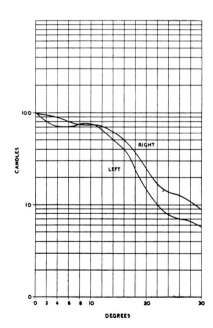

Abb. 52: Notek-Scheinwerfer, horizontale Lichtverteilung

Das Scheinwerferglas weist plankonvexe Rillen auf, die untereinander einen Abstand von 5 mm haben, und ist durch eine Feder in seiner Position fixiert. Die effektive Lichtdurchtrittsfläche beträgt 1,2 x 10,5 cm. Die Haube hat eine Länge von

10,5 cm (von der Vorderseite des Glases gemessen) und endet 7 mm unter der Unterkante der Scheinwerferglases.

Die in den Abb. 52 und 53 wiedergegebenen Lichtverteilungskurven wurden an den Scheinwerfern im Einlieferungszustand - d.h. mit verschmutzten Reflektoren und verschmutztem Glas - aufgenommen. Die maximale Helligkeit des Lichtstrahls lag in diesem Fall bei 1,0 FC und stieg nach dem Reinigen auf 1,4 FC. Der Strahl ist sehr scharf gebündelt und hat sein Maximum 6° unter der Horizontalebene.

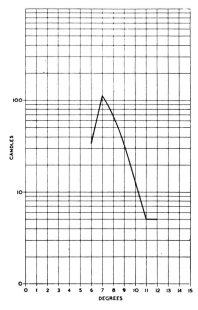

Abb. 53: Notek-Scheinwerfer, vertikale Lichtverteilung

### (c) Hella-Scheinwerfer

Hier erfüllt das Scheinwerfergehäuse zugleich die Funktion des Reflektors; es besteht aus Messing und ist außen und innen lackiert. Das Scheinwerferglas ist am Reflektor über eine Klemmhülse befestigt, der durch eine Schraube fixiert wird, um das Glas in seiner Position zu halten. Das Glas mit der Kennzeichnung „Hella" ist in der Mitte plan und zum Rand hin beidseitig dreifach gerieffelt. Der Glasdurchmesser beträgt 11 cm; der Reflektor hat eine Brennweite von 2,5 cm.

Die Glühlampe war bei Übernahme des Testfahrzeugs defekt, so daß keine fotometrischen Messungen ausgeführt wurden.

Foto 53: Hella-Scheinwerfer

Sie ist mit 6 Volt/25 Watt spezifiziert, mit einem Doppelwendel-Glühdraht bestückt und besitzt einen einpoligen Anschlußadapter. Auf der Scheinwerferrückseite befindet sich ein Schalter, der auf eine Kontaktfeder am Glühlampensockel wirkt. Der gesamte Scheinwerfer ist von einem gummierten Stoffbezug bedeckt, der in der Mitte eine Öffnung mit den Maßen 2,5 x 0,5 cm aufweist.

### (d) Notek-Abstandsanzeigeleuchte und -Bremslicht

Das Druckgußgehäuse enthält drei 6-Volt-Glühlampen mit Girlanden-Glühwendel und einer Leistung von 10 Watt. Davon sind zwei horizontal eingebaut, die dritte dagegen vertikal. Die vertikale Glühlampe dient zur Beleuchtung der Abstandsanzeigeleuchte. Diese besitzt vier rechteckige Fenster, von denen die beiden äußeren mit 2,2 x 3,3 cm größer als die beiden inneren (1,8 x 3,0 cm) sind. Der Abstand beträgt zwischen den beiden Innenfenstern 3,8 cm und zwischen den beiden Fensterpaaren auf jeder Seite 1,5 cm.

Der Abstandsleuchte liegt das Prinzip zugrunde, daß das Auflösungsvermögen des Auges vom scheinbaren Winkel eines Objekts abhängt.

Foto 54: Notek-Abstandsanzeiger, Rückleuchte und Bremsleuchte

Die vier Fenster signalisieren zwei Grenzabstände, wenn folgende Bedingungen vorliegen:
1. Deckungsgleichheit der beiden Fensterpaare
2. Alle vier Fenster sind in Deckung

Für einen mittleren Winkelabstand lauten die Grenzabstandswerte bei einer Winkelauflösung von einem Grad 50 bzw. 140 Meter. Aufgrund der unterschiedlichen Größe der äußeren und inneren Leuchtenfenster kann der Beobachter im nachfolgenden Fahrzeug die Entfernungen zwischen diesen Grenzen abschätzen, je nachdem, wie groß der Deckungsgrad des kleineren Fensters mit dem größeren Fenster ist.

Sowohl die Bremsleuchte als auch die Heckleuchten sind mit horizontal eingebauten Girlanden-Glühwendellampen bestückt und haben orangefarbene bzw. rote Gläser. Die Umschaltung vom Normal- auf den Konvoibetrieb erfolgt über eine schwenkbare Klappe, die durch Federclips in Position gehalten wird. Diese Klappe weist eine Bohrung mit einem Durchmesser von 0,5 mm auf, die über den Heckleuchten positioniert ist, wenn sich die Klappe in Konvoistellung befindet.

Über ein Fenster (das mit einer Blende verdunkelt werden kann) wird das Nummernschild des Fahrzeugs beleuchtet.

### ELEKTRISCHE HUPE – Hersteller: Metallische Industrie AG, Lippstadt

Die Hupe entspricht in ihrer Bauweise der HF-Hupe: Ein mit der Membran gekoppelter Anker schlägt auf dem Magnetkern auf und öffnet gleichzeitig das Kontaktpaar eines Unterbrechers. Um die seitliche Auslenkkraft des Unterbrechers so gering wie möglich zu halten, ist der Lamellen-Magnetkern sehr schmal und ziemlich lang aufgebaut.

Dies wird durch eine ungewöhnlich hohe Kontaktandruckkraft (3 kg statt der sonst üblichen 1,4 - 1,8 kg) teilweise ausgeglichen. Der Grund hierfür ist nicht ersichtlich. Die Justierung des Unterbrechers wird auf der Rückseite der Hupe mit Hilfe einer federbelasteten Schraube vorgenommen, die den Unterbrecher insgesamt über das andere, feste Ende angehoben wird.

Foto 55: Elektrische Hupe, Außenansicht

Der hochfrequente Anteil des Huptones wird von einem „Schwingteller" erzeugt, der zentral auf der Membranunterseite und zwischen der Membran und dem lamellierten Anker angeordnet ist, vermutlich deshalb, weil der Schwingteller nach wie vor für Bosch patentiert ist. Er ist nicht annähernd so effizient wie der externe Schwingteller.

Das besondere Merkmal der Hupe besteht darin, daß das Gehäuse und das Frontgitter Bakelit-Formteile und keine Preß- oder Gußteile sind. Der Magnetkern ist integraler Bestandteil des Gehäuses; ein Bakelit-Gußgrat um den Kern herum bildet die Isolation für den Kern. Die Spulenwicklung, die mit zwei Clips im Kern gehalten wird, besteht aus einfachem Lackdraht.

Foto 56: Elektrische Hupe, Innenansicht

Auf der Unterbrecherhalterung ist außerdem ein kleiner Kondensator in zylindrischer Bauform mit einer durchgehenden Schraube montiert.

Die sehr präzise hergestellten Kunststoff-Formteile sind leicht und bieten die Möglichkeit, die Anschlußklemmen direkt - d.h. ohne zusätzliche Isolierungen - in das Gehäuse zu integrieren. Das Gitter weist Gewinde auf, die direkt in das Bakelit geschnitten sind. Die mittlere Materialstärke der Bakelit-Gehäusewand beträgt lediglich 2,5 - 3,2 mm.

An einer mit dem Magnetkern verbundenen Schraube, die durch die Gehäuserückwand ragt, ist eine Klemmfeder montiert, wie sie von Bosch verwendet wird.

## Leistungen

Der untersuchte Prüfling war eine 6-Volt-Hupe.

### Stromaufnahme

|        | Deutsche Hupe | HF.1235   |
|--------|---------------|-----------|
| 4 Volt | 2,0           |           |
| 6 Volt | 3,1           | 3,0 - 4,0 |
| 7,6 Volt | 3,8         | 4,0 - 5,0 |

Die Stromaufnahme ist recht gering, ein Vorteil, der aus der Verwendung eines lamellierten Magneten resultiert.

HINWEIS: Die Grundfrequenz stimmt ungefähr mit derjenigen der Lucas-Hupe vom Typ HF.1235 überein. Der erzeugte Ton ist über der Betriebsspannung ziemlich laut und deutlich, jedoch insgesamt verhältnismäßig tief und hat einen weniger markanten hochfrequenten Anteil als bei der Lucas-Hupe. Die deutsche Hupe erzeugt einen Ton mit einem ziemlich verteilten Spektrum. Ihre Gesamtlautstärke ist wegen der größeren Membran etwas höher als die der Lucas-Hupe.

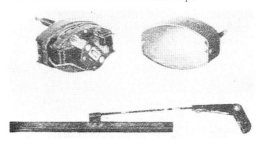

Foto 57: Scheibenwischer, Explosionsdarstellung

### Allgemeine Anmerkungen

Die Membran war sehr verrostet und wies einen unzulänglichen Lackschutz auf. Das Frontgitter war an zwei Stellen gebrochen und läßt den Schluß zu, daß Bakelit - obwohl es viele Vorteile bietet - für einen Einsatz in Militärfahrzeugen nicht robust genug sein dürfte.

## SCHEIBENWISCHER

Zwei getrennte Scheibenwischer sind an der Unterkante der Windschutzscheibe (auf der Fahrer- bzw. Beifahrerseite) montiert. Der Scheibenwischer trägt keine Markierungen, die auf das Fabrikat schließen lassen; seine allgemeine Formgebung sowie Motor und Antrieb ähneln jedoch dem Bosch-Scheibenwischer vom Typ WV. Der Wischer trägt auf der schwarzen Abdeckung die Aufschrift „12V", obwohl sämtliche Komponenten des Bordnetzes für 6 Volt ausgelegt sind. Die Leistungsmerkmale des Scheibenwischers bei einer Betriebsspannung von 6 Volt lassen vermuten, daß die Aufschrift nicht korrekt ist.

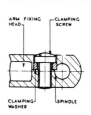

Abb. 54: Scheibenwischerarm und Spindelabschnitt

Die technischen Details und Leistungsmerkmale zum Scheibenwischer sind im folgenden wiedergegeben:

### Ungefähre Außenabmessungen

Länge: 8 cm
Maximale Breite: 5 cm
Minimale Breite: 2,5 cm
Gesamthöhe (ohne Wischerspindel, aber einschließlich Lagerflansch): 6,4 cm

Foto 58: Scheibenwischer, hintere Abdeckung abgenommen

Wischerspindellager: 3,5 cm
Spindelverlängerung durch das Lager: 1,6 cm
Gesamtlänge des Schalterhebels: 2,6 cm

## Gesamtgewicht

Ungefähr 510 Gramm

## Detailangaben zur Feldwicklungseinheit

Polzahl: 2
Innendurchmesser zwischen den Polen: 3,6068 cm und 3,6373 cm (die Differenz ist auf inkorrekte Einstellung der Polhälften zurückzuführen)
Höhe des Lamellenpakets: 10,5 - 11,0 mm
Polkreisbogen: Ungefähr 120°; Bogenlänge 37 mm
Poloberfläche: 400 m$^2$
Angeschlossener Feldwicklungs-Shuntwiderstand, bestehend aus zwei in Reihe geschalteten Spulen: Insgesamt 6,2 Ω

## Detailangaben zur Rotoreinheit

Polzahl: 3
Außendurchmesser: 3,5 cm
Luftspalt (Mittelwert): 0,45 mm pro Seite
Rotorkernlänge: 12 mm
Polkreisbogen (ca.): 80°; Bogenlänge ca. 23 mm
Widerstand von Segment zu Segment: 1,5 Ω

## Kollektor

Segmentzahl: 3
Gesamtlänge (ca.): 8 mm
Durchmesser in Höhe der Bürstenbahn: 10 mm

## Bürsten

Abmessungen (ca.): 8 mm x 4,8 mm x 3,2 mm
Ohne Zuleitungen
Federdruck je Bürste: 110 Gramm

## Schaltung

Anschluß des Wischermotors über Masse-Rückführleitung. Über den Schalterhebel wird der Stromkreis von einem an der Bürstenplatte befestigten (und an einen Bürstenträger angeschlossenen) Messingband über die Abdeckung zu einer Masseklemme geschlossen.

## Details zum Wischergetriebe

Anzahl der Rotorritzelzähne: 6
Zwischengetriebe (aus „Tufnol" oder einem ähnlichen Werkstoff): 39 Zähne
Zwischenritzel: 7 Zähne
Führungsrad: 70 Zähne
Gesamtuntersetzungsverhältnis: 65:1
Der Pendelmechanismus besteht aus einer Zahnstange, die sich mit einem Radius von 8 mm auf dem Führungsrad bewegt und ein auf der Wischer-Endspindel montiertes Zahnrad mit einem Teilkreisdurchmesser von etwa 13 mm antreibt, was einen theoretischen Wischerblattwinkel von 140° ergibt.
Die nachstehenden Leistungstestergebnisse wurden ermittelt beim Betrieb eines einzelnen Wischerarmes (mit Wischerblatt, zu dem am Ende dieses Abschnitts noch Detailangaben zusammengestellt sind) auf einer trockenen und sauberen Windschutzscheibe. Der Scheibenwischer befand sich dabei auf Zimmertemperatur.
Betriebsspannung: 6 Volt
Strom (ca.): 1,9 bis 2,0 A
Wischgeschwindigkeit: 26,5 Wischbewegungen pro Minute
Wischerblattwinkel: 125°

## Meßergebnisse nach einer halben Stunde Betriebszeit

Strom (ca.): 1,4 bis 1,5 A
Wischgeschwindigkeit: 35 Wischbewegungen pro Minute
Aufheizung: Zufriedenstellend

## Weitere Messungen (ermittelt bei Zimmertemperatur)

Auslenkstangen-Stillstandsmoment (ca.): 0,1 kgm
Rotor-Stillstandsmoment (ca.): 0,004 kgm
Stromaufnahme bei Stillstandsmoment (ca.): 4,1-5,0 A
Rotordrehzahl (bei ungehindertem Betrieb): 1750/min
Stromaufnahme (bei ungehindertem Betrieb): 1,98 A
Ankerfluß bei 6 Volt an der Feldwicklung (in kaltem Zustand): 11,25 KL

## Detailangaben zu Wischerarm und Wischerblatt

Effektive Länge des Wischerarmes (vom Spindel-Mittelpunkt zum Wischerblatt-Drehpunkt): Ca. 18,4 cm
Länge des Wischerblatts: 18 cm
Größter Abstand Wischerblatt-Drehpunkt von der Antriebsspindel: 9,5 cm
Wischerblatt besteht aus zwei 0,5 mm dicken Gummilagen, mit einem Metall-Abstandsteil im Wischerkanal
Die Befestigung für den Wischerarm besteht aus einer Klemmscheibe, die mit einer durch die Klemmschraube hervorgerufenen Andruckkraft gegen den Arm gedrückt wird.

## DANKSAGUNG

Bei der Zusammenstellung des vorliegenden Berichts möchten wir uns bei den folgenden Firmen bedanken, die uns die darin enthaltenen Informationen zur Verfügung gestellt haben:

JOSEPH LUCAS LTD.
Elektrische Ausrüstung und Stoßdämpfer

PRESSED STEEL CO., LTD.
Karosserie und Bodenbaugruppe

DUNLOP RUBBER CO., LTD.
Räder und Reifen

Konstruktionsabteilung
**HUMBER LTD.**
COVENTRY

*Sept. 1943*

TEIL II

VERGLEICHSTEST AN DER VOLKSWAGEN-LIMOUSINE
(TYP 11) ZUR ERMITTLUNG DER FAHRLEISTUNGEN IM STRASSENVERKEHR

---

Bericht erstellt von HUMBER LTD.

Am 18.2.1946 traf bei der Humber-Versuchsabteilung eine zivile Limousinenversion des obengenannten Wagens ein, die nach dem Ende der Kriegshandlungen in Deutschland unter britischer Aufsicht gebaut worden war. Es wurden Tests mit dem Ziel durchgeführt, Leistungsdaten sowie allgemeine Eindrücke über dieses Fahrzeug zu gewinnen, wobei jedoch von Anfang an betont werden sollte, daß das Fahrzeug nicht in seine Einzelteile zerlegt wurde. Daher enthält die hier präsentierte Beschreibung des Fahrzeugs lediglich Informationen, die sich aus einer oberflächlichen Untersuchung ergeben haben.

In den Fällen, in denen Leistungsangaben den entsprechenden Werten eines Hillman Minx gegenübergestellt wurden, wurde ein Testfahrzeug vom Typ Minx M.3 verwendet, an dem vor Ermittlung der jeweiligen Zahlenwerte keine besondere Optimierung vorgenommen worden war, da es für gerechter erachtet wurde, zu Vergleichszwecken einen zufällig ausgewählten Wagen in durchschnittlichem Zustand heranzuziehen.

Da nicht alle Leser mit den Hügelstrecken vertraut sein dürften, die zur Ermittlung der in Abschnitt 4 wiedergegebenen Vergleichsdaten befahren wurden, seien diese im folgenden beschrieben.

Frizz Hill

Mittlere Steigung 1:23,5. Länge ca. 365 Meter. Steigungsverlauf geradlinig, am oberen Ende etwas geringer.

Edge Hill

Mittlere Steigung 1:8, maximale Steigung 1:7,1. Länge ca. 730 Meter. Eine scharfe Rechtskurve nahe dem unteren Endpunkt sowie mehrere weit geschwungene Links- und Rechtskurven nahe dem oberen Ende. Steilster Abschnitt ca. 45 Meter hinter der Rechtskurve.

MOTOR
---

Der Motor des untersuchten Fahrzeugs war fast identisch mit dem der bereits früher getesteten Militärversion, nur mit dem Unterschied, daß der Hubraum der hier betrachteten zivilen Limousine auf 1161 cm$^3$ erhöht wurde (die frühere Version hatte einen Hubraum von 960 cm$^3$). Selbstverständlich handelt es sich nach wie vor um den luftgekühlten Boxermotor mit jeweils zwei horizontal gegenüberliegenden Zylinderpaaren. Er verfügt über obenliegende Ventile mit Stößelsteuerung und ist mit einer Zwangsluftkühlung ausgestattet, bei der ein auf dem Motor montiertes Gebläse die warme Luft aus dem Motorbereich abzieht. Der im Heck des Fahrzeugs angeordnete Motor bildet eine Einheit mit der Kupplung, dem Getriebe und dem Enduntersetzungsgetriebe. Er ist an drei Punkten ohne sichtbare Gummipuffer aufgehängt. Die Montagepunkte befinden sich an der Getriebeglocke und am vorderen Ende des Getriebes.

Die Kraftübertragung erfolgt über eine normale Trockenscheibenkupplung, die über einen Seilzug von dem auf der Fahrerseite (also links) angeordneten Kupplungspedal aus betätigt wird. Der Betätigungsdruck für das Kupplungspedal beträgt 18 kg, der Pedalweg 12 cm.

Der Motor ist ziemlich laut und hat einen rauhen Lauf, was zweifellos auf das Fehlen eines Wasserkühlmantels und einer gefederten Aufhängung zurückzuführen ist. Wie den Leistungs- und Kraftstoffverbrauchsdaten zu entnehmen ist, die weiter hinten in diesem Bericht zu finden sind, ist die Leistung des Motors keineswegs überragend, sein Kraftstoffverbrauch hingegen ziemlich günstig, wenngleich dies auch teilweise auf die extrem leichte Bauweise des Fahrzeugs zurückzuführen ist. Die Größe von Vergaser und Ansaugrohr lassen vermuten, daß der Motor durchaus eine höhere Leistung liefern könnte, denn die genannten Komponenten wurden anscheinend absichtlich kleiner als üblich ausgelegt. Ob jedoch der Motor einer höheren Leistung auf Dauer standhalten könnte, erscheint fragwürdig.

Zur Einschätzung des Motorzustands vor Durchführung des Tests wurde der Kompressionsdruck der vier Zylinder gemessen, was zu folgenden Ergebnissen führte:

| | |
|---|---|
| Zylinder vorn links | 7,7 bar |
| Zylinder vorn rechts | 5,9 bar |
| Zylinder hinten links | 7,9 bar |
| Zylinder hinten rechts | 7,3 bar |

Zu Vergleichszwecken wurden auch die entsprechenden Daten des bei den Tests verwendeten Vergleichsfahrzeugs Minx M.3 gemessen.

| | |
|---|---|
| Zylinder Nr. 1 | 8,6 bar |
| Zylinder Nr. 2 | 8,3 bar |
| Zylinder Nr. 3 | 8,5 bar |
| Zylinder Nr. 4 | 8,3 bar |

Wie sich herausstellte, war einer der Zylinder des Volkswagen-Motors ziemlich stark verschlissen; er wurde jedoch nicht demontiert, um die Ursache hierfür zu ermitteln. Beim Minx lagen die Kompressionsdrücke durchweg höher und waren hinreichend gleichmäßig verteilt, was auf einen guten Zustand der Ventile, Kolbenringe und ähnlicher Bauteile schließen läßt. Bei der Bewertung der Vergleichsdaten der beiden untersuchten Fahrzeuge sollte daher der unbekannte Zustand des Volkswagen-Motors berücksichtigt werden.

Gleichwohl hätte man vom Volkswagen angesichts seines geringeren Gewichts bessere Fahrleistungen erwarten können. Wenn beide Fahrzeuge ein ähnliches Gesamtgewicht hatten (also der Minx mit drei Insassen und der Volkswagen mit fünf Insassen sowie 45 kg Zuladung), wird dieser Leistungsunterschied sehr deutlich. Interessant ist auch der Vergleich der Leistungen beider Wagen bei voller Beladung (Minx: 4 Insassen + 90 kg, Volkswagen: 5 Insassen + 72 kg). Nähere Daten aus dem Vergleichstest sind Abschnitt 4 zu entnehmen.

## GETRIEBE

Das Getriebe ist mit vier Vorwärtsgängen und einem Rückwärtsgang ausgestattet, die durchweg nicht synchronisiert sind, doch der Gangwechsel läßt sich sehr einfach bewerkstelligen. Das Getriebe wurde nicht untersucht, aber aus den vor einiger Zeit durchgeführten Tests an der Militärversion ist bekannt, daß zum Einlegen des dritten oder vierten Gangs eine raffiniert aufgebaute Klauenkupplung verwendet wird, und die Leichtigkeit, mit der das Schalten bei der Zivilversion vonstatten geht, läßt darauf schließen, daß auch die Zivilversion über dieses Merkmal verfügt. Geschaltet wird mit einem bequem zwischen den beiden Vordersitzen angeordneten Ganghebel, dessen Betätigung sauber, leichtgängig und definiert erfolgt und von Motorvibrationen oder Unebenheiten der Fahrbahn in keiner Weise beeinflußt wird. Der erste und der zweite Gang arbeiten recht geräuschvoll, die beiden hohen Gänge dagegen einigermaßen leise. Alle scheinen ihrem vorgesehenen Verwendungszweck angemessen zu sein. Vom Getriebe und der Hinterachseinheit wird die Antriebskraft über Metall-Kreuzgelenke an die geteilten Antriebswellen übertragen, die in Rohren verlaufen. An deren Außenenden sind die Bremsbacken-Trägerplatten und Radlager angeschraubt. Die Kreuzgelenke werden durch flexible Gummimuffen geschützt; ein Naben-Untersetzungsgetriebe ist nicht eingebaut.

## LENKUNG

Die Lenkung ist in völlig konventioneller Weise aufgebaut und dürfte dem äußeren Anschein nach eine Spindellenkung sein, die ein ziemlich direktes Lenkgefühl vermittelt, aber auch ziemlich gewöhnungsbedürftig ist. Das Lenkrad vollzieht von einem Anschlag zum anderen etwas mehr als 2,75 Umdrehungen; nähere Angaben zum Wendekreis sind einem separaten Abschnitt zu entnehmen, in dem die entsprechenden Vergleichs-Testdaten zusammengestellt sind. Die Lenkung zeigt in Kurven eine Tendenz zum Übersteuern und ist dort ausgesprochen heikel in der Handhabung. Der Lenkstockhebel ist im wesentlichen „T"-förmig und mit einer zweiteiligen Spurstange gekoppelt, die der I.F.S.-Standardanordnung von Humber sehr ähnlich ist. In der Lenksäule befindet sich eine Universalgelenkkupplung; die Lenkung wurde als ausgesprochen rückstoßfrei empfunden.

## RADAUFHÄNGUNG

Die Radaufhängung verfügt vorn und hinten über Drehstäbe, die zentral mit dem Mittelträger der Fahrwerks-Bodenbaugruppe verbunden sind und auf die hydraulische Stoßdämpfer wirken. Die Radaufhängung, die für ein Militär- oder Geländefahrzeug durchaus geeignet gewesen sein mag, ist nach unserer Ansicht für ein Zivilfahrzeug eine sehr mangelhafte Lösung.

Die harte Radaufhängung macht bei Fahrten sowohl auf unebenen als auch auf glatten Straßen einen ausgesprochenen schlechten Eindruck und bietet den Insassen keinen Fahrkomfort.

Für die Hinterräder werden Kolbenstoßdämpfer, für die Vorderräder einfachwirkende Teleskopstoßdämpfer verwendet.

## BREMSEN

Die Bremsen aller vier Räder werden über Seilzüge betätigt. Die Handbremse, deren Bedienhebel zentral zwischen den Vordersitzen angeordnet ist, wirkt über dieselben Seilzüge ebenfalls auf alle vier Räder. Die Bremsleistungen sind definitiv schlecht, wie die Zahlenwerte in den Vergleichs-Testdaten belegen.

## ELEKTRISCHE ANLAGE

Das Fahrzeug verfügt über Scheinwerfer für Abblend- und Standlicht, die in die Karosserie integriert sind, sowie eine zentral auf der Motorhaube angeordnete kombinierte Brems- und Rückleuchte. Die Scheinwerferglühlampen verfügen über zwei Glühwendeln, deren Umschaltung über einen fußbetätigten Fernlichtschalter erfolgt. Die beiden elektrischen Scheibenwischer (ohne Parkposition) werden über einen Umschalter ein- und ausgeschaltet, der auch zur Aktivierung der Innenleuchte dient. Blinkleuchten sind nicht vorhanden; der Hupenknopf befindet sich in Lenkradmitte.

## KAROSSERIE UND FAHRWERK

Das Fahrzeug ist insgesamt eine teilselbsttragende Konstruktion, verfügt also nicht über einen Fahrwerksrahmen im herkömmlichen Sinn, sondern über eine Grundplattform mit einer Art Tunnel, der von vorn nach hinten verläuft. Auf dieser Bodenbaugruppe sind die übrigen Karosseriekomponenten aufgebaut. Es ist bedauerlich, daß die Konstrukteure diesen tunnelförmigen Mittelträger für notwendig erachtet haben, da er weitgehend einen der Vorteile eines Heckmotors aufzehrt, nämlich die Möglichkeit zur Verwendung eines flachen, durchgehenden Bodenbleches. Andererseits hat diese Konstruktion jedoch den Bau eines sehr leichten Fahrzeugs ermöglicht, und unter diesem Aspekt sind die erzielten Ergebnisse sehr zufriedenstellend.

Was die Karosserie selbst betrifft, wird von der Karosserie-Versuchsabteilung ein separater Bericht ausgearbeitet, so daß nur dann auf Einzelheiten eingegangen wird, wenn diese den Fahrer oder die Fahrgäste während der Fahrt oder beim Ein- und Aussteigen betreffen.

Die Sicht von der Fahrerposition nach vorn und unten ist gut, doch die dicken und steil aufragenden Säulen am Rand der Windschutzscheibe verursachen höchst bedenkliche tote Winkel.

Der Zugang zu den Vordersitzen ist zufriedenstellend und erfolgt durch zwei Türen, deren Scharniere an der A-Säule montiert sind.

Die versenkten Türgriffe stellen eine attraktive konstruktive Einzelheit dar, wenngleich auch beide Türen sehr heftig zugeschlagen werden müssen, damit sie ordnungsgemäß schließen.

Die Sitzpositionen sind vorn und hinten gut, obwohl nach gängigen britischen Standards ein größerer Komfort wünschenswert wäre.

Für die Sitzbezüge werden Textilien von sehr geringer Qualität verwendet, die bereits deutliche Verschleißerscheinungen aufweisen.

Hinter der Rücksitzbank befindet sich ein kleiner Gepäckraum; ein zusätzlicher Gepäckraum befindet sich vor dem Fahrer an der Position, an der normalerweise der Motor untergebracht ist.

In diesem vorderen Gepäckraum befinden sich auch der Kraftstofftank sowie das Reserverad und das Bordwerkzeug. Vom Tankeinfüllstutzen, dessen Verschlußkappe nicht ordnungsgemäß schließt, gelangen Benzindämpfe in den Fahrgastraum.

Der Zugang zum Motor erfolgt über eine oben angeschlagene Heckklappe, die zwecks Zuführung von Kühlluft mit Kühlschlitzen versehen ist.

Viel Aufmerksamkeit wurde offensichtlich der Frage der Fahrzeugbeheizung gewidmet, da ein Heizsystem in die Karosseriekonstruktion integriert wurde. Die hohlen Seitenteile der Karosserie dienen zugleich als Warmluftkanäle; Luftaustritte befinden sich im Fußbereich der Fahrzeuginsassen (vorn und hinten). Weitere kleine Luftaustritte sind an den unteren Ecken der Windschutzscheibe angeordnet, so daß die dort austretende warme Luft ein Beschlagen der Scheibe verhindert. Bedient wird das Heizsystem über ein Klappenventil, das bewirkt, daß die warme Luft entweder direkt aus dem Fahrzeugheck herausströmt, wenn die Heizung nicht benötigt wird, oder - bei kaltem Wetter - durch die Karosserie ins Wageninnere geleitet wird. Das Klappenventil wird über einen kleinen Druckknopf zwischen den beiden Vordersitzen betätigt. Diese Lösung, so bewundernswert sie auch in mancherlei Hinsicht ist, hat den Nachteil, daß auch Gerüche und Abgase aus dem Motorraum ins Wageninnere gelangen.

GEWICHT

Um zu ermitteln, wie sich die Beladung mit einem oder mehreren Insassen auf die vordere und hintere Achslast auswirkt, wurden die vordere Achslast, die hintere Achslast und das Gesamtgewicht zunächst im unbeladenen Zustand und anschließend mit jeweils einem Insassen mehr (auf verschiedenen Sitzpositionen) gemessen. Die dabei ermittelten Gewichte sind in der nachstehenden Tabelle zusammengefaßt.

Auswirkungen unterschiedlicher Beladung auf die Gewichtsverteilung

| Beladezustand | Vorn | Hinten | Gesamt |
|---|---|---|---|
| Unbeladen | 304 kg | 402 kg | 707 kg |
| Nur der Fahrer | 352 kg | 434 kg | 782 kg |
| Fahrer und Beifahrer | 384 kg | 463 kg | 847 kg |
| Fahrer, Beifahrer und eine Person hinten | 400 kg | 517 kg | 916 kg |
| Fahrer, Beifahrer und zwei Personen hinten | 412 kg | 568 kg | 980 kg |
| Fahrer, Beifahrer und | 431 kg | 622 kg | 1053 kg |

## VERGLEICHS-TESTDATEN

|  | VOLKSWAGEN | MINX |
|---|---|---|
| **1. GEWICHT** Komplettes Fahrzeug ohne Kraftstoff, Öl und Wasser, Ersatzrad und Werkzeug | | |
| Vorn | 304 kg | 466 kg |
| Hinten | 403 kg | 467 kg |
| Gesamt | 707 kg | 942 kg |
| **2. HUBRAUM** Kubikzentimeter | 1161 | 1184,5 |
| **3. BESCHLEUNIGUNGSWERTE** | | |
| Beladung mit 2 Insassen | 843 kg | 1053 kg |
| 4. Gang   16 – 32 | 17,1 Sekunden | 14,9 Sekunden |
| 32 – 64 | 18,4 '' | 15,3 '' |
| 48 – 80 | 29,35 '' | 18,8 '' |
| 16 – 32 | 9,9 '' | 7,7 '' |
| 16 – 64 | 27,8 '' | 23,75 '' |
| 16 – 80 | 44,15 '' | 34,35 '' |
| 3. Gang   16 – 32 | 4,05 '' | 4,05 '' |
| 16 – 48 | 7,05 '' | 8,48 '' |
| 16 – 64 | 14,5 '' | 14,7 '' |
| 2. Gang   16 – 32 | 2,65 '' | 2,3 '' |
| Von 0 auf 80 km/h im | | |
| 1., 2., 3. und 4. Gang | 39,0 '' | 25,5 '' |
| 2., 3. und 4. Gang | 40,25 '' | 25,9 '' |
| Von 0 auf 64 km/h im | | |
| 1., 2., 3. und 4. Gang | 22,25 '' | 17,45 '' |
| 2., 3. und 4. Gang | 23,05 '' | 17,47 '' |
| 1., 2. und 3. Gang | 19,75 '' | 15,1 '' |
| 2. und 3. Gang | 20,0 '' | 15,9 '' |

|  | VOLKSWAGEN | MINX |
|---|---|---|
| Von 0 auf 48 km/h im 1., 2. und 3. Gang | 13,5 Sekunden | 9,7 Sekunden |
| 2. und 3. Gang | 13,6 '' | 9,6 '' |
| Von 0 auf 32 km/h im 1. und 2. Gang | 7,8 '' | 4,5 '' |
| 2. Gang | 7,9 '' | 5,2 '' |
| Von 0 auf 16 km/h im 1. Gang ) 2. Gang ) | Tachoanzeige fehlerhaft | 1,8 '' 2,2 '' |
| Viertelmeile aus dem Stand im 1., 2., 3. und 4. Gang | 27,7 Sekunden | 27,6 '' |
| 2., 3. und 4. Gang | 28,8 '' | 27,5 '' |
| Durchschnittl. Höchstgeschwindigkeit, gemessen über eine Viertelmeile | 90 km/h | 94 km/h |
| **4. STEIGUNGSFAHRTEN** | | |
| Frizz Hill, 2 Insassen | 843 kg | 1053 kg |
| Anfangsgeschwindigkeit (km/h) | 64 | 64 |
| Endgeschwindigkeit (km/h) | 29 | 37 |
| Zeit (Sekunden) | 41 | 39,5 |
| Gang | 4 | 4 |
| 3 Insassen | Siehe unter „5 Insassen" + 68 kg Zusatzgewicht | 1121 kg |
| Anfangsgeschwindigkeit (km/h) ) | | 64 |
| Endgeschwindigkeit (km/h) ) | Nicht gemessen | 33 |
| Zeit (Sekunden) ) | | 67 |
| Gang ) | | 4 |

|  | VOLKSWAGEN | MINX |
|---|---|---|
| 4 Insassen + 90 kg Gepäck |  | 1279 kg |
| Anfangsgeschwindigkeit (km/h) | ) | 64 |
| Endgeschwindigkeit (km/h) | ) Nicht gemessen | 11 |
| Zeit (Sekunden) | ) | 63,3 |
| Gang | ) | 3, (Gangwechsel bei 16 km/h |
| 5 Insassen + 72 kg Gepäck | 1119 kg | Siehe unter „3 Insassen" |
| Anfangsgeschwindigkeit (km/h) | 64 | ) |
| Endgeschwindigkeit (km/h) | 37 | ) Nicht gemessen |
| Zeit (Sekunden) | 39,8 | ) |
| Gang | 3. | ) |
| **Edge Hill** |  |  |
| 2 Insassen | 843 kg | 1053 kg |
| Anfangsgeschwindigkeit (km/h) | 64 | 64 |
| Umschalten in 3. Gang bei | 48 | 46 |
| Umschalten in 2. Gang bei | 32 | 34 |
| Endgeschwindigkeit (km/h) | 40 | 45 |
| Zeit (Sekunden) | 87,5 | 84,4 |
| 3 Insassen | Siehe unter „5 Insasen + 72 kg" Zusatzgewicht | 1121 kg |
| Anfangsgeschwindigkeit |  | 64 |
| Wechsel in 3. Gang | ) | 46 |
| Wechsel in 2. Gang | ) Nicht gemessen | 34 |
| Endgeschwindigkeit (km/h) | ) | 43 |
| Zeit (Sekunden) | ) | 88 |

|  | VOLKSWAGEN | MINX |
|---|---|---|
| 4 Insassen + 90 kg Gepäck | | 1279 kg |
| Anfangsgeschwindigkeit (km/h) | | 64 |
| Wechsel in 3. Gang | Nicht gemessen | 45 |
| Wechsel in 2. Gang | | 34 |
| Endgeschwindigkeit (km/h) | | 38 |
| Zeit (Sekunden) | | 91,1 |
| 5 Insassen + 72 kg Gepäck | 1119 kg | Siehe unter „3 Insassen" |
| Anfangsgeschwindigkeit (km/h) | 64 | ) |
| Wechsel in 3. Gang | 48 | ) |
| Wechsel in 2. Gang | 32 | ) Nicht gemessen |
| Endgeschwindigkeit (km/h) | 29 | ) |
| Zeit (Sekunden) | 104,1 | ) |

## 5. KRAFTSTOFFVERBRAUCH

|  | VOLKSWAGEN | MINX |
|---|---|---|
| 2 Insassen | 843 kg | 1053 kg |
| bei einer Durchschnittsgeschwindigkeit von | 60 km/h | 57 km/h |
| Verbrauch | 6,6 Liter/100 km | 8,2 Liter/100 km |
| 3 Insassen | ) | 1121 kg |
| Durchschnittsgeschwindigkeit | ) Nicht gemessen | 57 km/h |
| Verbrauch | ) | 8,3 Liter/100 km |

|  | VOLKSWAGEN | MINX |
|---|---|---|
| Gewicht mit 4 Insassen + 90 kg Gepäck | ) | 1279 kg |
| bei einer Durchschnittsgeschwindigkeit von | ) Nicht gemessen | 58 km/h |
| Verbrauch | ) | 9,1 Liter/100 km |
| 5 Insassen + 72 kg Gepäck | 1119 kg | ) |
| bei einer Durchschnittsgeschwindigkeit von | 58,5 km/h | ) Nicht gemessen |
| Verbrauch | 7,1 Liter/100 km | ) |

HINWEIS

1. Beladung des Volkswagens mit 5 Insassen + 72 kg ist vergleichbar mit einer Beladung des Minx mit 3 Insassen.

2. Während der Tests schwankte die Umgebungstemperatur zwischen 4°C und 17°C.

3. Während der Tests schwankte der Luftdruck zwischen 1002 und 1017 Millibar.

## 6. BREMSLEISTUNGEN

| Normalgewicht, voll beladen | 5 Insassen = 1047 kg | 4 Insassen + 68 kg = 1256 kg |
|---|---|---|
| Pedalkraft (kg) | Bremsverzögerung (%) | Bremsverzögerung (%) |
| 9 | 4,65 | 20 |
| 18 | 18,65 | 42 |
| 27 | 29,5 | 64 |
| 36 | 42 | 82 |
| 45 | 48 | 88 |
| 54 | 54,3 | |
| 63 | 60,5 | |
| 72 | 66,75 | |
| 81 | 68,3 (Blockieren der Vorderräder setzt gerade ein) | |

|  |  | VOLKSWAGEN | MINX |
|---|---|---|---|
| 7. | Wendekreis | | |
| | rechts | 9,98 m | 9,95 m |
| | links | 10,97 m | 10,51 m |
| 8. | Radstand | 2,17 m | 2,34 m |
| 9. | Spurweite | | |
| | vorn | 1,29 m | 0,95 m |
| | hinten | 1,22 m | 1,23 m |
| 10. | Reifengröße | 5,00 - 16 | 5,00 - 16 |
| 11. | Gesamthöhe (unbeladen) | 1,52 m | 1,59 m |
| 12. | Gesamtlänge | 3,99 m | 3,69 m |
| 13. | Gesamtbreite | 1,55 m | 1,54 m |

TEIL III

KAROSSERIEKONSTRUKTION

der

VOLKSWAGEN-LIMOUSINE, TYP 11

Bericht erstellt von

HUMBER LTD.

## LISTE DER ABBILDUNGEN

| ABBILDUNG NR. | TITEL |
| --- | --- |
| 1. | Abmessungen |
| 2. | Übersicht zu den Karosserieblechen, vorderer Bereich |
| 3. | Übersicht zu den Karosserieblechen, hinterer Bereich |
| 4. | Numerierung der Karosserieteile |
| 5. | Schnittzeichnung durch vorderes und hinteres Ende des Dachbleches |
| 6. | Schnittdarstellung Boden und Trittbrett |
| 7. | Schnittdarstellungen „A"-Säule, „BC"-Säule und Tür |
| 8. | Schnittdarstellungen – Dichtung der vorderen Gepäckraumhaube – Schmutzfängerkante am vorderen Kotflügel und Dichtung der vorderen Haube |
| 9. | Schnittdarstellung Gepäckraumboden und Skizze des Innenverkleidungs-Befestigungsclips |
| 10. | Schnittdarstellungen zum Dachblech |
| 11. | Türschloßmechanismus |
| 12. | Fensterhebermechanismus |
| 13. | Verschluß von vorderer Haube und Motorhaube |
| 14. | Haubenaufstellmechanismus |
| 15. | Motorhaubenscharnier |
| 16. | Aufbau der Rücksitzbank |
| 17. | Heizungssystem |
| 18. | Halbbildansicht des Fahrzeugs von vorn |
| 19. | Halbbildansicht des Fahrzeugs von hinten |
| 20. | Seitenansicht des Fahrzeugs |
| 21. | Ansicht des Fahrzeugs von vorn |
| 22. | Nahaufnahme des Motors |
| 23. | Motorraum im Fahrzeugheck |
| 24. | Anordnung des Armaturenbretts mit Instrumententräger |
| 25. | Blick in den vorderen Gepäckraum |
| 26. | Anordnung der Pedale und Hebel |
| 27. | Blick auf Bodenvorderteil und Vorderachse |

—ooOoo—

## VOLKSWAGEN-LIMOUSINE

Allgemeine Anmerkungen zum Fahrzeug mit Ausstattung aus der Kriegszeit, nach Inspektion durch die Karosserie-Konstruktionsabteilung.

### Allgemeine Daten

Beim untersuchten Fahrzeug handelte es sich um eine zweitürige Limousine mit vier Fenstern und geschlossenem Dach, die fünf Insassen - zwei auf den Einzelvordersitzen und drei auf der Rücksitzbank - Platz bietet.

| | |
|---|---|
| Radstand | 239 cm |
| Spurweite vorn | 129,5 cm |
| Spurweite hinten | 122 cm |
| Gesamtlänge | 405 cm |
| Gesamthöhe | 1,51 m |
| Gesamtbreite | 1,54 m |
| Achslast vorn | 305 kg |
| Achslast hinten | 394 kg |
| Gesamtgewicht | 699 kg |
| (inklusive Kraftstoff und Öl, ansonsten unbeladen) | |

6-Volt-Beleuchtungsanlage; Batterie mit Metallblechabdeckung unter der Vorderkante der Rücksitzbank. Integrierte Scheinwerfer mit Fern- und Abblendlicht sowie Standleuchten. Zwei Heckleuchten (je eine auf jedem Kotflügel) sowie eine zentrale Leuchte mit Nummernschildbeleuchtung auf der Motorhaube. Ein Ganghebel ist zentral auf dem Mittelträger der Fahrgestell-Bodenbaugruppe angeordnet, dahinter zwischen den beiden schalenförmigen Einzelvordersitzen ein horizontaler Handbremshebel.

(Eine Übersicht über die Maße ist in Abbildung Nr. 1 angegeben.)

## DETAILINFORMATIONEN ZUR KAROSSERIE

### KAROSSERIEKÖRPER

Die Karosserie besteht aus Stahlblech-Preßteilen, die nach modernen Konstruktionsprinzipien gefertigt sind, und basiert auf dem Prinzip der teilselbsttragenden Karosserie, d.h. einer Karosserie, die eine Verstärkung des Fahrgestells bzw. der unteren Rahmenbaugruppe bewirkt. Der größte Teil der Stabilität der unteren Rahmenstruktur wird durch einen vollständig geschlossenen Mittelträger („Tunnel") erzielt, in dem die Steuergestänge und Steuerseile verlaufen. Der Mittelträger bildet das Rückgrat der Plattform, an welcher vorn und hinten geeignete Querträger für die Radaufhängung montiert sind, wobei der hintere Ausleger horizontal gegenüber dem Triebwerk angeordnet ist. Die wichtigsten Karosseriebleche sind aus großen Preßteilen hergestellt, und die zur Fertigung eingesetzten Werkzeuge wurden zur Herstellung großer, vollständiger Bleche mit häufig komplexer Formgebung ausgelegt. So beinhalten beispielsweise die vorderen und hinteren Außenbleche zugleich die Radkästen (siehe Skizze mit den einzelnen Karosserieblechen). Dies vereinfacht die Fertigung, bei der zur Montage der Karosserie weitgehend von Punkt- und Abbrennschweißverbindungen Gebrauch gemacht wurde.

Bestimmte wichtige Karosserieteile wurden zur Reduzierung der erforderlichen Punktschweißungen durch Bördeln miteinander verbunden. Dies gilt für die Verbindung zwischen dem Dachblech und den Seitenblechen, wo die Dachrinne über den Verbindungsrand hinaus ragt, desgleichen für die vorderseitigen Verstärkungs-Preßteile und für die hinteren Seitenbleche an den Stellen, an denen diese mit den inneren Verstärkungsblechen verbunden sind (siehe Abschnitte 11, 4 und 5). Die Verteilung der Bleche ist außerordentlich interessant und sei für die wichtigsten Bleche kurz vorgestellt:

(a) Vordere Karosserie-Seitenteile. Hierzu gehören die Radkästen und eine Bördelverbindung für die vorderen inneren Verstärkungselemente.

(b) Hintere Karosserie-Seitenteile. Hierzu gehören die Bleche für die hinteren Seitenfenster, die hinteren Radkästen (die zweckmäßigerweise an ihren Unterkanten zusammengebördelt sind und somit eine verstärkende Wirkung haben), die Vorderseite der Türschloßsäule (B-Säule) und eine Bördelverbindung mit dem inneren Verstärkungsblech.

(c) Dachblech. Dieses erstreckt sich von der Hinterkante der vorderen Haube bis zur Motorhaube und beinhaltet auch die Öffnung für die Windschutzscheibe, die beiden Heckleuchten und den Kühlluftgrill.

(d) Vordere innere Verstärkung. Hierzu gehören die innere Verstärkung des Windschutzscheibenrahmens, das Armaturenbrettblech und die Außenflächen der A-Säule, an der sich die Türscharniere befinden.

(e) Seitliche Verstärkungsbleche. Diese erstrecken sich von der vorderen inneren Verstärkung bis zum äußersten Ende der Karosserie hinter der Rücksitzbank und bilden zugleich eine Art Türsturz.

(f) Vordere Gepäckraumhaube und Motorhaube

(g) Mittleres Verbindungsblech vorn und hinten, Bodenblech im Bereich der Vordersitze und Trittbretter.

(Eine Übersicht über die Bleche ist in den Abbildungen 2 und 3 zu finden.)

Es wurde festgestellt, daß das Preßteil für das Armaturenbrett so konstruiert ist, daß es sowohl in links- als auch rechtsgelenkte Versionen eingebaut werden kann, und daß die Luftaustrittsdüsen an den Ecken der Windschutzscheibe in dieses Blech eingeformt sind. Die Luftkanäle für diese Düsen sowie für die Heizung sind in entsprechende Hohlräume in der Karosseriestruktur integriert. Die inneren Verstärkungselemente, die noch in der im Krieg allgemein verwendeten Farbe lackiert sind, sind sichtbar und könnten durch eine geeignete Lackierung durchaus attraktiv gestaltet werden.

(Die einzelnen Karosseriebauelemente sind den Abbildungen 4 und 5 bis 10 zu entnehmen.)

TÜREN

Diese sind an ihren Vorderkanten an je zwei Scharnieren befestigt, die aus je einem blanken Bolzen und einem Scharnierband bestehen und zum Schutz gegen Witterungseinwirkungen unter einer Abdeckung liegen. Die Türen sind aus zwei miteinander punktverschweißten Hauptpreßteilen hergestellt (siehe Abbildung 7). Der Spalt zwischen diesen beiden Teilen, in dem sich die Seitenfensterscheibe befindet, wird an mehreren Stellen durch Abstandshalter überbrückt. Die Bördelung zum Punktverschweißen des Außen- und des Innenblechs ist zugleich so geformt, daß eine darin verlaufende Gummidichtung sicher in Position gehalten wird. Im Bereich der Scharnier- und der Türschloßsäule (A- und B-Säule) verläuft diese Dichtung um vertieft liegende Beschläge herum. Die Türen sind mit einer Schließmechanik bestückt, bei der ein drehbarer Riegel ein leichtgängiges Schließen der Tür ermöglicht. Zum Öffnen der Tür dienen herausziehbare Griffe, von denen der Griff auf der rechten Seite einen Schließzylinder enthält (siehe Abbildung 11). Die zugehörigen Innengriffe sind so weit vorn angeordnet, daß sie von den Insassen auf den Vordersitzen bequem zu erreichen sind. Die Türen besitzen zwei große Anschläge in Form von zusammengesetzten Trapezen, die in Vertiefungen in der B-Säule passen und keinerlei Metallkomponenten beinhalten. Besonders interessant ist die Konstruktion des Fensterhebers (siehe Abbildung 12): Dieser besteht aus einer Parallelogramm-Mechanik mit einem äußerst stark untersetzten Kurbelmechanismus üblicher Bauart. Der Befestigungsbeschlag besteht aus einem gelochten Blechstreifen, der für die rechte und linke Tür einheitlich geformt ist und auch alle Bohrungen zur Aufnahme der Arme für beide Einbausituationen enthält. Diese Bohrungen haben einen Durchmesser von ca. 1,3 cm und bilden nach dem Verstiften mit den Armen eine wesentlich stabilere Lagerung als üblich. Auffällig ist, daß diese Bohrungen in einer Sicke des Befestigungsbeschlages liegen, die als Auflagefläche für die Arme dient. Die ausgestanzten gezahnten Segmentstücke sind ebenfalls sehr sorgfältig bedacht worden: Wie die Inaugenscheinnahme zeigt, sind sie aus einem Blechstreifen herausgestanzt, da sich dieselben Stanzspuren in beiden Segmentstücken wiederfinden. Die Türinnengriffe und Fensterkurbelgriffe sind durch Keilwellenverbindungen mit Paßkerbstiften befestigt.

Die Fensterscheibenführungen (siehe Schnittdarstellung in Abbildung 7) haben einen besonders großen Querschnitt und beinhalten einen Stahlblechkanal mit Gummieinsatz, der von einem schwarzen Bezug aus Mokettimitat bedeckt ist. Die Türfenster bestehen aus Sicherheitsglas. Die Türfüllung besteht aus porösem Papierfilz und die Türinnenverkleidung aus gepolsterter und mit Lederstoff bezogener Pappe, wobei die Türinnenverkleidung mit Clips gemäß Abbildung 9 am Türinnenblech befestigt ist. Als Türanschlag sind effizient funktionierende Metallstreifen vorhanden, die das Öffnen der Türen auf ca. 90° gestatten.

## SEITENFENSTER

Die Seitenfenster bestehen aus „Perspex" und sind in ein gut konstruiertes Gummiprofil eingesetzt, das seinerseits auf der punktverschweißten Bördelkante von Innen- und Außenblech sitzt (siehe Schnittdarstellung Nr. 4). Die Öffnung des Verstärkungsblechs wird durch eine mit Leder bezogene Verkleidung abgedeckt, die mit Clips an diesen Verstärkungsblechen befestigt ist.

## DACH

Das Dach besteht aus einem einzigen Preßteil, reicht von der Hinterkante der vorderen Gepäckraumhaube bis zur Motorhaube und beinhaltet die Öffnung für die Windschutzscheibe, zwei Rückleuchten, den Kühlluftgrill für das Motorgebläse und vorn einen gut konstruierten Wasserablauf für die Gepäckraumhaube.

Das Dachblech weist keinerlei Isolation auf, und es wird ein originelles Verfahren zum Anbringen des Himmels angewandt: Der Stoff ist an einer Reihe von Federstahlstangen angenäht, zu denen Haltestreifen aus Preßpappe gehören, so daß das Ganze in die Vertiefung zwischen dem Dachblech und der inneren Seitenverstärkung der Karosserie eingepaßt ist (siehe Schnittdarstellung Nr. 12).

## WINDSCHUTZSCHEIBE UND ARMATURENBRETT

Die Windschutzscheibe besteht aus Sicherheitsglas, sitzt in einer Gummidichtung, die ähnlich wie die Seitenfensterdichtungen aufgebaut ist, und ist mit zwei am unteren Ende angeschlagenen Scheibenwischern ohne Parkposition ausgestattet. Wie bereits erwähnt, befinden sich in den beiden unteren Ecken Belüftungsdüsen, die über in den Preßteilen der A-Säule verlaufende Luftkanäle mit Warmluft aus dem Motorraum versorgt werden. Oben in der Mitte der Windschutzscheibe befindet sich ein einstellbarer Rückspiegel.

In das Armaturenbrett ist ein extrem einfach konstruierter Instrumententräger eingebaut, der eine Kombination aus Tachometer, Scheinwerferschalter, Scheibenwischerschalter und Innenleuchtenschalter sowie die Zünd- und die Öldruckwarnleuchte enthält. Eine symmetrische Vertiefung für den Instrumententräger ist für die rechtsgelenkte Version auf der anderen Seite vorhanden und - wenn sie nicht benötigt wird - durch ein Preßteil mit dem eingeprägten Firmenabzeichen verschlossen. Auf beiden Seiten des Armaturenbretts befinden sich zwei adäquat bemessene Ablagefächer.

In diesem Zusammenhang sei auf die große Beinfreiheit hingewiesen, die diese Anordnung den Insassen auf den Vordersitzen bietet.

## RESERVERAD-GEPÄCKRAUM UND MOTORRAUM

Die Konstruktion der Hauben für diese beiden Fahrzeugbereiche sind von erheblichem Interesse, da beide Hauben aus vergleichsweise großen, aber trotzdem leichten Preßteilen hergestellt sind. Diese sind mit geeigneten inneren Verstärkungen versehen, in denen sich Ausnehmungen zur Gewichtseinsparung befinden. Ebenfalls vorhanden sind geeignete Gummidichtungen, die in metallische Führungen eingebettet sind (siehe Abbildung 8).

Die vordere Gepäckraumhaube ist an innen verdeckt angeordneten Scharnieren in gekröpfter Bauform aufgehängt, die aus zwei miteinander punktverschweißten Preßteilen bestehen.

Sie besitzt eine simple, aber wirkungsvolle Verriegelung, die über einen Außengriff betätigt wird (siehe Abbildung 13) sowie eine Aufstellvorrichtung, die die Haube in aufgestellter Position hält. Diese Vorrichtung rastet beim Öffnen der Haube automatisch ein und beim weiteren Anheben wieder aus, so daß die Haube geschlossen werden kann (siehe Abbildung 14). Im vorderen Gepäckraum befindet sich eine Vertiefung für das Reserverad, ferner der Kraftstofftank, das Bordwerkzeug und etwas Gepäck. Von hier aus sind auch die Rückseite des Instrumententrägers sowie der Motor und das Gestänge des Scheibenwischers bequem zu erreichen.

Die Motorhaube ähnelt in ihrer Konstruktion der vorderen Haube und verfügt wie diese über eine Aufstellvorrichtung und einen Verriegelungsgriff. Sie ist an verdeckt eingebauten Scharnieren aufgehängt und durch eine runde Torsionsfeder in Haubenmitte federbelastet (siehe Abbildung 15).

BODEN

Das Bodenblech ist eigentlich ein Bestandteil des Fahrgestells oder der Bodenbaugruppe und besteht aus einer flachen, sickenverstärkten Plattform mit einer Materialstärke von 20 SWG. Entlang der Längsachse verläuft ein tunnelförmiger, geschlossener Mittelträger, der gewissermaßen das Rückgrat der Bodenbaugruppe bildet, und von dem aus vorn und hinten Querrohre für die Montage der Radaufhängungen bzw. der Motor- und Getriebebaugruppe ausgehen.

Die Karosserie ist an ihren Außenkanten mit dieser Plattform verschraubt, wobei zwischen Karosserie und Plattform eine Gummidichtung liegt. Das untere Seitenblech hat einen Kastenquerschnitt und dient innerhalb des Heizungssystems als Luftkanal, durch den die warme Luft vom Motor in den Innenraum geleitet wird. Die Karosseriestruktur bewirkt - insbesondere in Verbindung mit dem Trittbrett - eine beträchtliche Versteifung dieser Plattform, so daß eine teilselbsttragende Fahrzeugstruktur entsteht.

Der Boden ist mit einer Gummimatte ohne irgendwelche sonstige Unterlagen ausgelegt.

Die seitlichen Trittbretter und der vordere Teil der Karosserie bilden zusammen die Begrenzung für den Fußraum der Insassen auf den Vordersitzen. Sie sind mit Haircordteppich ausgelegt, der im Bereich der Türöffnungen durch ein Stück Metallprofil gegen Verrutschen gesichert ist.

(Ein Querschnitt durch den Fahrzeugboden ist in Abbildung 6 wiedergegeben.)

SITZE

Vordersitze

Diese sind als flache Schalensitze auf einem Stahlrohrrahmen aufgebaut und haben jeweils nach vorn umklappbare Rückenlehnen, was den Einstieg zu den hinteren Sitzen erleichtert. Sowohl in den Vordersitzen als auch in der Rücksitzbank werden Sprungfedern verwendet. Die Sitzfläche ist ebenfalls mit Federn bestückt und gepolstert, während die Rückenlehne nur einer Polsterfüllung aufweist. Beide Sitze sind verstellbar; die Verstellvorrichtung besteht aus einer einfachen Flügelmutter und einer Klemme.

Rücksitzbank

Die Rücksitzbank bietet drei Insassen reichlich Platz und Sitzkomfort. Sitzkissen und Sitzbank sind mit Sprungfedern bestückt, gepolstert, auf einem Rohrrahmen montiert und wie die Vordersitze mit Wollstoff bezogen. Das Sitzkissen ist herausnehmbar und ruht auf einfachen Auflagen an den Karosserie-Seitenteilen und auf dem Mittelträger. Die Rückenlehne ist an Scharnieren an der Unterkante montiert und liegt auf gummiummantelten Stiften in den seitlichen Verstärkungselementen der Karosserie auf. Wird sie nach vorn geklappt, ist die dahinter befindliche Gepäckablage leicht zugänglich (siehe Abbildung 16).

HINTERE GEPÄCKABLAGE

Die Gepäckablage hinter der Rücksitzbank besitzt auf dem Boden und an der Motorraum-Stirnwand eine spezielle Isolierung zwischen dem Gepäckfach selbst und dem Motorraum. Die Isolierung besteht aus einer Lage Papierfilz, einer Lage Preßpappe, einer Lage Jutefilz und einer oberen Lage aus schwarzer, glatter Pappe mit Schutzleisten aus Holz (siehe Abbildung 9).

HECKFENSTER

Es sind zwei Heckfenster vorhanden, die in das Dachblech-Preßteil integriert sind. Die Scheiben bestehen aus Sicherheitsglas und sitzen in kleinen Gummiprofilen, die denen für die Windschutzscheibe und die Seitenfenster ähnlich sind.

KOTFLÜGEL

Hierbei handelt es sich um einzelne Preßteile, die an den Seitenblechen der Karosserie angeschraubt sind. Sie sind sauber durchkonstruiert und beinhalten vorn die eingelassenen Preßteile für die Scheinwerfer bzw. hinten die Preßteile für die Heckleuchten. An beiden Kotflügeln hat die Seitenkante einen „J"-förmigen Querschnitt, wodurch eine wirksame Schmutzfängerfunktion erzielt wird (siehe Schnittdarstellung 7).

TRITTBRETTER

Die Trittbretter reichen vom vorderen bis zum hinteren Kotflügel und sind an der Seite der Karosserie montiert. Sie dienen als Spritzschutz und sind durch geeignete Aussteifungselemente stabil verstrebt.

VORDERE UND HINTERE STOSSFÄNGER

Bei den Stoßfängern handelt es sich um Stahl-Preßteile der Materialstärke 16 SWG mit Federstahl-Stoßstangenhörnern vorn und hinten. Sie tragen wie alle anderen Fahrzeugkomponenten eine militärische Lackierung.

—ooOoo—

## HEIZUNGS- UND ANTIBESCHLAGSYSTEM

Das System ist recht interessant aufgebaut und wird mit warmer Luft aus dem Motorraum versorgt, die vom Lüfterrad auf Druck gebracht wird, so daß die Luftzirkulation im Fahrzeug gewährleistet ist. Die zum Transport der Warmluft benötigten Kanäle sind, wie bereits erwähnt, in die Karosseriestruktur integriert. Die Luftregelung erfolgt über eine Drosselklappe, die mit einem auf dem Mittelträger zwischen den Vordersitzen montierten Schieberknopf über einen Seilzug betätigt wird. Auf jeder Seite der Karosserie sind entlang der Karosserie im Fußbereich der Insassen vier Warmluftaustritte vorhanden. Wie bereits erwähnt, sind die Luftaustrittsdüsen an den Ecken der Windschutzscheibe in das Armaturenbrett integriert (siehe Abbildung 17).

## FAHRTRICHTUNGSANZEIGER

Diese sind in den Karosserie-Seitenblechen untergebracht. Für den zugehörigen Schalter sowie für eine rote und eine grüne Anzeigeleuchte ist in das Armaturenbrett-Preßteil rechts eine leichte Erhöhung eingeprägt. Das untersuchte Fahrzeug besaß allerdings keine Fahrtrichtungsanzeiger und -schalter.

## ALLGEMEINES

Der Wagen ist militärisch-grün lackiert und weist eine äußerst schlechte Oberflächenqualität auf. Anscheinend wurden keine geeigneten Maßnahmen ergriffen, um die Preßteile vor dem Grundieren zu reinigen oder zu entfetten. Auch Rostschutz wurde nicht aufgetragen, mit dem Ergebnis, daß sich der Lack vom Metall löst.

Wir sind zu der Überzeugung gelangt, daß die Konstruktion dieses Fahrzeugs nach Karosseriebau-Gesichtspunkten außerordentlich gelungen ist und große Fortschritte gegenüber herkömmlichen Konstruktionsverfahren widerspiegelt. Die Verarbeitungs- und Lackqualität dagegen lassen sehr zu wünschen übrig und könnten verbessert werden.

## LISTE DER KAROSSERIETEILE UND BLECHSTÄRKEN

| Bezeichnung | Blechstärke |
|---|---|
| Türbleche | 21 SWG |
| Dachblech | 21 SWG |
| Vordere Gepäckraumhaube | 21 SWG |
| Motorhaube | 22 SWG |
| Seitenbleche (innen und außen) | 20 SWG |
| Vordere Verstärkungsbleche | 22 SWG |
| Kotflügel | 19 SWG |
| Bodenblech | 18 SWG |
| Mittelträger | 14 SWG |
| Verstärkungen (hintere und vordere Haube) | 22 SWG |
| Bodenverstärkungen | 18 SWG |

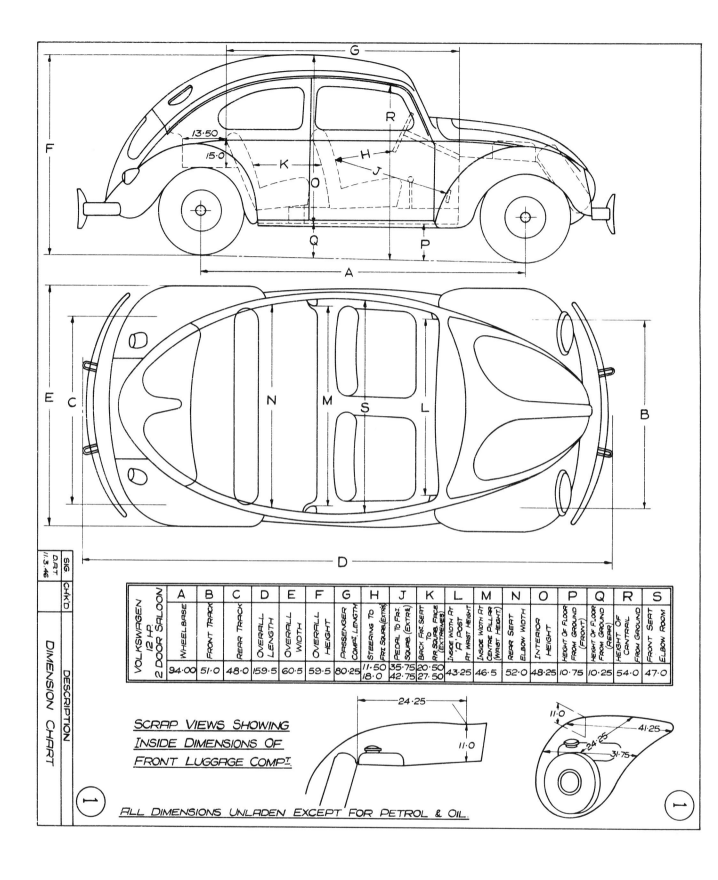

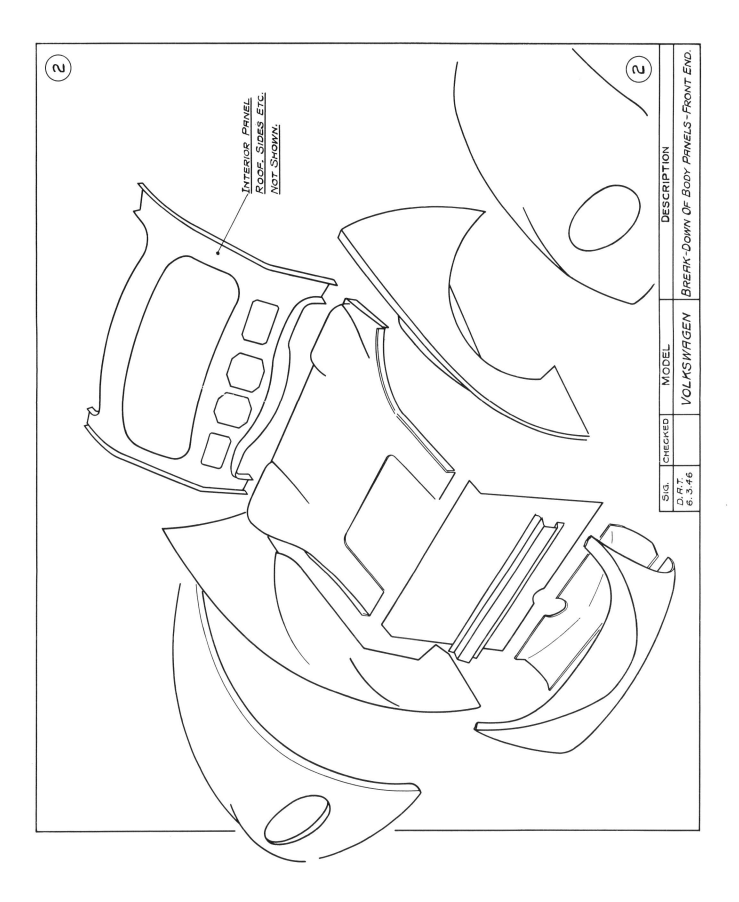

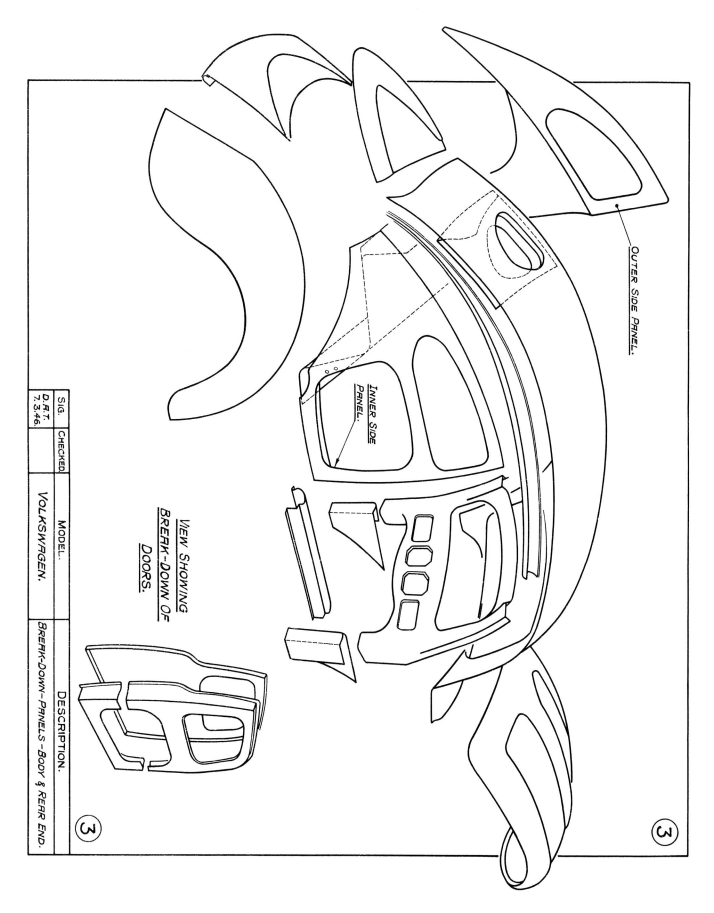

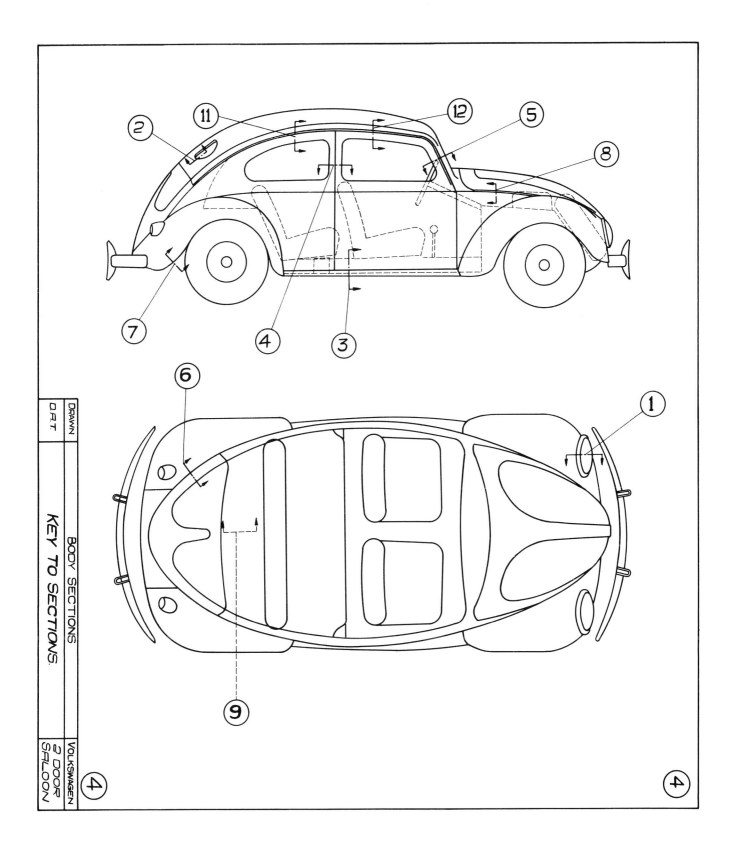

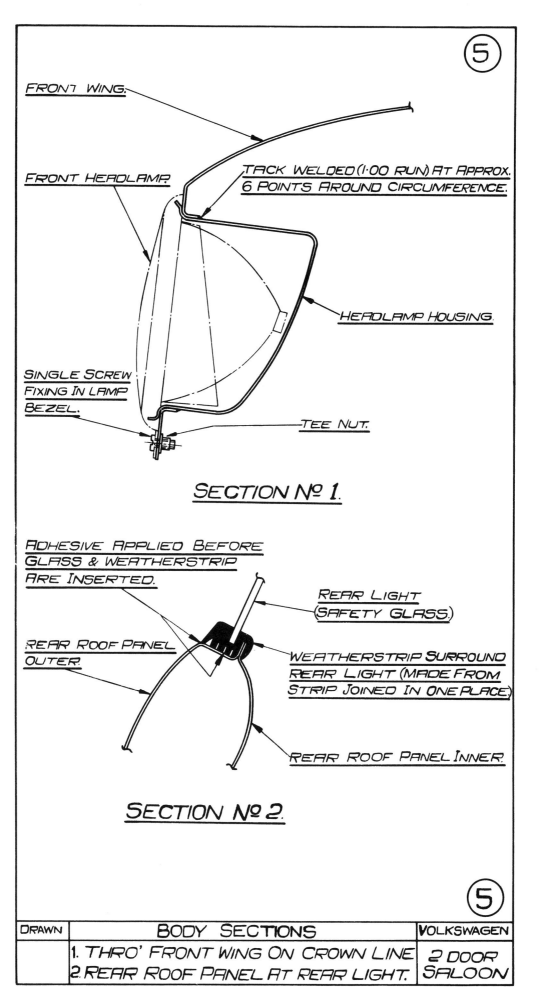

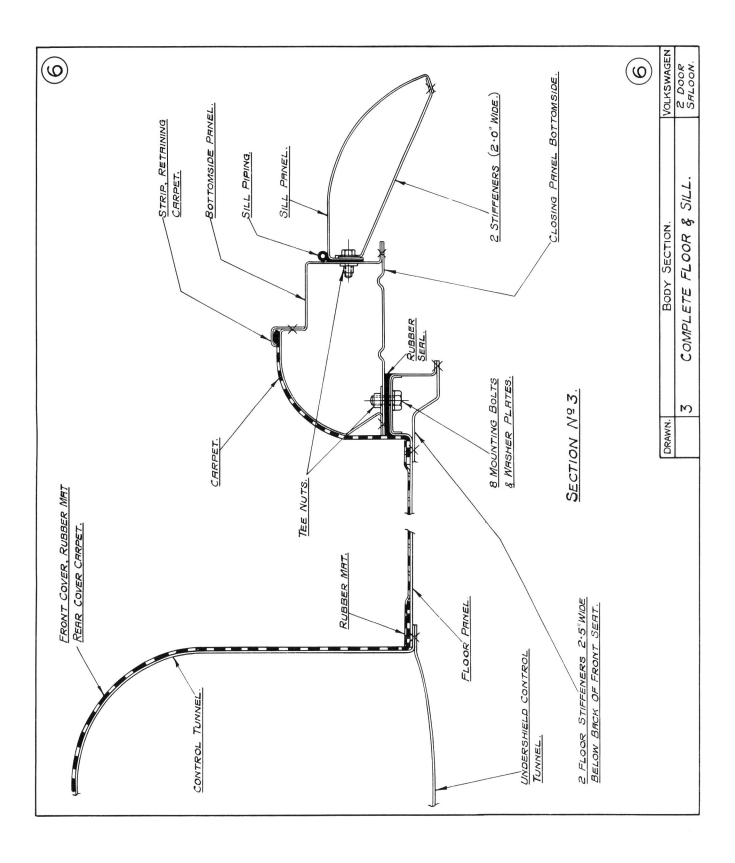

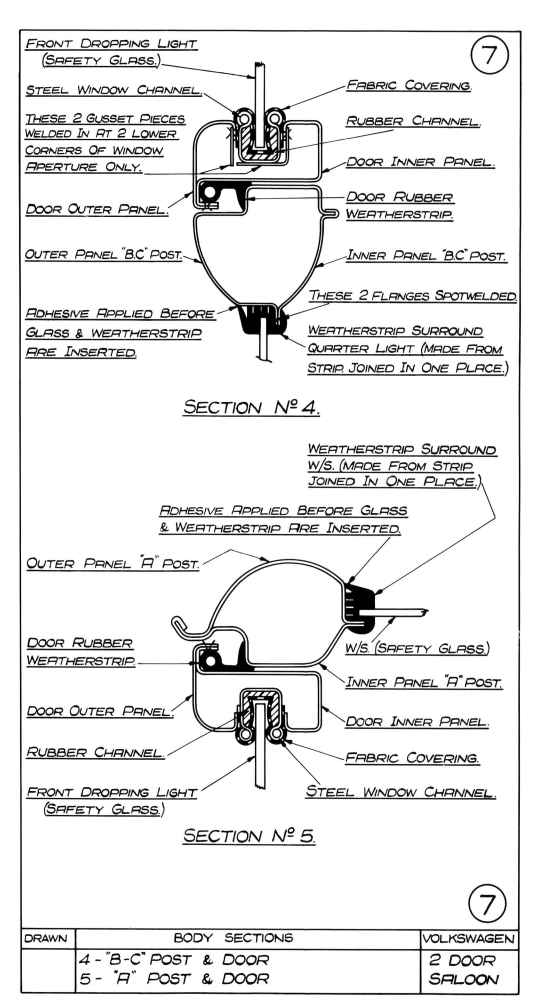

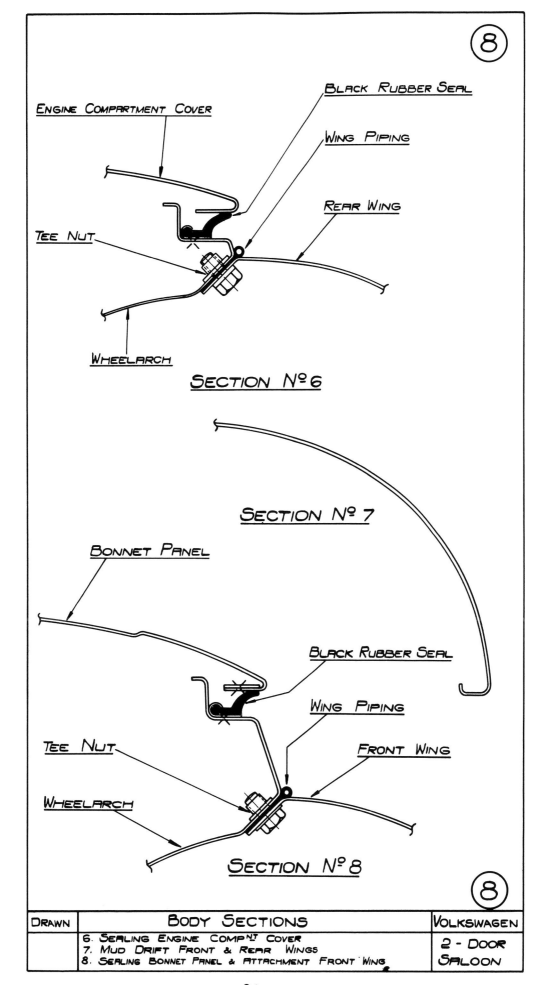

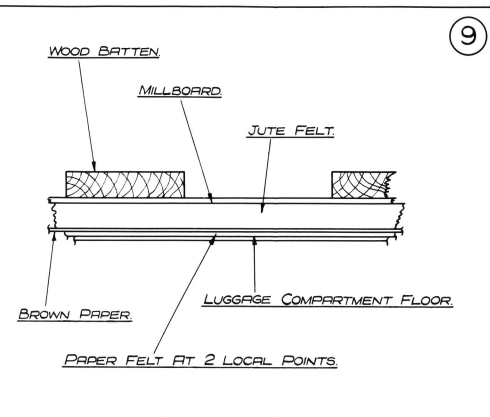

SECTION Nº 9.

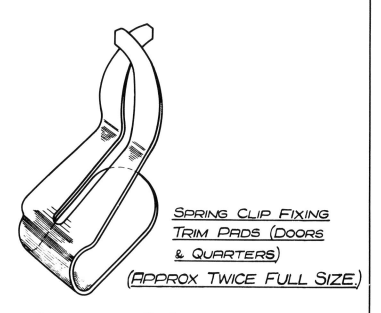

Spring Clip Fixing Trim Pads (Doors & Quarters)
(Approx Twice Full Size.)

SKETCH Nº 10.

| DRAWN | BODY SECTIONS | VOLKSWAGEN |
|---|---|---|
|  | 9. LUGGAGE COMPARTMENT FLOOR (INSULATION) | 2 DOOR |
|  | 10. SKETCH TRIM PAD CLIP | SALOON |

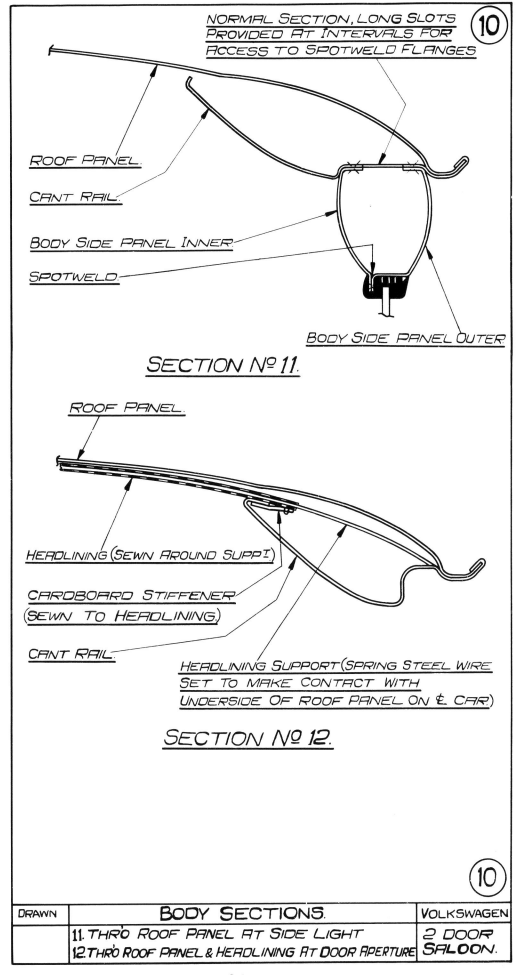

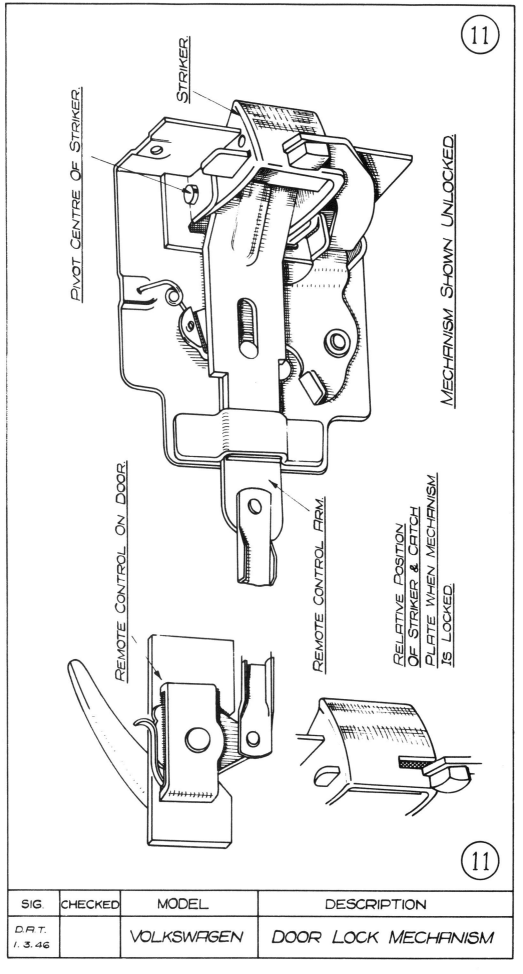

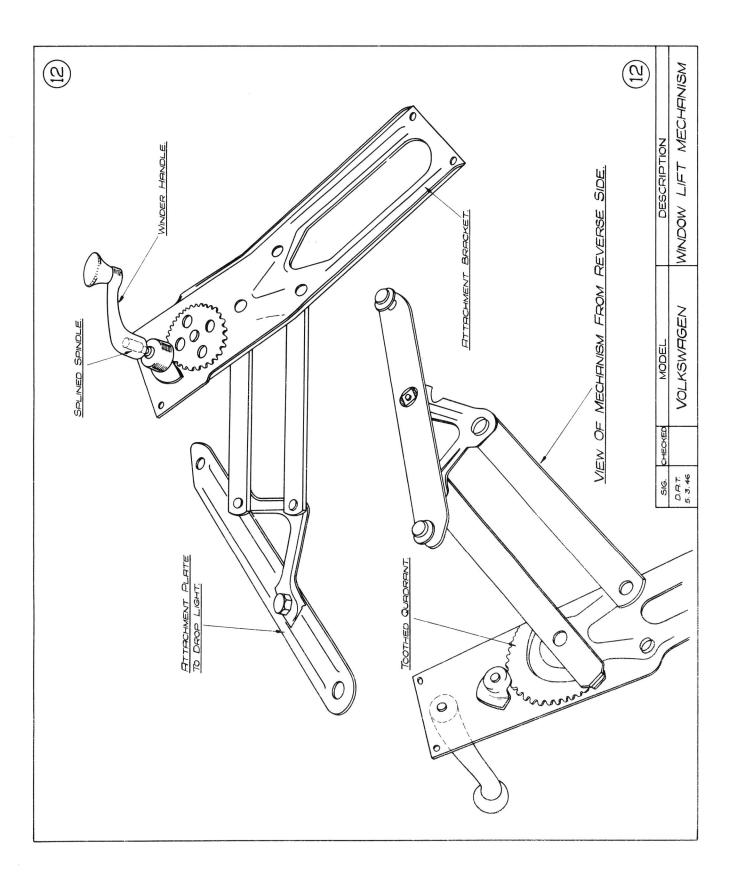

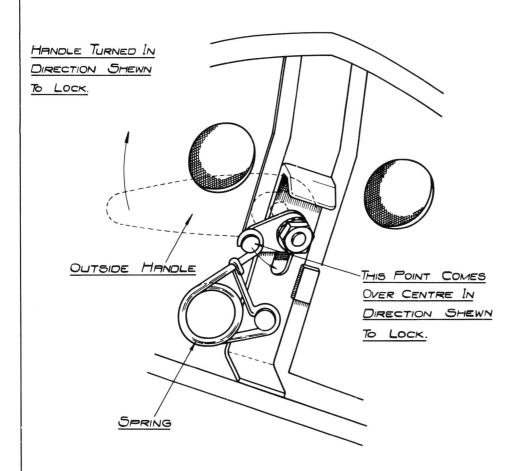

| SIG. | CHECKED | MODEL | DESCRIPTION |
|---|---|---|---|
| D.A.T. 1·3·46 | | VOLKSWAGEN | BONNET & ENGINE COMP<sup>T</sup> CATCH |

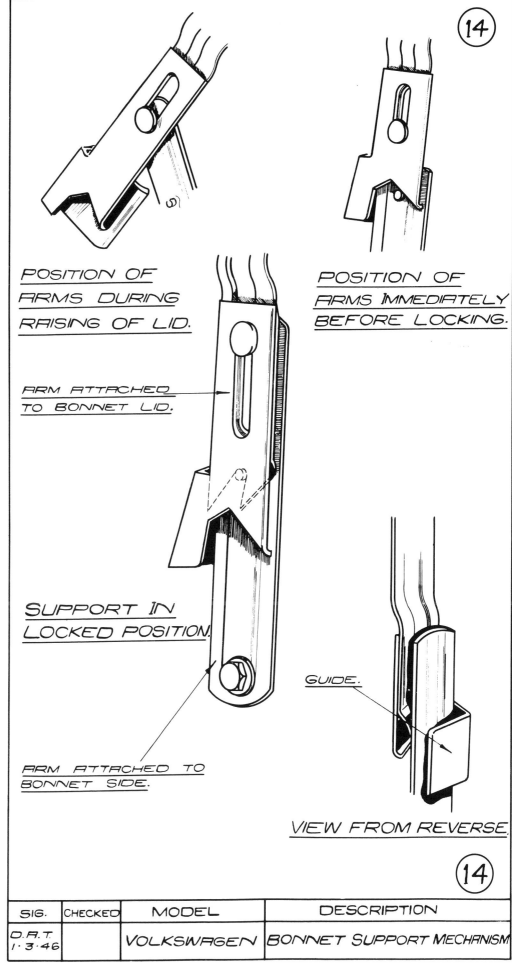

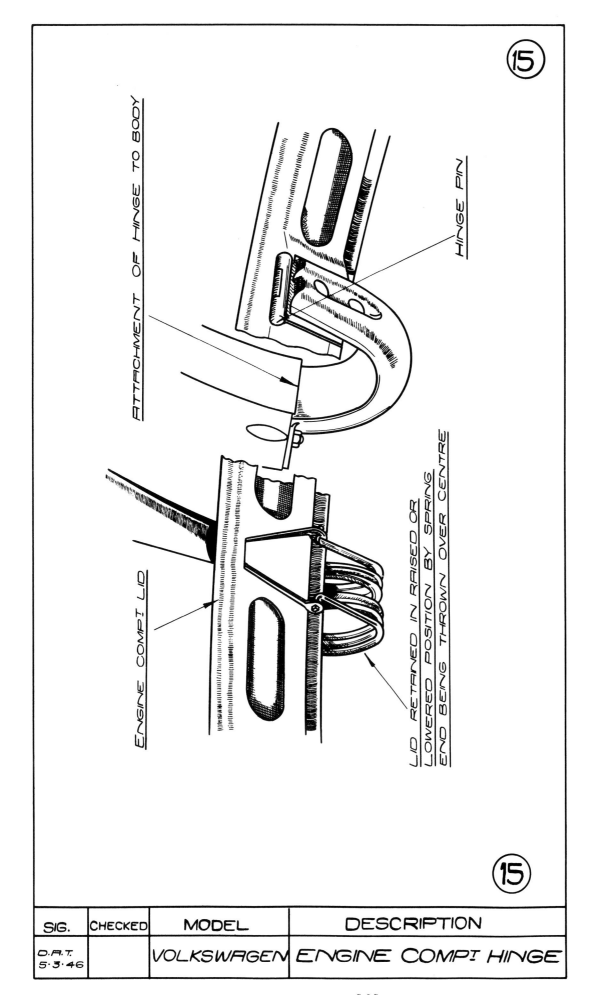

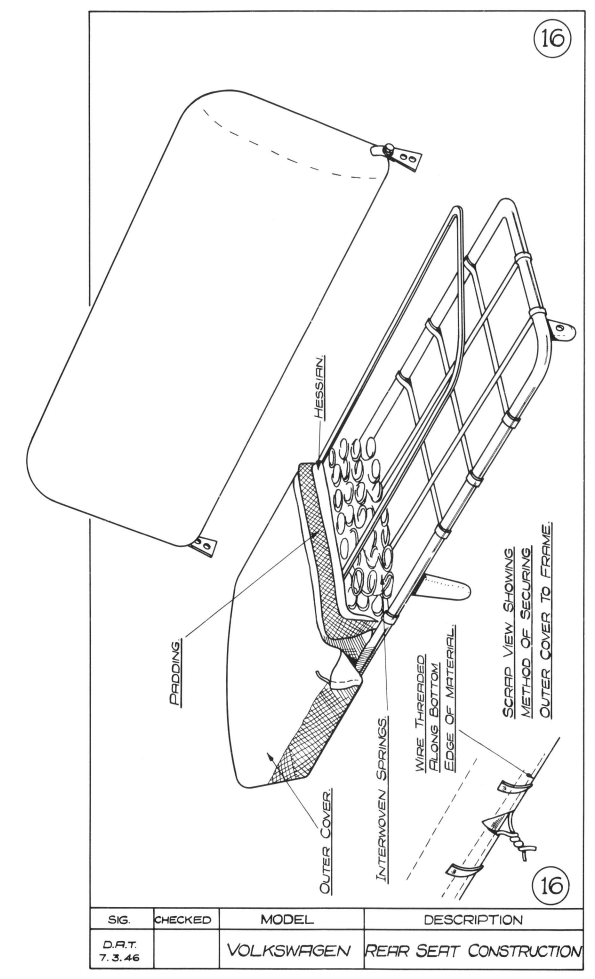

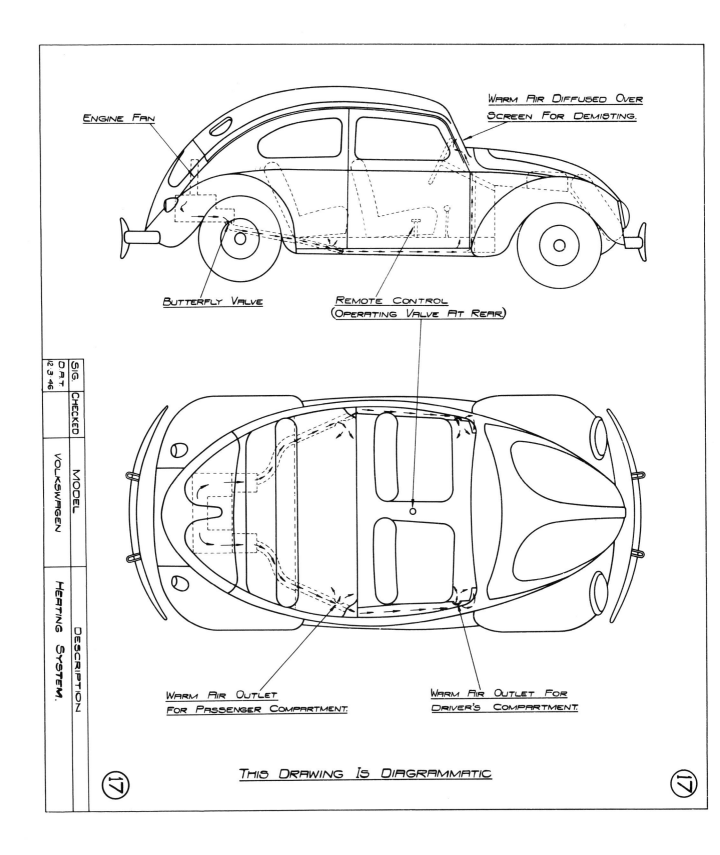

| ENGINE FAN | LÜFTERRAD | WARM AIR OUTLET FOR PASSENGER... | WARMLUFTAUSTRITT IM HINTEREN FAHRGASTRAUM | SIG. | GEZ. |
| WARM AIR DIFFUSED... | WARMLUFT WIRD ÜBER DIE WINDSCHUTZSCHEIBE VERTEILT, UM BESCHLAGEN ZU VERHINDERN | WARM AIR OUTLET FOR DRIVER'S... | WARMLUFTAUSTRITT IM VORDEREN FAHRGASTRAUM | CHECKED | GEPRÜFT |
| BUTTERFLY VALVE | DROSSELKLAPPE | | | MODEL | MODELL |
| REMOTE CONTROL... | DROSSELKLAPPEN-FERNVERSTELLUNG | THIS DRAWING... | DIESE ZEICHNUNG DIENT ALS SCHAUBILD | DESCRIPTION | BESCHREIBUNG |
| | | | | HEATING SYSTEM | HEIZUNGSSYSTEM |

- 109 -

- 111 -

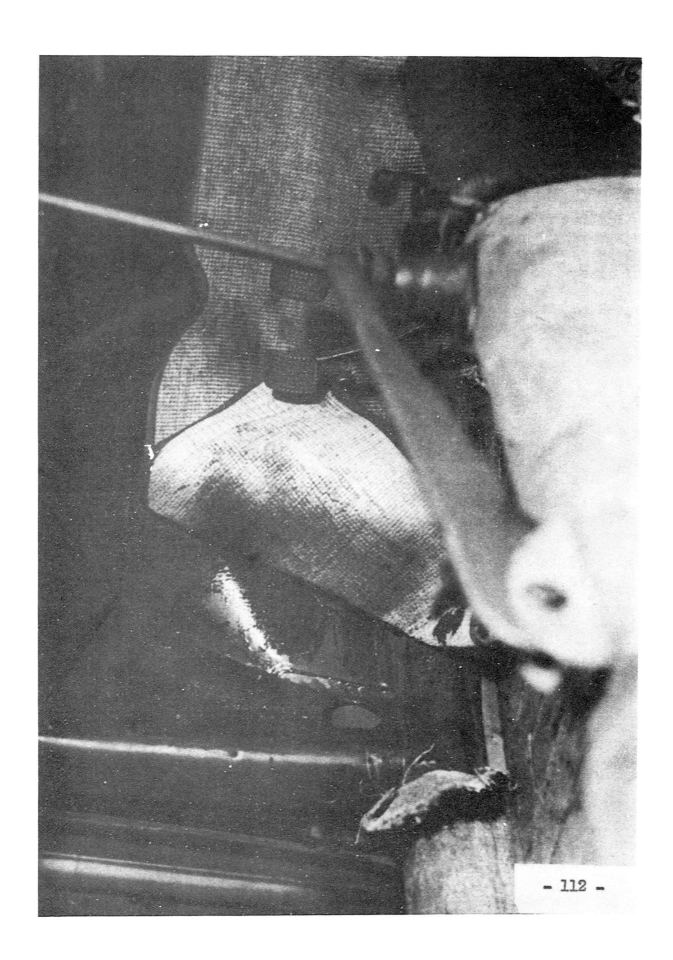

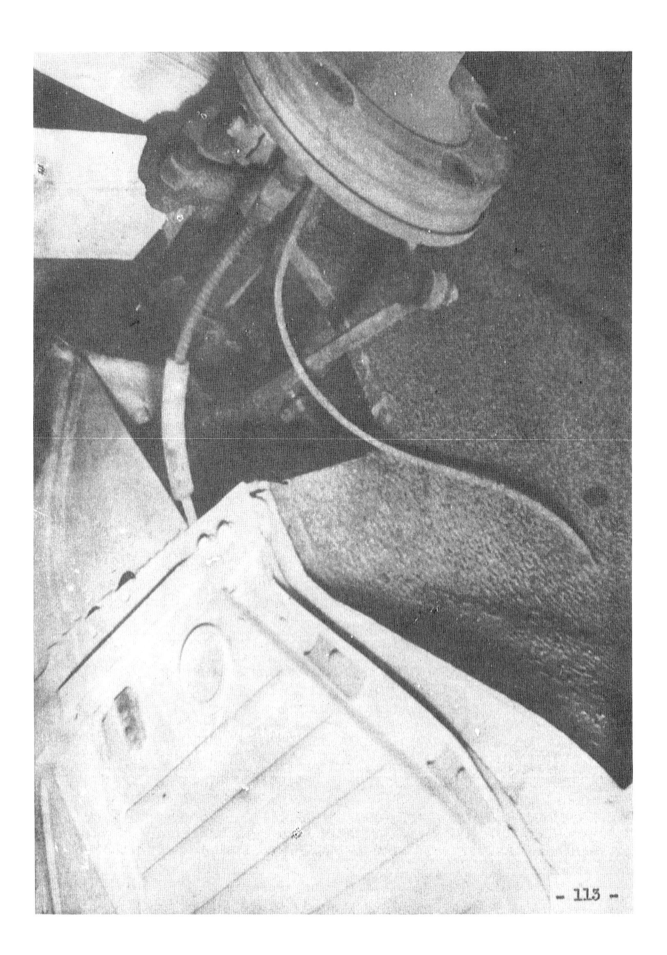

# TEIL IV

## STRASSENTAUGLICHKEITSTEST DES VOLKSWAGEN-MILITÄRFAHRZEUGS

## TYP 21

Bericht erstellt von          SINGER MOTORS LTD

Das Fahrzeug wurde in London übernommen und nach einer oberflächlichen Inaugenscheinnahme direkt nach Birmingham überführt. Da der Wagen dem Vernehmen nach vor dieser Überführungsfahrt erst zwei Meilen zurückgelegt hatte, wurden ihm dabei nicht seine vollen Leistungen abverlangt. Gleichwohl war von Anfang an offensichtlich, daß seine Fahrleistungen im höchsten Gang (50 mph bzw. 80 km/h) und auf Steigungsstrecken extrem gut waren. Diese Leistungen wurden allerdings durch die niedrige Gesamtuntersetzung (6,2:1) im 4. Gang und damit auf Kosten der Fahrleistungen bei Geschwindigkeiten über 80 km/h erzielt.

Die Vorinspektion ergab folgendes: Die Lager des fahrerseitigen Achsschenkels waren gebrochen, die Tachowelle fehlte, der Hupenknopf im Lenkrad war gebrochen, die Kotflügel wiesen mehrere Beulen auf, der Scheibenwischer funktionierte nicht, und die Aufstellvorrichtung der Motorhaube war abgebrochen.

Trotz der nachlässig gefertigten Radlager arbeitete die Lenkung bei allen Geschwindigkeiten einwandfrei; dieser Defekt war nur bei Schrittgeschwindigkeit wahrnehmbar.

Die etwas harte Radaufhängung verhielt sich unter allen Straßenverhältnissen und bei allen Geschwindigkeiten gut; Nick- und Rollbewegungen waren vernachlässigbar.

Die Straßenlage war, wie angesichts der großen Spurweite und der harten Radaufhängung nicht anders zu erwarten, extrem gut, eine Eigenschaft, die sich bei dem linksgelenkten Fahrzeug vor allem in Linkskurven bemerkbar macht.

Die Bremsen arbeiteten mangelhaft; beim Bremsen zog das Fahrzeug leicht nach links. Dies ist möglicherweise darauf zurückzuführen, daß die Bremsen völlig neu und noch nicht eingefahren waren.

Das Getriebe – und hier besonders das Differential – arbeitete in allen Gängen und bei allen Drehzahlen extrem geräuschvoll und rauh. Die Geräuschentwicklung erreichte in scharfen Kurven eine inakzeptable Größenordnung. Die Enduntersetzungsgetriebe entwickelten im Bereich um etwa 56 km/h ihre größte Lautstärke.

Die Kupplung war leichtgängig, das gerade Lenkgetriebe sehr angenehm zu bedienen.

Sowohl der Motor (Stößel, Ventilsteuerung usw.) als auch das Lüftungssystem entwickelten unter allen Bedingungen erhebliche Betriebsgeräusche.

Angesichts der Tatsache, daß das Fahrzeug für rein militärische Zwecke konzipiert ist, läßt sich im Hinblick auf die allgemeinen Leistungen und Eigenschaften des Volkswagens, Typ 82, wenig Kritik anbringen. Sicherlich waren die Bremsen nicht sehr leistungsfähig, aber dies muß nicht unbedingt ein grundsätzlicher Mangel sein. Die niedrige Gesamtuntersetzung ist beabsichtigt und für das Gelände ausgelegt, in dem das Fahrzeug vermutlich betrieben wird. Die zusätzliche Untersetzung durch das Vorgelegegetriebe ist eine technische Raffinesse, mit der ausschließlich die militärischen VW-Versionen ausgestattet wurden. Übermäßige Geräuschentwicklung war zu keinem Zeitpunkt ein Faktor, dem bei Militärfahrzeugen Aufmerksamkeit gewidmet wurde.

Die Karosserie wurde vom Fahrgestell getrennt, und der Motor wurde zur genaueren Analyse zerlegt. Zuvor wurde das Fahrzeug Straßentauglichkeitstests unterzogen, das folgende Ergebnisse lieferte:

Bremsen von 48 km/h bis zum Stillstand:   Bremsweg 13,4 m entsprechend einer Bremsverzögerung von 6,7 m/s$^2$ oder 68,5% effektiv

BESCHLEUNIGUNGEN

2. Gang – Aus dem Stand 53 Meter in 6,8 Sekunden
   bzw. Beschleunigung im 2. Gang von 0 auf 56 km/h in 6,8 Sekunden.

3. Gang – Aus dem Stand 122 Meter in 13,4 Sekunden
   bzw. Beschleunigung im 3. Gang von 0 auf 65 km/h in 13,4 Sekunden.

4. Gang – Aus dem Stand (bzw. aus dem Anrollen) 353 Meter in 28,4 Sekunden

bzw. Beschleunigung im 4. Gang von 0 auf 88 km/h in 28,4 Sekunden. Die Höchstgeschwindigkeit von 81,6 km/h wurde nach 1,6 km in 1 Minute und 10 Sekunden erreicht. (Ein günstigerer Wert wäre bei einer Teststrecke von 400 Metern gemessen worden.)

Günstigste Reisegeschwindigkeit: 64 km/h

Verbrauchsmessungen wurden wegen der fehlenden Geschwindigkeits- und Streckenanzeige nicht durchgeführt.

    Gesamtgewicht:        724 kg

    Achslast vorn:        298 kg

    Achslast hinten:      425 kg

Nach dem Wiederzusammenbau wurde das Fahrzeug über eine 20-Meilen-Strecke gefahren; anschließend wurden die Leistungsmeßvorrichtungen überprüft.

—ooOoo—

TEIL V

ALLGEMEINER EINDRUCK DES VOLKSWAGEN-MILITÄRFAHRZEUGS

TYP 21

Bericht erstellt von     A. C. CARS LTD.

Dieses Fahrzeug wurde von der Firma Humber Ltd. unter technischen Gesichtspunkten umfassend untersucht und beschrieben, so daß sich die folgenden Anmerkungen auf das allgemeine Verhalten, die allgemeinen Eigenschaften usw. beschränken.

1. Beim Anlassen des Motors fällt als erstes die extreme Lärmentwicklung auf, die anscheinend auf das Lüfterrad zurückzuführen ist. Tatsächlich aber entfallen nur maximal 10% des Gesamtlärms auf die Luftkühlung, was sich in Tests mit abgenommenem Keilriemen auch bestätigte.

Die Untersuchung des Fahrzeughecks ergab, daß keinerlei Anstalten zur Verringerung des Motorlärms unternommen worden waren. Vielmehr wirkt die Karosserie wie eine Art Resonanzboden, der das normale Motorengeräusch noch verstärkt.

2. Beim Anfahren aus dem Stand macht sich die Eigenart bemerkbar, daß es leicht zu Problemen kommen kann, wenn das Lenkrad beim Schalten voll eingeschlagen ist. Dies ist auf die unmittelbare Reaktion des Motors zurückzuführen, die sich unserer Ansicht nach aus dem Fehlen einer Kardanwelle in Verbindung mit der niedrigen Getriebeuntersetzung ergibt.

Diese fehlende Dämpfung zwischen dem Motor und den Antriebsrädern ist sicherlich eine gewöhnungsbedürftige, aber mit etwas Erfahrung nicht unangenehme Eigenschaft.

3.  Die Straßenlage ist – zweifellos aufgrund der Einzelradaufhängung vorn und hinten – als exzellent zu bezeichnen.

Die Schwingarm-Vorderradaufhängung ist nach unserer Einschätzung eine wertvolle Eigenschaft, da sie Kreiseleffekte wirksam unterdrückt.

Das Fahrzeug verhält sich selbst auf unebener Fahrbahn bei Geradeausfahrt auch „freihändig" spurtreu. Im Stadtverkehr ist dies allerdings eher von Nachteil, da die Lenkung sehr schwergängig ist.

Die Gewichtsverteilung könnte verbessert werden, wenngleich das Fahrzeug auch in seiner gegenwärtigen Ausführung keine besondere Hecklastigkeit zeigt. Dies ist wahrscheinlich auf die im Verhältnis zum Radstand großzügig bemessene Spurweite zurückzuführen.

4.  Durch die weit vorn liegende Fahrerposition und das Fehlen einer Motorhaube gestaltet sich das Steuern anfangs etwas schwierig. Mit einiger Übung jedoch gewöhnt man sich daran und lernt vielmehr die hervorragende Sicht nach vorn zu schätzen.

5.  Insgesamt würden wir dieses Fahrzeug als geeignetes Untersuchungsobjekt für diejenigen betrachten, die eine Zukunft für Automobile mit Heckmotor sehen, und auch die allseitige Einzelradaufhängung hat sich fraglos als wertvolle Eigenschaft erwiesen.

Der allgemeine Aufbau vermittelt den Eindruck, daß der Konstrukteur mit diesem Wagen ein Minimalkonzept verwirklicht hat. Als Fahrzeug für Militärzwecke ist er zweifellos akzeptabel; um ihn jedoch zu einem Zivilfahrzeug zu machen, das die heute erwarteten Standards erfüllt, müßten noch erhebliche Modifikationen durchgeführt werden.

---oooOooo---

TEIL VI

MOTORPRÜFSTANDS-TESTBERICHT ZUM VOLKSWAGEN

Bericht erstellt von: FORD MOTOR CO. LTD.

## VOLKSWAGEN-MOTOR

### TECHNISCHE DATEN UND LEISTUNGSANGABEN

| TECHNISCHE DATEN | |
|---|---|
| Anzahl der Zylinder | 4 |
| Bohrung (Millimeter) | 75,05 |
| Hub (Millimeter) (Kubikzentimeter) | 64,0 |
| Hubraum | 1.132 |
| RAC-Motornennleistung (PS) | 13,95 |
| Mittlere Kolbengeschwindigkeit bei 1000/min (m/s) | 2,1 |
| Ventilanordnung | Obenliegend, mit Antrieb durch Stößelstangen |
| Übersetzung Pleuelstange - Kurbelwelle | 4,04 |
| Verhältnis Hub/Bohrung | 0,854 |
| Verdichtungsverhältnis | 5,63 |
| Gewicht (Pfund) | 189 |

| LEISTUNGSANGABEN | |
|---|---|
| Max. Nutzleistung (PS) | 24,3 |
| bei Drehzahl | 3.250/min |
| Max. Drehmoment (kgm) | 7,1 |
| Max. BMEP (mittlerer induzierter Druck, reduziert auf Brems-PS) | 7,7 bar |
| bei Drehzahl | 2.000/min |
| Nutzleistung pro Liter | 21,7 |
| Minimaler spezifischer Kraftstoffverbrauch (kg pro PS und Std.) | 0,30 |
| bei Vollast und Drehzahl | 2.250/min |
| Spezifischer Kraftstoffverbrauch (kg pro PS und Std.) | 0,31 |
| Mittlerer spezifischer Kraftstoffverbrauch (1.000 bis 3.500/min) | 0,33 |
| Kraftstoff-Oktanzahl | 68 |
| Öl | SAE 30 |
| Gewicht (kg) pro PS | 3,52 |

Das Gewicht wurde ohne Kraftstoff und Öl ermittelt, jedoch mit Schalldämpfer, Abgasanlage, Fahrzeugheizung und Leitblechen.

## VOLKSWAGEN-MOTOR

Leistungsmessungen auf dem Motorprüfstand

—ooOoo—

Der Motor wurde mit zwei Halterungen am schwungscheibenseitigen Ende (unter Verwendung der Gewindebohrungen, die normalerweise zum Verschrauben mit dem Getriebe dienen) sowie mit einem einzelnen Befestigungspunkt am anderen Ende (unter Verwendung einer Schraube, die die beiden Kurbelgehäusehälften zusammenhält) auf dem Prüfstand montiert.

Es wurden folgende Temperaturen gemessen:

1. Ansaugrohr
2. Vergaser-Eintrittsöffnung
3. Ölsumpf
4. Kühlluft
5. Ablufttemperatur an der rechten Zylinderbank
6. Ablufttemperatur an der linken Zylinderbank

Mit einem Quecksilbermanometer wurden Messungen an folgenden Punkten vorgenommen:

1. Ansaugrohr, im senkrechten Abschnitt unmittelbar hinter dem Vergaser
2. In dem vom Zylinder Nr. 2 kommenden Abgasrohr vor dem Schalldämpfer

Der Motor wurde bei unterschiedlichen Drehzahlen bis 3000/min unter Vollast betrieben, und das maximale Drehmoment wurde in regelmäßigen Intervallen registriert. Nach 10 Stunden Laufzeit wurde keine weitere Drehmomentzunahme festgestellt. Die nachstehenden Messungen wurden mit den angegebenen Einstellwerten für das Ventilspiel, den Unterbrecherkontaktabstand und den Zündkerzen-Elektrodenabstand aufgenommen. Anschließend wurden die Leistungstests durchgeführt.

Zylinder-Bohrungsdurchmesser.................. 75 mm
Hub........................................... 64 mm
Gesamtes Hubvolumen........................... 1.132 ccm
Gesamte Verdichtungsraum...................... 244 ccm
Verdichtungsverhältnis........................ 5,63:1
Ventileinstellwerte (Ein- & Auslaß)........... 0,13 mm
Unterbrecherkontaktabstand.................... 0,3 mm
Zündkerzen-Elektrodenabstand.................. 0,64 mm

Einstelldaten zum Vergaser, Typ Solex 26 V.F.I.

    Drosselleitung...................... 26 mm
    Starterklappe...................... 21,5
    Hauptdüse.......................... 120
    Luftkorrekturdüse.................. 170
    Leerlaufdüse....................... 45
    Mischdüse.......................... 100
    Motorprüfstand................... Heenan and Froude DPX.3
    Kraftstoff....................... MT.68, spez. Gew. 0,740
    Motoröl.......................... SAE 30

TEST 1:    Ermittlung der Vollastkurve

Vor Beginn der Tests wurde der Vergaser auf optimale Leistung bei 1750/min eingestellt. Diese Einstellung wurde im Verlauf der Tests nicht verändert.

Versuche zum Betrieb des Motors bei konstanten Drehzahlen zwischen 2400/min und 2800/min lösten starke Vibrationen der Ansaugrohr-Vergaser-Baugruppe aus, was Drehzahlschwankungen von bis zu 500/min zur Folge hatte. Oberhalb der letztgenannten Drehzahl nahmen die Vibrationen wieder stetig ab, und die Motordrehzahl verhielt sich bei 3500/min stabil. Um auch die Meßwerte bei den obengenannten Drehzahlen erfassen zu können, wurde der Vergaser stabilisiert, indem zwischen Vergaser und dem Haupt-Kühlluftkanal eine Dichtung eingebaut wurde.

Die Differenz zwischen der Ablufttemperatur der rechten Zylinderbank und derjenigen der linken Zylinderbank scheint eine Eigenschaft zu sein, die als nicht zufriedenstellend einzuschätzen ist.

Der spezifische Kraftstoffverbrauch war hoch; ein Minimum von 0,3 kg pro PS und Stunde stellte sich bei 2000/min ein. Wie die bei 1500/min und 2000/min durchgeführte Abgasanalyse ergab, war das Gemisch bei diesen Drehzahlen mit 11,61:1 bzw. 12,93:1 (Luft-Kraftstoff-Gemischverhältnis) reich eingestellt. Im Hinblick auf den hohen Verbrauch wurde eine stichprobenartige Messung bei 1750/min mit geänderter Vergasereinstellung durchgeführt:

|  | Drehmoment kgm | Spezifischer Kraftstoffverbrauch kg/PS/Std. |
|---|---|---|
| Standard-Vergasereinstellung | 7,04 | 0,335 |
| Hauptdüse 115 (statt 170) Luftkorrekturdüse 190 (statt 170) | 6,85 | 0,280 |
| Prozentuale Differenz | 2,9% | 16,2% |

Diese Meßwerte wurden nur informationshalber ermittelt; wie ein Vergleich mit dem Vergaser eines anderen Motors gleichen Typs zeigte, waren die beiden Einstellungen identisch. Alle Messungen wurden daher mit der bei Eingang des Motors vorhandenen Vergasereinstellung vorgenommen.

## TESTS 2, 3 und 4

Dreiviertel-, Halb- und Viertellastkurven (siehe Diagramme 1 bis 4).

Die in Test 1 festgestellten Vibrationen und die Differenzen derAblufttemperaturen der beiden Zylinderbänke lagen auch in den Tests 2, 3 und 4 vor und waren abhängig von der Drehzahl bzw. von den Eigenschaften von Lüfterrad und Gebläsekasten.

Während des Tests Nr. 3 riß eine der vertikalen Leitungen des Ölkühlers bei einem Öldruck von 2,4 bar und einer Motordrehzahl von 3000/min.

## TEST 5

Leistungsmessungen bei Vollgas.

Mechanischer Wirkungsgrad, Reibungs- und Pumpverluste sowie indizierte Leistung siehe Diagramme 2 und 3.

Die Differenz zwischen der indizierten Leistung der einzelnen Zylinder ist wahrscheinlich auf das ungleichmäßig verteilte Gemischverhältnis zurückzuführen.

## ALLGEMEINES

Im Drehzahlbereich von 1000/min bis 2000/min wurde leichtes Klopfen beobachtet.

Bei kaltem Motor stellte sich ein beträchtliches Schlagen der Kolben ein, das jedoch verschwand, sobald der Motor seine normale Betriebstemperatur erreicht hatte.

Die Kühlluftkanäle bedürfen anscheinend einer gewissen Überarbeitung, damit eine gleichmäßige Wärmeabführung von beiden Zylinderbänken gewährleistet ist.

Die Vergaserfunktion könnte verbessert und somit ein günstigerer Kraftstoffverbrauch erzielt werden.

Der Motor liefert keine überragenden Leistungen und entwickelt im Betrieb übermäßigen Lärm, so daß er in seiner gegenwärtigen Form nicht empfohlen werden kann.

—oOoOooo—

## VOLKSWAGEN-MOTOR

### Abgasanalyse

#### Ermittelt mit dem Orsat-Gasanalysator

| PROZENTUALE ABGAS-VOLUMENANTEILE | | | | | |
|---|---|---|---|---|---|
| l/min | Gas | Vollast | 3/4-Last | 1/2-Last | 1/4-Last |
| 1500 | $CO_2$ | 7,2 | 9,8 | | |
|  | $O_2$ | 0,2 | 0,2 | | |
|  | CO | 11,2 | 7,2 | | |
|  | $N_2$ | 81,4 | 82,8 | | |
| 2000 (max. Drehmoment) | $CO_2$ | 8,0 | 10,2 | 11,0 | 12,4 |
|  | $O_2$ | 0,2 | 0,2 | 0,2 | 0,3 |
|  | CO | 8,4 | 5,8 | 5,2 | 3,5 |
|  | $N_2$ | 83,4 | 83,8 | 83,6 | 83,8 |

| LUFT-KRAFTSTOFF-GEMISCHVERHÄLTNIS (ERMITTELT AUS DER ABGASANALYSE) | | | | |
|---|---|---|---|---|
| 1500/min | 11,6:1 | 12,76:1 | | |
| 2000/min | 12,93:1 | 13,49:1 | 13,40:1 | 13,81:1 |

| | | | | |
|---|---|---|---|---|
| 1500/min | 95 | 69 | | |
| 2000/min | 95 | 73 | 54 | 37 |

KRAFTSTOFF: White Pool-Benzin, spezifisches Gewicht: 0,740
KRAFTSTOFFZUSAMMENSETZUNG (GESCHÄTZT): H2 = 14%     C = 86%

|  | TESTMOTOR | | | STANDARDMOTOR | | |
|---|---|---|---|---|---|---|
| SPEZIFIKATION DES VOLKSWAGEN-MOTORS | Bohrung | 75,03 | mm | Bohrung | 70,0 | mm |
| | Hub | 64,0 | mm | Hub | 64 | mm |
| | Hubraum | 1132 | ccm | Hubraum | 985 | ccm |

# FORD MOTOR COMPANY LTD.
## DAGENHAM
### VERSUCHSABTEILUNG

Datum 08. Februar 1946
Versuchsreihe 2202
DIAGRAMM 1/4

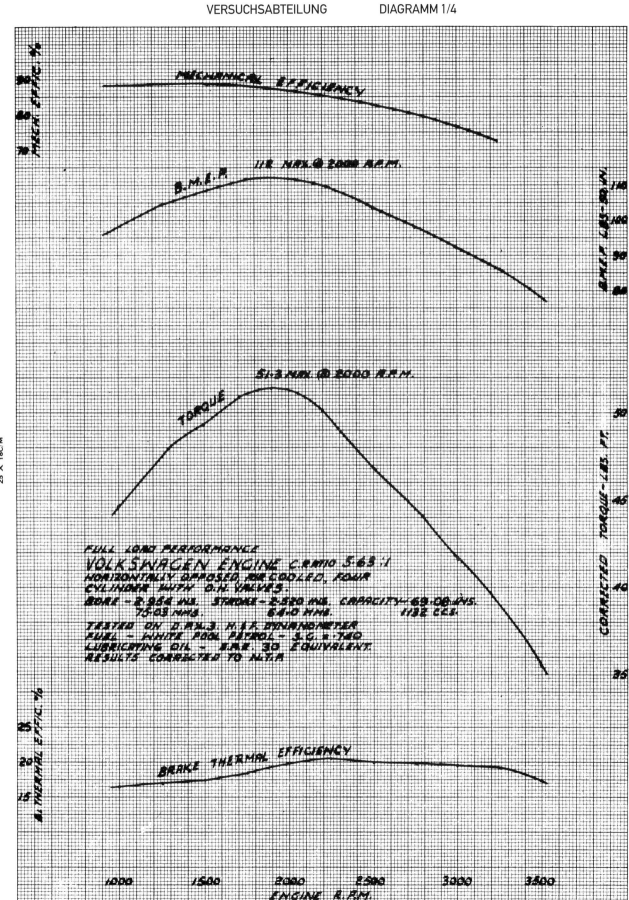

# FORD MOTOR COMPANY LTD.
## DAGENHAM
### VERSUCHSABTEILUNG

Datum 08. Februar 1946
Versuchsreihe 2202
DIAGRAMM 2/4

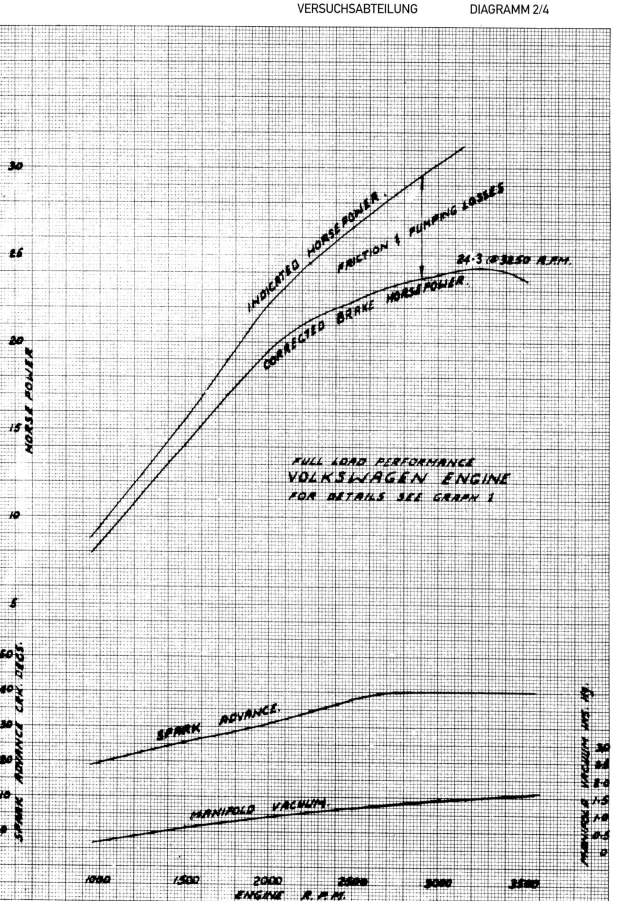

Full Load Performance
VOLKSWAGEN ENGINE
For details see Graph 1

- 127 -

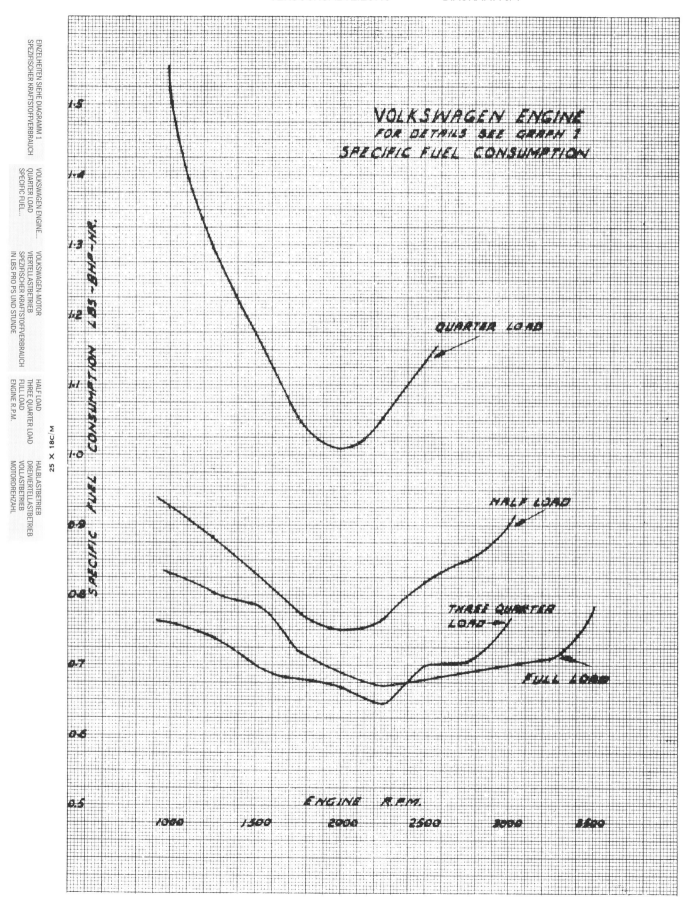

**FORD MOTOR COMPANY LTD.**
DAGENHAM

VERSUCHSABTEILUNG

Datum 08. Februar 1946
Versuchsreihe 2202
DIAGRAMM 4/4

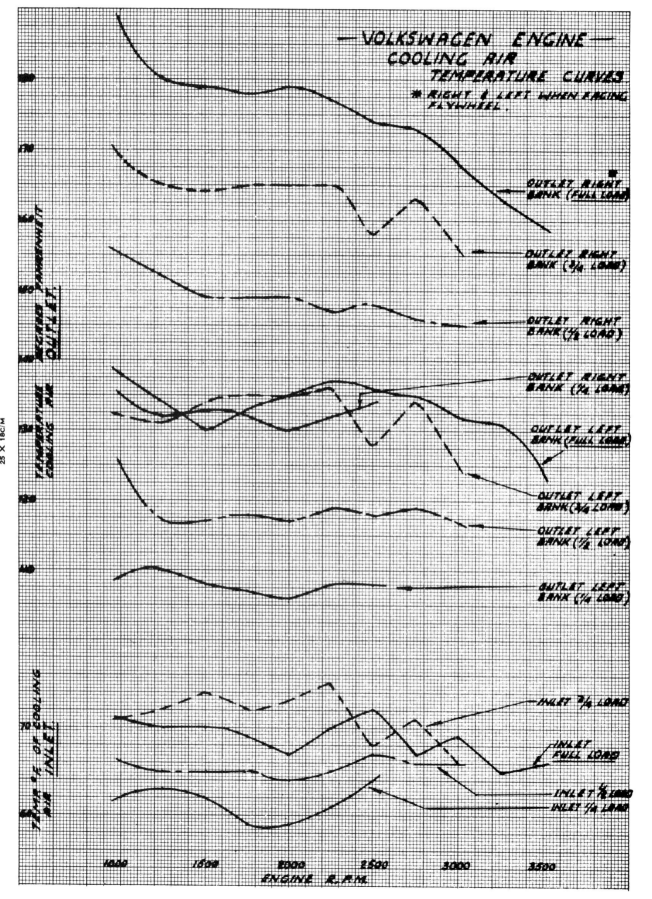

**FORD MOTOR COMPANY LTD.**
DAGENHAM

VERSUCHSABTEILUNG

Datum 08. Februar 1946
Versuchsreihe 2202
DIAGRAMM 5

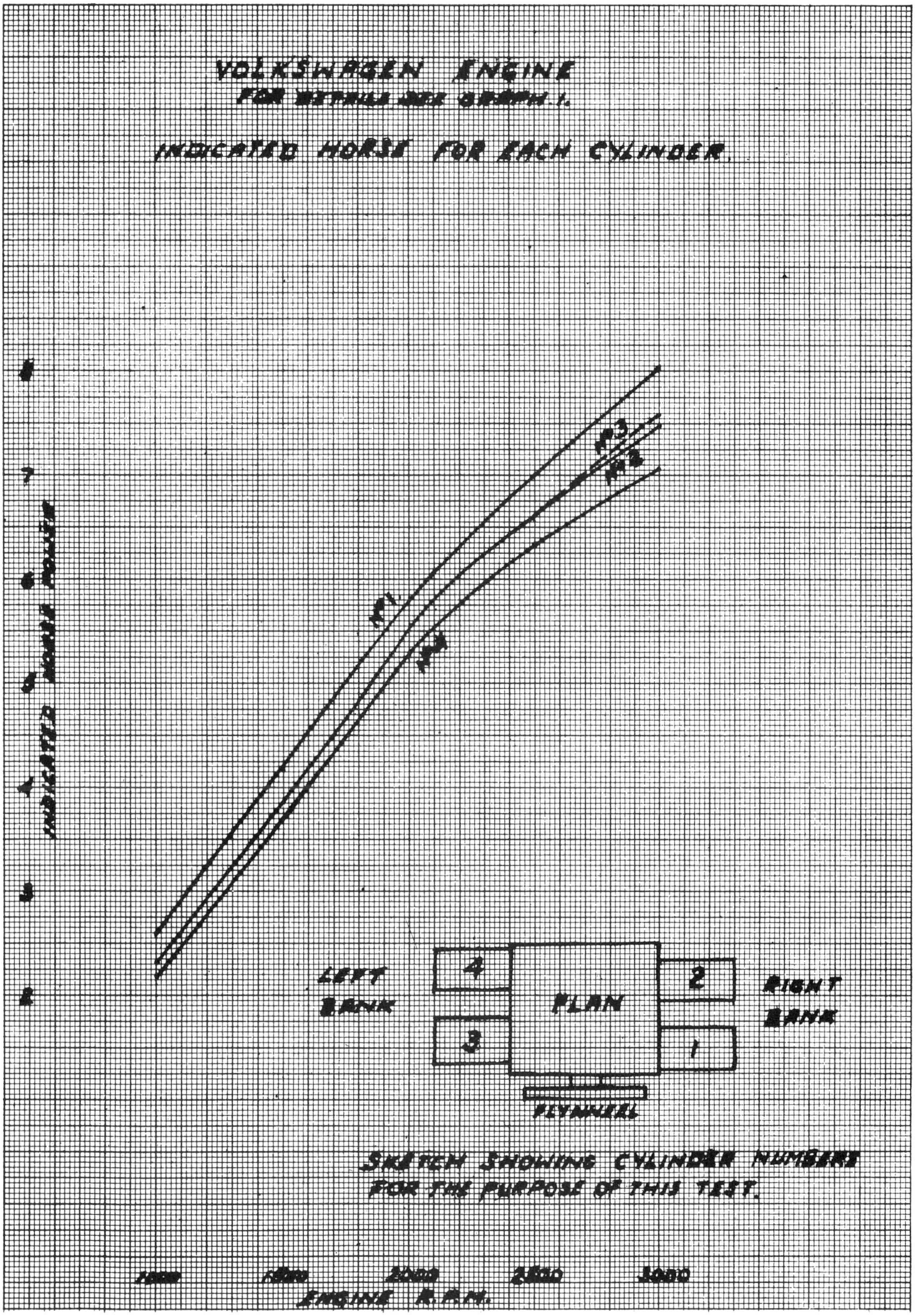

VOLKSWAGEN ENGINE...  —  VOLKSWAGEN-MOTOR
EINZELHEITEN SIEHE DIAGRAMM 1  —  PLAN
INDICATED HORSE FOR...  —  RIGHT BANK
INDICATED HORSE  —  FLYWHEEL
LEFT BANK  —  SKETCH SHOWING...
ENGINE R.P.M.  —  DRAUFSICHT
INDIZIERTE LEISTUNG DER EINZELNEN ZYLINDER  —  RECHTE ZYLINDERBANK
INDIZIERTE LEISTUNG  —  SCHWUNGSCHEIBE
LINKE ZYLINDERBANK  —  IN DIESEM TEST VERWENDETE NUMERIERUNG DER ZYLINDER
MOTORDREHZAHL

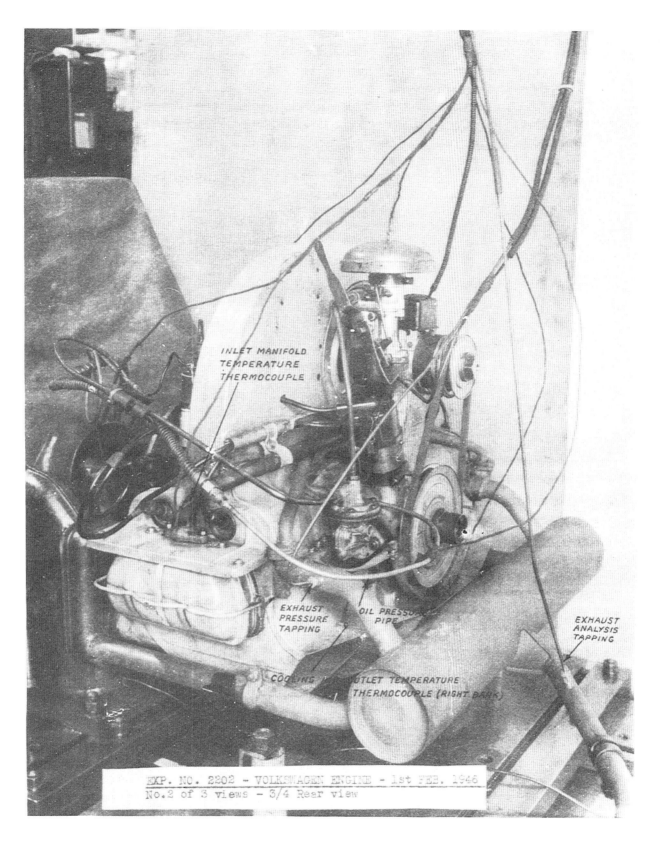

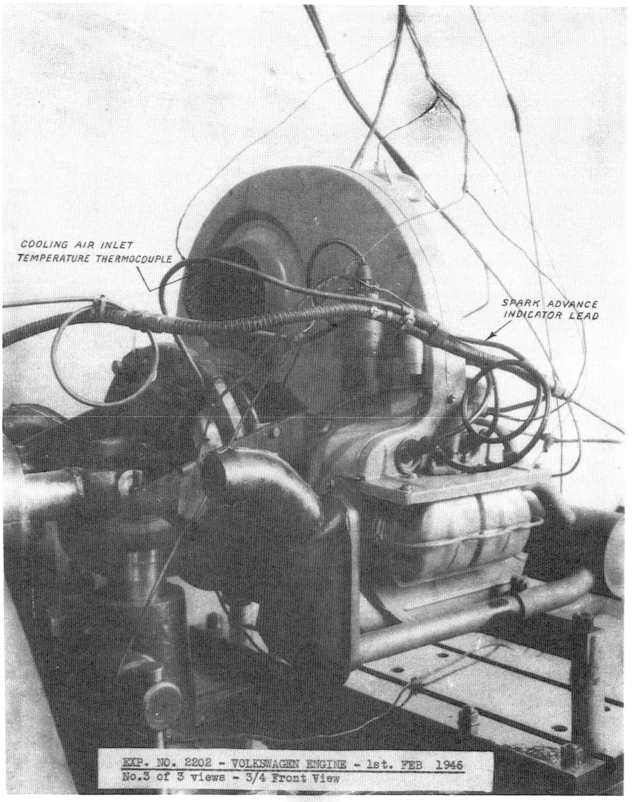

EXP. NO. 2202 - VOLKSWAGEN ENGINE - 1st. FEB 1946
No.3 of 3 views - 3/4 Front View

TEIL VII

VERGASER DES VOLKSWAGEN-MOTORS

Bericht erstellt durch:        SOLEX LTD.

Der im Volkswagen-Motor eingebaute Solex-Vergaser weist unter vergasertechnischen Gesichtspunkten keine und unter konstruktiven Gesichtspunkten nur sehr wenige Besonderheiten auf.

Es wird das übliche Solex-Düsensystem - die sogenannte „Baugruppe 21" - verwendet. Die Düsen selbst sind mit den hierzulande erhältlichen Düsen austauschbar.

Über technische Raffinessen wie etwa eine Beschleunigerpumpe oder ein System zur Kraftstoffeinsparung verfügt der Vergaser nicht.

Die Einstellungen im untersuchten Vergaser lauteten wie folgt: Starterklappenleitung 21,5; Hauptdüse 120; Korrekturdüse 170, Düsen-Einsatzöffnung 5,3 mm; Leerlaufdüse 45; Leerlauf-Luftzumischbohrung 1,5; Schwimmer 12,5 Gramm; Nadelventil 1,2.

Das Gemischverhältnis bei dieser Einstellung ist unwirtschaftlich; es beträgt im Vollastbetrieb 12,5:1 und im Teillastbetrieb 12,0:1.

Das Anlassen erfolgt unter Betätigung einer Luftklappe mit federbelastetem Luftventil. Luftklappe und Drosselklappenhebel sind miteinander verbunden. Wenn die Luftklappe voll geschlossen ist, wird die Drosselklappe über den aus einer einzelnen Verbindungsstange und dem Schwimmer bestehenden Mechanismus geringfügig geöffnet. Sobald der Motor zündet, öffnet das federbelastete Luftventil und sorgt für das zum Betrieb des Motors erforderliche Gemischverhältnis.

Der Vergaser ist staubdicht. In den Drosselklappen-Spindellagern befinden sich Filzeinlagen; zwischen Schwimmerkammer und Schwimmerkammerdeckel ist eine Dichtung angeordnet. Dennoch ist die Schwimmerkammer von innen ungewöhnlich stark verschmutzt, möglicherweise wegen der Verwendung von unzureichend gefiltertem Kraftstoff.

Zahlreiche Bauteile, die hierzulande normalerweise aus Messing hergestellt werden, bestehen in diesem Vergaser aus Stahl und wurden augenscheinlich keiner Rostschutzbehandlung unterzogen. Eine Ausnahme bildet der aus beschichtetem Stahl gefertigte Schwimmer, doch selbst dieser zeigt Anzeichen für eine Rostbildung.

Obwohl der Vergaser eine Ausführung mit 26-mm-Bohrung ist, wurde ein 30-mm-Flansch verwendet.

Der Lufteintritt ist mit seiner 46-mm-Bohrung und einem Außendurchmesser von 52 mm sehr groß ausgelegt.

—oooOooo—

## ANHANG

BESTIMMUNGEN ÜBER DIE BEANTRAGUNG EINES VOLKSWAGEN-SPARBUCHES

—oooOooo—

(1)  Das erste Volkswagen-Sparbuch wird von der Niederlassung am Wohn- oder Arbeitsort des Antragstellers gegen eine Gebühr von 1 Reichsmark ausgestellt. Es lautet auf den Namen des Antragstellers, und weder das Buch selbst noch die darin verliehenen Rechte sind übertragbar. Die Annahme des Sparbuches gilt als Bestellung für einen Volkswagen und unterliegt den hier aufgeführten Bestimmungen.

(2)  Fällige Ratenzahlungen sind an Büros der Arbeitsfront oder der Gemeinschaft Kraft durch Freude zu leisten, von denen auch die Volkswagen-Sparmarken ausgegeben werden. Einzahlungen werden erst gutgeschrieben, nachdem sie gegen Sparmarken in Höhe des Zahlungsbetrages eingetauscht wurden. Pro Woche ist mindestens eine Marke im Wert von 5 Reichsmark einzukleben, wobei der Inhaber diese Marke zu entwerten hat, indem er auf ihr das Kaufdatum vermerkt. Im Falle von offenen Wagen und Cabriolets ist eine Sonderzahlung zu leisten.

(3)  Jeder Wagen ist für die Dauer von zwei Jahren begrenzt unfall- und haftpflichtversichert, und zwar von dem Datum an gerechnet, an dem der Wagen das Werk verläßt. Die Kosten für diesen Versicherungsschutz werden dem Käufer in Rechnung gestellt.

(4)  Zahlungen sind vom Käufer an die bezeichneten Zahlstellen zu leisten, können aber auch durch Kassierer vereinnahmt werden.

(5)  Wenn alle Felder im Sparbuch mit Marken beklebt sind, ist das Buch bei der Gemeinschaft Kraft durch Freude gegen ein neues Buch einzutauschen. Nach Beginn der Produktion wird vom nächstgelege-

nen Bezirksbüro eine Bestellnummer ausgegeben. Das letzte Sparbuch ist beim Büro der Gemeinschaft Kraft durch Freude einzureichen, das dafür eine Besitzurkunde ausstellt. Verlorengegangene Sparbücher können nicht ersetzt werden.

(6) Wegen technischer Verbesserungen und des konsequent niedrig gehaltenen Preises für den Volkswagen werden die Spareinlagen nicht verzinst.

(7) Bis auf weiteres wird der Volkswagen in einer dunkelblau-grauen Lackierung hergestellt.

(8) Volkswagen-Kaufverträge können nicht gekündigt werden. Nur in Ausnahmefällen kann das Bezirksbüro der Gemeinschaft Kraft durch Freude eine Kündigung genehmigen. In solchen Fällen werden Gebühren in Höhe von 20 Prozent der geleisteten Zahlungen einbehalten.

(9) Rückfragen sollten an das nächstgelegene der im vorliegenden Merkblatt aufgelisteten Büros gerichtet werden.

(10) Bei einem Wohnortwechsel ist das Sparbuch zur Korrektur derjenigen Niederlassung auszuhändigen, die es ausgestellt hat (siehe Bestimmung 1).

(11) Unbefugte Änderungen am Sparbuch sind strafbar.

(12) Anträge auf Ausstellung eines Sparbuches können ohne Angabe von Gründen abgelehnt werden.

(13) Ergänzungen an den obengenannten Bestimmungen sind gegenstandslos.

(14) Für Rechtsstreitigkeiten sind die Gerichte der Stadt Berlin zuständig.

—oooOooo—